高等院校"金课"系列教材建设·人力资源管理专业
总主编 赵曙明

绩效管理与评估

黄昱方 刘嫦娥 主编

立体化资源

南京大学出版社

图书在版编目(CIP)数据

绩效管理与评估 / 黄昱方,刘嫦娥主编. —— 南京:南京大学出版社,2022.10
ISBN 978-7-305-24235-9

Ⅰ.①绩… Ⅱ.①黄… ②刘… Ⅲ.①企业绩效—企业管理—高等学校—教材 Ⅳ.①F272.5

中国版本图书馆 CIP 数据核字(2021)第 025882 号

出版发行	南京大学出版社
社　　址	南京市汉口路22号　　邮　编　210093
出 版 人	金鑫荣

书　　名	**绩效管理与评估**
主　　编	黄昱方　刘嫦娥
责任编辑	尤　佳　　　　编辑热线　025-83592315
照　　排	南京南琳图文制作有限公司
印　　刷	南京人民印刷厂有限责任公司
开　　本	787×1092　1/16　印张 13.75　字数 309 千
版　　次	2022 年 10 月第 1 版　2022 年 10 月第 1 次印刷
ISBN	978-7-305-24235-9
定　　价	42.00 元

网址：http://www.njupco.com
官方微博：http://weibo.com/njupco
官方微信号：njupress
销售咨询热线：(025) 83594756

* 版权所有,侵权必究
* 凡购买南大版图书,如有印装质量问题,请与所购图书销售部门联系调换

高等院校"金课"系列教材建设·人力资源管理专业

编 委 会

主 任 委 员　赵曙明
副主任委员　刘　洪　李燕萍　龙立荣　刘善仕
　　　　　　唐宁玉　罗瑾琏
委　　　员　（按姓氏笔画排序）
　　　　　　王德才　龙立荣　刘　洪　刘　燕
　　　　　　刘善仕　刘嫦娥　孙甫丽　杜　娟
　　　　　　杜鹏程　李燕萍　杨　东　张　弘
　　　　　　张　捷　张正堂　张戌凡　陈志红
　　　　　　罗瑾琏　周路路　赵宜萱　赵曙明
　　　　　　秦伟平　贾建锋　唐宁玉　黄昱方
　　　　　　曹大友　蒋建武　蒋昀洁　蒋春燕
　　　　　　程德俊　潘燕萍　瞿皎姣

总 序

改革开放后,我国一些学者将西方人力资源管理理论和方法引进国内,率先在个别高校开设人力资源管理课程,如我1991年由美国学成回国后,在南京大学率先开设"人力资源管理与开发"课程。后来,一些高校开设人力资源管理专业培养专门人才,如1993年中国人民大学在全国首次开设人力资源管理专业招收本科生。在这些高校的带动下,我国高等院校人力资源管理专业教育经历了一个从无到有、从课程到专业、从单一性到综合性的发展过程,现在又呈现出从独立专业到学科方向的良好发展态势。从事人力资源管理问题研究的学者越来越多,人力资源管理已成为一个独立的、专门的研究领域。目前越来越多的高校开设了人力资源管理本科专业,不少高校还开设了人力资源管理学科方向的硕士、博士研究生专业,甚至建立了人力资源管理方向的博士后流动站,为国家经济建设和社会发展培养了一大批人力资源管理专门人才。

作为实践性很强的专业,人力资源管理专业的发展离不开国内企事业组织人力资源管理的持续变革与创新实践。1978年改革开放以来,中国经济快速发展,市场竞争日趋激烈,企业经营管理面临着日益复杂多变的环境,人力资源管理实践更是实现了从计划经济体制下的劳动人事管理向现代人力资源管理的巨大跨越,并依次经历了人力资源管理理念的导入、人力资源管理的探索、人力资源管理的系统深化以及近年来的人力资源管理创新时期,相应地,人力资源管理专业教育教学也顺势而变,进入了一个前所未有的变革时代。

回顾过去,才能更好地理解现在,展望未来。作为国内较早开展人力资源管理教学和研究的学者,我有幸亲历了整个过程。20世纪80年代初期,人力资源管理在美国兴起,并迅速成为美国管理研究的热点之一。然而在20世纪90年代初期的中国,无论是政府管理部门还是企业界,仍以为"人力资源管理"就是"人事管理",很多人甚至连"人力资源"这个词都没有听过。我当时就深切地感觉到,要改变这种状况,首要任务就是要系统地了解和研究发达国家在人力资源管理领域的理论、思想与方法。于是,我倾力撰写了《国际企业:人力资源管理》一书(1992年由南京大学出版社出版第一版,到2016年出版了第五版),系统地介绍西方发达国家在该领域的研究成果和发展趋势,以使读者不仅能够概括了解西方人力资源管理的全貌,而且能够接触到学术研究的前沿,把握其发展规律。

人力资源管理在当时的我国还是新兴的研究领域,最大的困难在于如何构建具有中国特色的知识体系。于是从1993年开始,我的主要精力都集中在解决这一关键问题上。受国家自然科学基金科研项目资助,经过两年多的研究,我于1995年完成并出版了《中国企业人力资源管理》这部专著,从宏观的角度探讨了我国人力资源的配置机制和政策体系,从微观的角度分析了中国企业人力资源管理各环节的优势和劣势。自1995年起,我开始集中研究中国企业人力资源管理的模式选择,这是中国国有企业推行科学管理所面临的紧迫课题。到20世纪90年代末期,我着手进行"中国企业集团人力资源管理战略"等国家自然科学基金资助的课题的研究,力求从战略人力资源管理的视角,探索中国企业的战略人力资源管理模式。21世纪以来,我和我的研究团队又相继开展了"企业人力资源开发的理论基础与管理对策""转型经济下我国企业人力资源管理若干问题研究""中国企业雇佣关系模式与人力资源管理创新研究""基于创新导向的中国企业人力资源管理模式研究"等国家自然科学基金重点课题的研究,着手对中国情境下的人力资源管理理论与实践问题进行更加深入的研究和探讨,以期在中国的人力资源管理领域做出一些贡献。

回顾这些年来中国人力资源管理发展之路,我最深刻的印象就是变化无处不在,人力资源管理的运作环境、管理职能和运行边界正日益复杂化、动态化和模糊化。首先,人力资源管理的环境发生了极大改变。经济全球化、信息网络化、知识社会化、人口城镇化、货币电子化等构成了这个时代的主要特征。每个人都身处移动互联网、大数据、云计算、物联网、人工智能之中,这些正在影响着我们的工作和生活方式,甚至取代了许多人赖以为生的岗位。这些变化对组织人力资源管理的能力提升提出了新的、更高的要求,例如,如何通过培训帮助员工尽快适应转岗等现实问题已迫在眉睫。

其次,组织结构和组织管理体系发生了变化。伴随着创新驱动发展带来的新业态、新组织、新技术的出现以及共享经济的兴起,企业组织从高度集权的金字塔式的组织结构,逐步地向扁平化、网络化、虚拟化、平台化的方向发展,中国一些企业开始学习和引进发达国家先进的人力资源管理理论并在实践中不断进行创新,如腾讯和阿里巴巴采用的三支柱模式、阿米巴经营模式等,均取得了明显成效。在这个过程中,一些企业还结合中国实际,将西方国家人力资源管理理论与中国企业管理实践相结合,创造性地提出具有中国特色的人力资源管理新模式、新方法,受到越来越多的关注,如华为的员工持股计划、海尔集团的"按单聚散、人单合一"模式、苏宁的事业经理人制度等。这些成功的案例启发我们,组织结构和组织管理体系的变化,需要我们从战略高度上去设计新的人力资源管理理论框架和知识体系。

第三,员工的需求日益多元化。员工忠诚度一直是人力资源管理的重要命题之一。新的趋势是从过去强调员工的忠诚度转变到员工幸福感与员工忠诚度并重,强调工作、家庭、生活与学习的多重平衡。尤其是"90后""00后"等新生代员工现已成为职场的主力军,他们对待工作的态度、个性特点、需求特征均与以往代际的员工有所不同,他们更加关注工作、家庭和生活的平衡,更多地追求和强调幸福感,员工体验甚至已经成为吸引、保留、激发人才活力的新战略和新方向。在此背景下,组织如何留住这些新生代员工,要给他们什么样的发展空间,如何满足他们多样化的需求,不断提升他们的满意度和幸福感,就成为人力资源管理中迫切需要解决的现实问题。

第四,工作方式日益创新。在零工经济背景下,远程办公、移动工作、灵活用工、共享员工等取代了传统单一的雇佣方式。零工经济是由一组相互作用但又半自治的实体借助网络平台实现精准交易的生态化经济系统。传统上,雇佣关系是组织进行人力资源管理的逻辑前提,但零工经济下的多方参与实体之间并不存在可识别的直接雇主与雇员关系。网络平台一方面极力避免与零工建立雇佣关系,但另一方面又在工作时间、工作地点、工作效率、工作行为和产出等方面对零工行使控制权。那些在传统组织下频繁进行的人力资源管理活动已成为网络平台实现零工生态系统治理的手段,而当前对网络平台的人力资源管理实践模式及其运作机理还知之甚少。

第五,人力资源管理的外延和对象有所拓展。党的十九大提出要加快建设人力资源协同发展的产业体系,着重发展人力资源服务业。人力资源服务业作为第三产业服务业的分支,能满足组织对于成本管控和人才优化配置的需求,是一个令人瞩目的朝阳产业。过去人力资源管理的对象更多的是组织内的员工,而现在人力资源管理的外延在扩大,对象也变得多元化。此时,人力资源管理在职能边界、知识体系与内容构成等方面均与传统的基于组织内部的人力资源管理有很多区别。

上述五方面的变化需要我们重新思考人力资源管理教学的知识体系与理论框架。总体来看,人力资源管理专业建设取得了长足发展,但在人才培养目标、课程设置、知识体系、教材建设上却滞后于经济社会发展的时代需求。当前,传统商科走向了新商科,在以大数据、云计算、物联网、人工智能、区块链等新商业技术为支撑的商科专业发展背景下,人力资源管理专业人才的培养也面临着新的机遇和挑战。教育部发布的《关于加快建设高水平本科教育 全面提高人才培养能力的意见》中也特别指出,要注重新商科人才的培养。尤其是在一流专业建设和金课建设工作中,课程教材改革需要与时俱进,因为教材是专业建设的核心要素,直接影响人才培养质量。人力资源管理专业作为一门实践性、应用性很强的专业,教材建设必须紧紧把握时代发展趋势和潮流。

南京大学人力资源管理研究和教学团队一直非常重视人力资源管理专业教材编写和课程教学工作。从1991年起,我作为课程负责人开始在南京大学开设"人力资源管理"课程。2000年开始采用电子信息化教学手段和相应的教学方法。该课程后来成为南京大学重点建设课程,并于2003年入选第一批国家精品课程。多年来,我同时致力于人力资源管理专业师资的培养。作为教育部指定的人力资源管理课程师资培训基地,南京大学商学院已成功举办20届全国人力资源管理师资培训研讨会,全国几千名人力资源管理教师参加了培训。该研讨会现已成为我国人力资源管理学科领域参与专家人数众多、最具规模和最具影响力的师资研讨会,为推动我国高等院校人力资源本科专业教育以及MBA教育做出了应有贡献。为了给全国从事人力资源管理研究的学者搭建一个学术交流的平台，由南京大学商学院、华中科技大学和《管理学报》等联合发起的、由我任主席的中国人力资源管理论坛于2012年成功举办，至今已举办了8届，产生了良好的学术影响。

基于多年的科学研究、教学实践、师资培训、人才培养、同行交流等方面的经验，结合当前人力资源管理的发展变化趋势，我们精心梳理了人力资源管理专业相关教材的内容，出版了这套人力资源管理系列丛书。

本套丛书是南京大学出版社在教育部工商管理类专业教育指导委员会的支持下，邀请国内具有丰富人力资源管理教学经验的学者精心编写而成的，旨在为人力资源管理专业的师生提供一套专业、系统、前沿、理论与实践并重的人力资源管理系列教材，并为业界人士发现、分析和解决企业人力资源管理实践中遇到的问题提供分析方法和工具。

本套丛书共分十三册，包括：《人力资源管理总论》《人力资源战略与规划》《组织设计与工作分析》《员工招聘管理》《人力资源测评》《人力资源培训与开发》《员工职业生涯管理》《绩效管理与评估》《薪酬管理》《企业劳动关系管理》《创业企业人力资源管理》《国际企业：人力资源管理》《人力资源专业英语》等。本套丛书有以下五个特点：

（1）注重体系完整性。本套丛书从人力资源管理战略的高度审视各个模块的相互联系，每个模块都有非常完整的知识体系设计，让读者能从企业经营管理的整体视角去理解人力资源管理各个模块的内容。

（2）强调知识的前沿性。将当前外部环境的变革融入教学内容中，如新生代员工管理、大数据、共享经济、网络型组织结构、企业大学、疫情危机下的企业人力资源管理等知识点，在本套丛书中均有所体现。特别值得一提的是，在创新创业这一时代主旋律下，人力资源管理对创业企业的存续与发展产生日益重要的影响。本套丛书基于创业企业在人力资源管理中的特殊性，编写了《创业企业人力资源管理》一书，希望人力资源管理能够真正成为推动创业企业发展的核心要素。

（3）注重知识的实用性。本套丛书有大量的实例及案例素材，分别以开篇案例、章后应用案例等形式体现。案例教学内容从知识点的讲解出发，通过案例说明知识点的具体适用范围，从而帮助学生透彻地掌握相关知识点。学生通过对案例的分析与解读，可以将这些知识点与未来工作情境相关联,培养学生发现问题、分析问题并解决问题的能力。

（4）融入当前企业人力资源管理新实践。本套丛书吸收了当前企业人力资源管理中的新模式、新经验,如三支柱模式、阿米巴经营模式、华为的员工持股计划、海尔集团的"按单聚散、人单合一"模式、苏宁的事业经理人制度等,在本书中均有所体现。

（5）用全球化的视野思考人力资源管理问题。本套丛书特别设计了《国际企业:人力资源管理》《人力资源专业英语》,希望借此引发读者对人力资源管理国际化的思考。中国企业家曹德旺先生的福耀玻璃在美国开工厂遇到的工会问题以及解决措施等内容,在书中均有所介绍。

总之,本套丛书力图在人力资源管理专业知识体系和内容结构上有所创新,使读者既能够把握人力资源管理专业完整的基础理论知识,同时还能够感受到专业学科发展前沿和未来发展趋势。付梓之际,衷心希望该丛书对我国人力资源管理专业人才的培养产生积极作用。

本套丛书的出版得到了南京大学出版社的大力支持！南京大学出版社社长金鑫荣教授在该套丛书建设研讨会上提出了宝贵建议,使我们受到很多启发；南京大学出版社高校教材中心蔡文彬主任对本套丛书的出版自始至终给予了很多关心和帮助；南京大学出版社责任编辑们对本套丛书进行了精心编校。在此向他们一并表示衷心感谢！

在本套丛书编写过程中,我们力求完美,但囿于能力,存在的问题和不足之处在所难免,敬请各位读者批评指正！

南京大学人文社会科学资深教授
商学院名誉院长
行知书院院长
博士生导师

2020 年 12 月

前 言

如何促使员工的工作行为和结果与组织期望的目标保持一致,是绩效管理的核心问题,也是管理实践中最具挑战性的问题。与传统意义上的绩效考核不同,绩效管理是一套正式的流程,旨在通过绩效计划、绩效执行、绩效评价及绩效反馈一系列持续性的循环过程,达成战略目的、管理目的和员工开发目的。绩效管理的内容包括设定目标和任务,识别和衡量绩效,提供指导和反馈,改进行动或修订目标等活动,通过持续提升个人、部门以及组织的绩效水平,最终实现组织的战略目标。

尽管在理论界对绩效管理的认识已经基本达成共识,也有大量的理论研究和企业卓越的实践证实,绩效管理能够给企业带来可持续的竞争优势,但对于很多企业而言,绩效管理并没有取得理想的效果。

基于作者的观察和研究,在企业绩效管理的实践中主要存在两个层面的误区,一是在绩效管理系统的设计层面,对绩效管理的战略导向和系统性理解不够,忽略了绩效管理系统设计所需具备的前提条件,包括企业战略、组织文化、组织结构、岗位设计等,仅仅关注绩效评价指标和流程方法的技术性,没有真正将绩效管理与战略目标、岗位设计相结合,导致绩效管理不能发挥有效的作用;二是实施层面,由于对绩效管理的理念和过程理解不够,存在重考核轻计划,重奖金激励轻绩效反馈和员工开发,甚至抵制绩效管理流程的情况,同时,管理人员绩效计划、绩效沟通、教练辅导等能力不足,都会影响绩效管理实施的效果。

基于此,本书的内容主要围绕如何设计绩效管理体系和如何成功实施绩效管理体系两个层面的内容展开。本书分为四大模块:第一个模块是绪论,主要介绍绩效管理的内涵、构成、目的、作用以及与其他人力资源管理职能的关系;第二个模块包括第二章战略规划与绩效管理、第三章衡量员工绩效、第四章员工绩效评价工具设计,主要围绕绩效管理系统设计展开;第三个模块包括第五章绩效计划、第六章绩效实施、第七章绩效评估、第八章绩效反馈,围绕成功实施绩效管理的流程展开;第四个模块介绍了平衡积分卡和OKR两种前沿的绩效管理技术。

本书具有以下特点:

第一、体系完整,模块清晰。本书的篇章结构主要围绕绩效管理系统的设计和实施展开。在系统设计模块既覆盖了战略规划与组织绩效、部门绩效、个人绩效之间的关系以及战略解码的过程,又包含了具体的绩效指标性质、设计原理和工具设计方法;绩效实施模块的内容不仅覆盖了绩效管理实施的过程介绍,同时包含了具体的方法指导。

  第二、深入浅出,易于理解。对于书中较为抽象的概念、流程和方法,在理论的基础上用实际的例子加以解释,易于学习和掌握。

  第三、多学科知识交叉。本书包含了战略管理、组织行为学、社会学、心理学、人力资源管理等多学科的理论知识,旨在促进学生对所学知识融会贯通。

  第四、理论和实践相结合。迄今为止,无论是绩效管理领域的学术研究还是管理实践,都已经在理论和技术两个层面有了很大发展。本书强调理论模型和系统性,同时力求将相关理论和实践有机结合,将理论与企业具体的绩效管理实践相对接,并提供可操作的管理技术和技巧,从而将理论、方法、实务、案例等纳入完整的体系构架之中。

  本书适合普通高等院校工商管理、人力资源管理等专业的师生作为教材使用,也可以作为企业的绩效管理咨询和培训的指导用书。

黄昱方
2022.8.30

目 录

第一章 绩效管理概述 1

【学习目标】 1
【导入案例】 1
第一节 绩 效 2
第二节 绩效管理 6
第三节 绩效管理与薪酬 13
第四节 绩效管理与人力资源管理其他职能的关系 15
【关键词】 17
【复习思考题】 18
【案例分析】 18

第二章 战略规划与绩效管理 19

【学习目标】 19
【导入案例】 19
第一节 战略规划 20
第二节 绩效管理与战略规划的联系过程 25
第三节 关键绩效指标 29
【关键词】 38
【复习思考题】 38
【案例分析】 38

第三章 衡量员工绩效 40

【学习目标】 40
【导入案例】 40
第一节 员工绩效的界定 41
第二节 员工绩效指标体系设计 45
第三节 绩效指标的权重设计 56

第四节 绩效标准 59
【关键词】 64
【复习思考题】 64
【案例分析】 65

第四章 员工绩效评价工具设计 66

【学习目标】 66
【导入案例】 66
第一节 相对评价——比较法 67
第二节 结果类绩效指标的评价方法 70
第三节 行为类绩效指标的评价方法 73
第四节 描述法 83
第五节 绩效评价工具设计 86
【关键词】 93
【复习思考题】 93
【案例分析】 94

第五章 绩效计划 98

【学习目标】 98
【导入案例】 98
第一节 绩效计划概述 99
第二节 绩效目标 104
第三节 绩效计划制定 106
【关键词】 110
【复习思考题】 110
【案例分析】 111

第六章 绩效执行 113

【学习目标】 113
【导入案例】 113
第一节 绩效执行 114
第二节 绩效信息收集 116
第三节 绩效辅导 119
第四节 教练式绩效辅导 126

【关键词】 129
【复习思考题】 129
【案例分析】 130

第七章 绩效评价 132

【学习目标】 132
【导入案例】 132
第一节 绩效评价 133
第二节 绩效评价主体的确定 136
第三节 绩效评价常见的偏差 139
【关键词】 143
【复习思考题】 143
【案例分析】 144

第八章 绩效反馈 145

【学习目标】 145
【导入案例】 145
第一节 反馈的基本原理 146
第二节 绩效反馈 147
第三节 绩效反馈面谈 153
第四节 360度反馈体系 159
【关键词】 166
【复习思考题】 166
【案例分析】 168

第九章 有效的战略执行工具—平衡计分卡 170

【学习目标】 170
【导入案例】 170
第一节 平衡计分卡概述 172
第二节 平衡计分卡的框架和逻辑结构 179
第三节 平衡计分卡的实施应用 185
【关键词】 187
【复习思考题】 187
【案例分析】 188

第十章　OKR ······ 189

【学习目标】 ······ 189

【导入案例】 ······ 189

第一节　OKR 的起源与发展 ······ 189

第二节　OKR 概述 ······ 191

第三节　OKR 的制定 ······ 194

第四节　OKR 的实施 ······ 196

【关键词】 ······ 200

【复习思考题】 ······ 200

【案例分析】 ······ 200

参考文献 ······ 202

第一章　绩效管理概述

学习目标

1. 理解绩效的内涵及影响因素；
2. 了解绩效管理的内涵、目的、过程和人员分工以及绩效管理中的绩效会议；
3. 理解绩效管理与薪酬的关系；
4. 了解绩效管理与其他人力资源管理职能活动的关系。

导入案例

王经理的困惑和烦恼

已经是晚上8点了，工程部经理王帅依然坐在办公室里，疲惫地望着电脑打开的屏幕。屏幕上显示的是人力资源部发来的通知，要求各部门负责人要按照公司统一的进度要求完成年度绩效考核评估工作。部门经理要和每个员工沟通谈话，并且进行考核打分，年终的奖金则根据部门经理对下属的评价进行发放。时间已经临近截止日期了，王帅还没有开始这件工作。

王帅感觉非常烦恼。这几年公司发展快，项目多，工程部的任务也非常繁重，自己的压力太大了。每天自己都在高负荷的工作状态下，各个工程项目出现的问题都需要自己去解决，今天光是项目协调会议就开了4个，一直开到下午7点，还有一堆遗留问题没有解决。工程部离职率偏高，招聘又不能及时到位，作为部门经理，王帅一个人承担了多个工程项目的负责人，能干的员工都一个人当两个人用，连新入职不到一个月的员工都当了项目经理。在这种情况下，人力资源部竟然要求自己和每个下属谈话、打分，还要填写一堆表格，实在是太浪费时间了！难道平时工作中，自己每天和下属沟通交流，不能算作绩效沟通？就在今天，自己还狠狠批评了一个下属，工程现场管理的很不规范。可下属反映，是因为施工方不听他的话，他也没办法。王帅心里觉得这个下属也算尽力了，就得王帅亲自出面才能管住施工方，自己20多年的经验在这个时候总是能够很好地发挥作用。

工程项目部的分管领导是集团副总曹征。曹总最近一直忙于出差，前些天和王帅通了个电话，批评工程部项目的完成情况不太好，存在各种项目延期、现场管理混乱等等问题，已经影响了集团的年度目标达成。王帅心里觉得很委屈的。工程部的状况是有一些客观原因的,这几年工程部离职率高,老员工留下来的不多,留下来的能力也大都一般,新招聘的员工能力或许更好,但又不一定稳定。另外,工程部的奖金包是固定的,有人打分高,奖金高,就必须有人打分低,扣奖金。这个绩效考核评估打分,又该如何打呢?

第二天上午一上班,人力资源部就收到了工程部的绩效评估打分结果,所有人的评分都是满分,和去年一样没有什么变化。而王帅已经又投入到了紧张的项目协调会议中。

第一节 绩 效

一、绩效的内涵

(一)绩效的含义

绩效一词,包含"绩"和"效"两个字,但绩效作为一个词语,在汉语词典中对其进行解释的历史并不长。2010年10月出版的《汉语大词典补订》中首次增补了绩效一词,但在2012年3月出版的《汉语大词典中》(普及版)中,对绩效一词的解释仍然列举了《后汉书荀彧传》的词例,"缘其绩效,足享高爵",将绩效解释为建立的功劳或完成的事业,强调重大的贡献。

绩效一词所对应的英语词汇是"performance",是英语中的常用单词。根据词典的释义,"performance"更多的解释倾向于表示人的行为和行动方式,同时也表示某种行为的结果。表1-1列出了"performance"一词在牛津词典中的释义。

表1-1 "performance"在牛津词典中的释义

英语释义	译文
1. the act of performing a play, concert or some other form of entertainment	表演戏剧、音乐会或其他娱乐形式的行为
2. the way a person performs in a play, concert, ect.	一个人在戏剧、音乐会等场合表演的方式
3. how well or badly you do sth; how well or badly sth works	某人做某事的好坏程度;某事被完成的好坏程度
4. the act or process of performing a task, an action, ect.	完成一个任务、行动等行为或过程

从中英文词义的比较来看,绩效一词在中文词典中的解释主要强调功绩或结果,在英文词典的解释中,既包含行为,也包含行为过程及行为的结果。

绩效管理在理论研究和实践领域都是十分重要的议题。尽管绩效在管理学领域有特定的含义,但目前国内外的认识也并不统一。代表性的观点主要有三种:绩效的结果观、行为观和综合观。表1-2分别展示了持有三种不同观点的国内外学者对于绩效的界定。

表1-2 绩效概念的界定

观点	观点表述
结果观	* 柏纳丁和贝蒂(Bernardin & Beatty,1984)从生产结果的角度对绩效进行界定,认为绩效是在特定时间范围内,对特定工作职能、活动或行为下的产出记录。[1]。
行为观	* 坎贝尔等(Campbell,1990)指出绩效是员工自己控制的与组织目标相关的行为。强调绩效是行为,应该与结果区分开,因为结果会受系统因素的影响。[2] * 墨菲(Murphy,1989)称绩效是与一个人在其中工作的组织或组织单元的目标相关的一组行为。[3] * 赫尔曼·阿吉斯(Herman Aguinis,2013)认为虽然绩效管理体系通常包括对行为与结果两方面的衡量,但是绩效本身却是行为。且并非所有的行为都是绩效,只那些有助于组织目标实现的、与结果或产出相关的行为才能称为绩效。[4]
综合观	* 布卢姆布里奇(Brumbrach,1988)认为绩效指行为和结果。行为由从事工作的人表现出来,人又将工作任务付诸实施。行为不仅仅是结果的工具,行为本身也是结果,而且是为完成工作任务所付出的脑力和体力的结果,并且能与结果分开进行判断。[5] * 奥特利(Otley,1999)指出绩效是工作的过程及其达到的结果。[6] * 姆维塔(Mwita,2000)认为绩效是一个综合的概念,它应包含三个因素:行为、过程和结果。[7] * 赵曙明等(2018)认为绩效是一种结果,反映出人们从事某一项工作或任务所产生的成绩、成果、成效。这种结果会随着具体的行为和能力的变化而变化。也就是说,改变行为和能力能促使产生更好的结果。[8] * 董克用和李超平(2015)认为绩效是指员工在工作过程中所表现出来的与组织目标相关的能够被评价的工作行为与结果。[9] * 方振邦和杨畅(2019)则认为绩效是指组织及个人的履职表现和工作任务完成情况,是组织期望的为实现其目标而展现在组织不同层面上的工作行为及其结果,它是组织的使命、核心价值观、愿景及战略的重要表现形式。[10]

华为早期内部培训教材则这样定义绩效:"绩效是指员工在履行岗位职责或角色要求的过程中所表现出来的行为(How)和达成的贡献结果(What)。"

综合众多学者的观点,本书主张从综合观的角度来理解绩效的含义,认为绩效既是结果,也是行为。但不是所有的行为都是绩效。只有那些在履行岗位职责过程中展现出来的与组织目标相关的行为才能称为绩效。

(二)理论研究中的员工绩效二维模型

在员工绩效相关的理论研究中,鲍曼和莫托维德罗(Borman & Motowidlo,1993)提出的绩效二维模型具有代表性。他们认为员工的绩效是由行为构成,绩效行为可以区分为任务绩效(task performance)与周边绩效(contextual performance)两部分,又称之为绩效的二维分类或二维模型。[11]

1. 任务绩效

任务绩效由以下活动构成:① 将原材料转化为组织生产的产品或服务的各项活动。② 通过补充原材料的供给、分销成品,或是执行能够使组织高效运转的计划、协调、监督、人员配置等职能,协助组织完成上述转化过程的各种行为。例如,机械制造业的一线工人的任务绩效可表现为将毛坯加工为汽车零件的活动。

任务绩效是与工作岗位的具体要求密切相关的,是员工最重要的工作行为,也是员工必须完成的工作行为,是对员工进行考核最基本、最重要的内容。

2. 周边绩效

周边绩效不是直接的生产和服务活动,而是通过提供能够促进任务绩效发生的良好环境来帮助组织提升效率的那些行为。例如帮助同事或顾客、向组织提出改进建议、遵从命令和规则及认可、支持和捍卫组织目标等。

周边绩效以塑造组织、社会和心理情境而有助于提高组织有效性,这些情境是任务绩效的催化剂。

3. 任务绩效和周边绩效的区别

两者在员工所处职位、职位规定和对个人的要求方面存在主要区别(见表1-3):

(1)不同职位的任务绩效是不同的,例如,生产操作工人的任务绩效不同于研发人员的任务绩效。而周边绩效在不同的职能领域以及不同管理层级上是大体类似的。例如,主动帮助同事或向组织提出改进工作的建议都可能提升任务绩效。

(2)任务绩效是在工作角色中事先规定好的,也就是说,任务绩效常常包含在员工的职位描述之中,而周边绩效尽管是组织期望自己的员工表现出的行为,但通常情况下不会出现在职位描述中。

(3)任务绩效主要受到员工个人的能力和经验的影响,例如认知能力。周边绩效则主要受到员工个人的特征的影响,例如责任心和价值观。

表1-3 任务绩效与周边绩效的主要区别

任务绩效	周边绩效
各职位间不同	各职位间很相似
通常有明确的角色事先规定的	通常不写入职责描述
达成的前提:能力和经验	达成的前提:个人特征

4. 衡量周边绩效的重要性

长期以来,管理实践中更为重视对任务绩效的考察和衡量。衡量任务绩效行为或者任务绩效产生的结果,通常作为员工奖惩、留用、晋升等人力资源决策的重要依据。而周边绩效不与岗位职责或工作任务直接挂钩,通常不被列入考核范围中。随着管理理论和实践的不断发展,近年来人们越来越重视员工在组织中的互助合作、学习创新、工作干劲、维护和尊重整体利益等行为表现对组织的影响。大量研究发现,在绩效管理中衡量周边绩效对组织来说同样具有重要意义:

(1)衡量周边绩效有利于增强组织的在市场中的竞争优势。处于全球化竞争中的组织要向客户提供卓越的服务,这就要求员工不仅仅要完成职责范围内的任务,还需要付出额外的努力来满足顾客需要。组织将主动帮助顾客这样的行为纳入绩效衡量体系,能够引导员工表现出相应的行为,从而让顾客有更好的体验,大大提升客户满意度。

(2)衡量周边绩效能够促进团队绩效的提升。组织任务的完成有大部分是通过团队的形式进行的,人与人之间的合作质量是决定团队绩效的一个关键因素。将与同事保持合作的态度、相互支持、相互配合等行为纳入绩效衡量体系,不仅可以减少部门间以及部门内部的摩擦和内耗,还可以促进任务更好地完成。

(3) 将周边绩效纳入绩效管理之中有利于提升公平性。当上级对下级进行绩效评价时,评价者很难忽略周边绩效的影响。换言之,员工的周边绩效会影响上级对其任务绩效的主观判断。因此,明确地将周边绩效包含在绩效评价维度之中,有利于提高绩效管理的公平性。

总之,研究认为,任务绩效和周边绩效都能够对组织的成功做出贡献,应同时纳入绩效管理。许多组织现在也已经意识到,必须同时关注任务绩效和周边绩效。事实上,如果组织中的所有员工都表现出最低水平的周边绩效,组织就不能正常运转。大家可以想象一下,在一个组织中,如果所有员工的任务绩效都很优秀,但是周边绩效却很差,那这个组织将会变成什么样子。如果一个在你旁边办公的同事需要离开一下办公室,他请你在这段时间里帮他接收一下一个重要客户送来的资料,我们这样回答他:"那又不是我的工作。"那将会是一种怎样的情形?

需要注意的是,无论是任务绩效还是周边绩效,组织都必须清晰地界定其中包括的行为,以使员工能够理解组织对他们的期望是什么。

二、绩效的影响因素

员工的绩效并不取决于单一因素,而是由多种因素共同影响的。既包括员工个体的因素,如知识、能力等,也有企业环境的因素,如组织的制度、激励机制、工作的设备和场所等。绩效和影响绩效的因素之间的关系可以用一个公式表示:

$$P=f(K,A,M,E)$$

其中符号含义如下:f 表示一种函数关系;P(Performance);K(Knowledge);A(Ability);M(Motivation);E(Environment)。上述公式表明:绩效是知识、能力、动机、环境的函数。

(1) 知识。知识是关于工作与任务所需具备的基础知识,它是通常可以用书面形式进行表达与传递的陈述性知识,它包括关于某一既定任务的要求、说明、原则以及目标等方面的信息。

(2) 能力。能力是关于知道应该做什么以及知道如何去做这两个方面知识的结合,也就是说当人们掌握了必要的知识后还要在练习与实践中合理地运用这些知识,以达到任务要求。

(3) 动机。动机是能够激发和维持有机体的行动,并使该行动朝向一定目标的心理倾向或内部驱力。动机包括以下三种类型的选择:① 选择是否付出努力(例如,"我今天要去上班")。② 选择努力的程度(例如,是"我将尽自己最大的努力去工作",还是"我不会太卖力气")。③ 选择是否坚持付出某种水平的努力(例如,是"过一阵儿我就会松点劲儿",还是"无论如何我都会坚持下去")。

(4) 环境。绩效除了会受到员工自身因素的影响外，还会受到工作环境的影响。环境因素主要是指工作条件，如劳动场所的布局和物理条件，工具、设备、原材料的供应等硬环境；还有人际关系、企业文化和组织气氛、组织结构和政策、上级的领导作风和监督方式，以及诸如工资福利水平、培训等人力资源管理实践的软环境。

以机械制造企业中一线操作工的绩效实例来说明绩效的影响因素。首先，在操作工入职后，公司将培训他们如何识别图纸，图纸内容包括一件合格产品的尺寸、规格、外观等，这些都是以书面形式进行传递的知识（knowledge），这方面的知识掌握与否直接影响到他的绩效水平（如判断生产出的产品的尺寸与规格是否合规）；其次，操作工的机器操作能力（ability）（如操作机器的熟练程度）也会影响到他的绩效水平（如生产效率）；在动机方面（motivation），操作工对于高效且正确地完成产品生产的重视程度同样会影响到其绩效水平；最后，厂房的工作环境（environment）、机器的性能等也与操作工的绩效相关。

组织应该清楚地识别是什么原因导致了员工绩效表现不佳，从而给予针对性的支持。如果是员工的知识与能力不足，组织可以展开有效的培训。若是员工工作动机不足，组织应该根据员工的个人需要、兴趣、个性等因素，采取适当的激励手段和方式，激励员工努力工作。在工作环境方面，组织应该创造更有利于员工工作的环境，比如优化工作条件或者努力营造一个和谐、轻松的工作氛围等，以提高员工的工作绩效。

第二节 绩效管理

一、绩效管理的内涵

（一）绩效管理的含义

绩效管理本身代表着一种管理思想和管理理念，是对绩效相关问题系统思考的集中体现。对于绩效管理的含义，很多学者都进行了论述，表1-4列举了国内外学者对于绩效管理含义的表述。

表1-4 国内外学者对绩效管理含义的表述

绩效管理的含义
* 赫尔曼·阿吉斯（Herman Aguinis）认为绩效管理是对个人绩效和团队绩效识别、测量和发展并根据组织战略进行绩效改进的持续过程。
* 雷蒙德·A. 诺伊（Raymond A. Noe）等认为绩效管理是指管理者确保雇员的工作活动以及工作产出能够与组织目标保持一致的过程，是企业赢得竞争优势的中心环节。
* 约翰·M. 伊万切维奇（John M. Ivancevich）认为绩效管理是这样一个过程：执行者、管理者和主管可以通过这个过程使员工绩效和企业目标相一致。

(续表)

绩效管理的含义
* 赵曙明等认为绩效管理是对人力资源管理绩效实现过程中各要素的管理,是基于企业战略和人力资源战略基础之上的一种管理活动,它通过对企业战略的建立、目标分解、业绩评价,将绩效成果用于企业人力资源管理活动中,以激励员工业绩持续改进并最终实现组织战略及目标。 * 董克用和李超平认为绩效管理是指制定员工的绩效目标并收集与绩效有关的信息,定期对员工的绩效目标完成情况做出评价和反馈,以确保员工的工作活动和工作产出与组织保持一致,进而保证组织目标完成的管理手段与过程。

综合国内外理论和实践的观点,绩效管理的含义在如下两个方面存在共识:

(1) 绩效管理包括从设定目标和任务,观察绩效,到提供、接受指导和反馈,再到改进行动或修订目标等活动,是为达成战略目标而进行的绩效计划、绩效执行、绩效评价及绩效反馈的持续性循环过程。

(2) 绩效管理其目的是确保员工的工作行为和结果与组织期望的目标保持一致,通过持续提升个人、部门以及组织的绩效水平,最终实现组织的战略目标。

尽管在理论界对绩效管理的认识已经基本达成共识,也有大量的研究证实绩效管理能够给企业带来可持续的竞争优势,但在实践过程中,企业开展绩效管理时常常存在很多误区。最常见的误区就是,绩效管理经常被误认为就是一套表格,是"来自人力资源部的要求"。在许多组织中,绩效管理就意味着管理人员不得不遵从人力资源管理部门的要求,填写这些烦琐的表格,这些工作既占用时间,又浪费精力,没有什么用处,并不是"真正的"工作。在这种思想认识的误区下,绩效管理很难取得真正的成效。因此,理解绩效管理的原理和方法,掌握绩效管理的技能,对于保证绩效管理成功实施非常重要。

(二) 绩效考核与绩效管理

在实践中,很多人认为绩效考核等与绩效管理,绩效考核和绩效管理常被混淆。从发展历程上看,绩效管理是在绩效考核的基础上产生的,可以说绩效考核是绩效管理发展历史中的一个重要阶段。从现代管理实践上看,绩效考核仅仅是绩效管理的一个关键环节。两者的对比如表1-5所示。

表1-5 绩效考核与绩效管理的区别

绩效考核	绩效管理
绩效管理的环节之一	一个完整的管理过程
注重考核评价	注重信息的沟通与绩效目标的达成
只出现在特定的时间	伴随管理活动的全过程
滞后性、反应过去的绩效	前瞻性、关注未来绩效的提升
主要为人事决策提供依据	战略目标的实现的关键措施

绩效考核是绩效管理的一个重要环节,不能将绩效考核等同于绩效管理。一方面,只有通过绩效考核评价才能将客观的绩效水平转变成完整的绩效信息,为改进个人绩效和

组织绩效提供管理决策依据。另一方面,如果一个组织只进行绩效考核而忽略了绩效管理的其他环节,组织的战略目标将难以达成。因此,有效的绩效考核依赖于整个绩效管理活动的成功开展,而成功的绩效管理也需要有效的绩效考核评价来支撑。我们需要发展、全面和系统地看待绩效考核和绩效管理的关系,把绩效考核置于绩效管理的整个过程中,才能有效地实现绩效管理的目的。

一、绩效管理的目的

绩效管理的目的包括战略目的、管理目的和开发目的,只有三个目的同时实现,才能够确保组织绩效活动的科学性、有效性和合理性。

(一) 战略目的

绩效管理与组织的战略密切相关。组织战略的实现离不开绩效管理,而绩效管理也必须与组织的战略目标密切联系才具有实际意义。绩效管理能够将员工具体的工作活动与组织的战略目标联系起来,把组织、部门和个人的绩效紧密地联系在一起,在员工个人绩效提高的同时促进组织整体绩效的提升,从而确保组织战略目标的实现。因此,在运用绩效管理活动实现战略目标时,应首先明晰组织的战略,通过战略目标的承接与分解,将组织的战略目标逐层落实到部门和员工个人,并在此基础上设计相应的绩效评价和反馈,以引导员工的行为,同时能够让员工知道自己的表现如何来帮助员工正确认识自己的优势与不足,使员工的努力与组织的战略保持高度一致,促使组织战略顺利实现。

(二) 管理目的

绩效管理的管理目的主要是指要以绩效评价结果为依据做出各项管理决策,从而激励和引导员工不断提高自身的工作绩效。组织的各项管理决策都离不开及时准确的绩效评价信息,绩效考核评价结果是组织做出培训、调薪、晋升、保留、解雇等人力资源管理决策的重要依据。虽然这些决策都十分重要,但是不少作为绩效信息来源的管理者将绩效考核评价过程视为一个为履行自己的工作职责而不得不从事的令人生厌的工作环节。在他们看来,对员工进行评价,然后再将评价结果反馈给员工,是一件难办的事情。他们往往倾向于给所有的员工都打高分或者至少给予相同的评价,以致绩效评价信息失去实际意义。因此,要真正实现绩效管理的管理目的并不是一件容易的事情。这就要求管理者通过战略目标的分解和实施确定具体可行的行动方案;战略目标的实施过程进行有效的监督和辅导,确保组织资源的合理利用和配置;更为重要的是,要保障绩效评价结果的公平性和有效性,从而不断提高员工的工作绩效和组织的管理水平,确保绩效管理目标的达成。

(三) 开发目的

绩效管理的开发目的主要是指管理者通过绩效管理过程来发现员工存在的不足,以便对其进行有针对性的培训,从而使员工更加有效地完成工作。通过绩效评价环节,管理者可以发现员工绩效不佳的方面,这就为绩效反馈环节分析绩效差距、制定绩效改进计划提供了基础。通过绩效反馈环节,管理者不仅要指出下属绩效不佳的内容,同时还要帮助他们找出导致绩效不佳的原因,如技能缺陷、动力不足或某些外在的障碍等,继而针对问题采取措施,制定相应的绩效改进计划。只有这样,才能更有效地帮助员工提高他们的知识、技能和素质,促进员工个人的发展和实现组织绩效管理的开发目的。

从以上内容可以看出,有效的绩效管理应该将员工的工作活动与组织的战略目标紧密相连,并为组织对员工做出的管理决策提供有效的信息,同时向员工提供及时、准确的绩效反馈以提供针对性的培训,从而实现绩效管理的战略目的、管理目的和开发目的。

三、绩效管理的过程

绩效管理是一个持续的循环过程,以绩效计划、绩效执行、绩效评价和绩效反馈四个环节为主线有序开展。有效的绩效管理在绩效计划之前还应具备前提条件,在绩效反馈之后还存在对绩效计划的更新与修订。见图1-1。

（一）前提条件

在实施绩效管理之前必须具备两个重要的前提条件：

(1) 员工对组织的使命和战略目标要有清楚的了解。一个组织的使命和战略目标是战略规划过程所产生的一个结果,一旦整个组织的目标确定下来,就要在此基础上对目标进行持续的层层分解,这样员工才能知道应当做什么以及应当实现何种个人目标才能帮助组织达成目标。如果管理人员和员工不清楚组织的使命和战略目标,那么绩效管理很可能就无法帮助组织实现其战略目标。

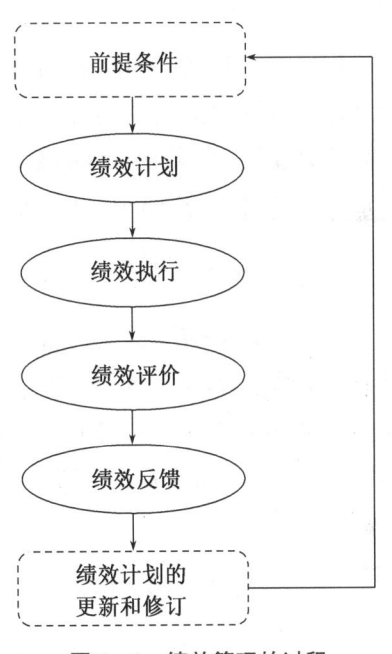

图1-1 绩效管理的过程

(2) 员工必须对所在岗位有清楚的了解。岗位是员工所需完成的任务和职责的集合。工作分析是确定完成各项工作所需能力、责任和知识的系统过程。通过工作分析可以产出岗位说明书,包括岗位描述、工作流程、任职资格等内容。如果不进行工作分析,就很难确定一个特定的职位到底应当承担哪些主要职责。如果不知道一位员工在其岗位上应当做什么,也就不知道应当评价什么,以及如何进行评价。因此工作分析并形成清晰的岗位说明是绩效管理有效实施的另一个基本前提。

（二）绩效计划

绩效计划(Performance Planning)作为绩效管理的第一个环节,在绩效管理循环中具有指向的作用。它是指当绩效周期开始的时候,管理者和下属依据组织的战略规划和年度工作计划,通过绩效计划面谈,共同确定组织部门及个人的工作目标并签订绩效目标协议的过程。注重的是管理者和下属的互动式双向沟通和全员参与,使管理者与下属在做什么、做到什么程度、怎么做等问题上达成共识。

(三) 绩效执行

作为绩效管理的第二个关节,绩效执行(Performance Execution)是在整个绩效期间内上级和下属通过持续的沟通,预防或解决员工实现绩效时可能发生的各种问题的过程。绩效执行的重点内容是绩效计划实施情况,其目的是确保组织、部门及个人绩效目标的顺利达成。

(四) 绩效评价

作为绩效管理过程中的核心环节,绩效评价(Performance Appraisal)是指根据绩效计划,选定评价主体并采用有效地评价方法,对组织、部门及个人的绩效目标实现情况进行评价的过程。绩效评价能够起到推动组织战略的实现、为绩效反馈阶段的绩效改进提供依据、促进绩效水平的提升及为各项人力资源管理决策提供依据的作用。

(五) 绩效反馈

绩效反馈(Performance Feedback)主要通过考核者与被考核者之间的沟通,是指在绩效评价结束后,管理者与下属通过绩效反馈面谈,将评价结果反馈给下属,在肯定其成绩的同时,找出其工作中的不足并加以改进的过程。通过绩效反馈,员工可以了解自己在本绩效周期内的绩效是否达到既定的目标,知道管理者对他们的评价和期望,从而不断修正自己的行为。

(六) 绩效计划的更新和修订

在完成了上述绩效管理环节后,需要对绩效计划进行更新和修订。从本质上来说,这是与绩效计划完全相同的一项内容。两者之间的主要不同之处是,绩效计划的更新和修订需要运用到前面其他几个绩效管理环节中发现的问题以及获得的信息,同时在必要时需要对计划做出调整。例如,在绩效反馈中发现员工在国外业务订单额这一指标上表现不佳,是由于突如其来的疫情导致国外业务无法很好地拓展且将成为常态,那么原来制定的目标可能变得不切实际了,因此可能会设定一个稍低的目标。

总的来说,绩效管理是一个循环往复的过程,其中六个组成部分中的每一个部分都扮演着重要的角色,如果其中的任何一部分没有得到满足或有效实施,那么整个绩效管理都会受到影响。

四、绩效管理中的人员分工

在绩效管理过程中,由于对绩效管理中的角色分工认识不清,人们常常认为绩效管理工作是人力资源部门的事情,作为人力资源部,由于其职能的限制以及人力资源部员工知识的限制,人力资源部门在整个绩效管理过程中能够发挥的作用是有限的。那么在绩效管理过程中,公司中有哪些成员应该参与,他们各自承担什么样的责任呢?

(一)高层领导者

高层领导者必须支持和亲自参与绩效管理活动。绩效管理是覆盖组织全体成员的系统活动,需要高层领导者将组织中各层级的人员调动起来参与这一活动。

此外,绩效管理在推行过程中可能会遭遇阻力,实施受到阻碍,甚至半途而废。例如,员工不愿意被考评,直线管理者不理解绩效管理的意义,管理人员害怕评价下属引起冲突和麻烦。高层领导的亲自参与有助于把目标逐级分解下去,同时将绩效管理的理念和方法渗透到组织的各个层级,推动直线经理和员工参与到绩效管理中来。成功施行绩效管理的组织,无一例外都离不开高层管理者对于绩效管理的亲自参与和支持。

高层领导人在绩效管理工作的责任包括以下几个:

① 发起绩效管理工作并提供源源不断的支持。

② 为绩效管理提供保障,给绩效管理工作赋予权威性。

③ 根据战略绩计划带领公司制定绩效管理计划。

(二)人力资源管理人员

很多组织的人力资源管理部门都义无反顾地承担起绩效管理的责任,他们确定考核的指标、设计考核方案,并发放绩效考核表,然后进行统计汇总。但是,人力资源管理部门的辛勤工作往往不能换来令人满意的成效,相反却可能遭到众人的埋怨。例如,人力资源部门设计的表格不能满足业务部门的需要,考评的内容不能刺激员工业绩的提升,绩效考核增加主管的工作量等。出现这种局面是由于他们在人力资源管理工作中对自己的角色定位有偏差。事实上,人力资源部门的工作人员对业务和员工的了解远远不及职能部门的负责人,所以由他们承担绩效管理的主体责任必然不是明智之举。

那么,人力资源管理部门在绩效管理中应该扮演什么角色?具体来说,人力资源管理人员的责任包括以下几个:

① 在与业务部门经理充分沟通的基础上,设计绩效管理流程和制定相关制度。

② 为各级主管提供绩效管理技术和技巧的培训,为员工提供达成绩效目标的相应培训。

③ 监督绩效管理的实施,督促各级人员按照时间计划完成相应的绩效管理活动。

④ 评价并改进绩效管理,根据企业每年的战略重点调整绩效管理的主要内容。

⑤ 协助各职能部门设计适合本部门的目标体系,为各级员工提供绩效管理目标的模板。

⑥ 解答主管人员在绩效管理中的困惑,接受被考评者的投诉。

(三)直线经理

直线经理是绩效管理真正的责任主体。直线经理处在组织的高层领导者和普通员工之间,起到承上启下的作用。战略目标正是沿着自上而下的命令链下达分解到每一个员工,绩效辅导也正是沿着这条直线逐级向下进行的。在绩效管理过程中,直线经理应该是指导者、评价者、反馈者、辅导者、激励者。

他们在绩效管理中的责任包括:
① 与下属讨论制定其绩效目标、个人发展目标和行动计划。
② 经常检查和掌握下属的工作情况,了解其困难并给予支援和指导。
③ 收集绩效信息,评价下属绩效。
④ 向下属反馈绩效,与其就如何提高绩效达成一致。
⑤ 向人力资源部门汇报绩效考核信息。
⑥ 根据绩效考核结果对下属进行奖惩。

(四)员工

绩效管理过程中,员工不只是被动的被考评者,每个员工都要对自己的工作绩效有更多的关注和思考。员工绩效是组织绩效管理的核心,员工参与绩效管理过程并不意味着仅仅是被批评与评价,员工应当做绩效管理的主人参与到绩效管理过程中来。

员工在绩效管理中的责任包括以下几个:
① 预先制定自己的绩效目标和发展计划,在工作目标的制定中积极参与,发表自己的看法和意见并与上司讨论以达成共识。
② 主动和上级沟通在绩效执行过程中遇到的问题和困惑,寻求必要的支援;经常向上级汇报自己的工作进度。
③ 自我评价,向主管提供有关自己工作的结果和证据。

因此,让组织各级人员理解并认同各自在绩效管理中所扮演的角色与承担的责任是企业实施绩效管理的基础。仅仅过人力资源部门自身的努力来提升组织执行力是不现实的,没有各级人员的积极参与支持,绩效管理只能是流于形式。

五、绩效管理中的正式沟通会议

有效的绩效管理需要强调召开正式的绩效沟通会议。实际上在管理实践中,上下级之间非正式的绩效讨论在一年当中的任何时候都有可能发生。但如果没有定期的、正式的绩效沟通会议安排,绩效管理的各个阶段可能得不到管理者的重视。因此,组织需要定期安排正式的上下级之间的绩效沟通会议,以针对绩效的各方面内容以及绩效管理体系展开专门的讨论。这实际上也发出了这样一个信号,即绩效管理是很重要的。

在整个绩效管理体系中,正式的绩效沟通会议可以有以下六次:

(1) 绩效管理体系正式启动沟通会议。第一次正式的绩效沟通会议是绩效管理体系正式启动会,在这次沟通会议上需要讨论的内容有:第一,明确绩效管理体系是如何运转的;第二,明确员工和管理者分别应当满足哪些要求,承担哪些主要职责。讨论的内容还包括明确自我评价的作用,同时确定员工及其上级将会在什么时候一起对绩效问题展开正式的讨论。这次会议对于新员工来说尤其重要,一旦这些新员工成为组织的正式员工,就应该将他们纳入组织的绩效管理体系中。

（2）员工自评会。第二次会议是员工（述职）自评会，其主要内容是员工对自己的绩效状况做出评价。这次会议实质上是一次报告会，在这种场合，上级不会对员工的自我绩效评价情况做出评判。这次会议只不过是为员工提供一个机会，让他们自己描述一下对个人在绩效评价周期内的绩效有何看法。在述职的基础上，通常让员工填写绩效的自我评价表格，随后让他们的上级用同样的表格即用相同的绩效维度对员工的绩效进行评价，这种做法是非常有用的。

（3）绩效评价沟通会议。关于绩效评价的沟通会议要对员工的绩效结果展开讨论，这种讨论是从上级管理者和员工本人两个角度展开的。这次会议主要针对过去的绩效展开讨论，一般不会强调员工在未来的绩效应该是什么样子。

（4）绩效加薪或薪酬审核沟通会议。当员工在某一个周期中的绩效导致他们的薪酬出现变化时，就需要召开这种会议。关于报酬的讨论与关于绩效的讨论应当分开进行，这样就可以使员工首先关注绩效，然后再关注报酬。在这个沟通会议中管理者应该向员工解释清楚员工绩效与组织提供给员工的报酬之间存在怎样的联系。如果员工的报酬不与绩效直接挂钩，报酬就不可能真正发挥作用。

（5）员工开发计划制定沟通会议。这次会议需要讨论的是员工的开发需求以及在接下来的绩效评价周期内，员工应当采取哪些措施来改善自己的绩效。在这次会议上还要让员工知道，为了使员工获得他们需要掌握的那些新技能，组织会为他们提供哪些类型的资源。

（6）绩效反馈和绩效计划沟通会议。这次会议要确定员工在接下来的这个绩效评价周期内需要实现的结果目标、关键职责、实现路径。在这次会议上，员工将会得到关于自己在过去这个绩效评价周期内的真实绩效状况的清晰反馈，以及下一个计划期内的绩效计划。

尽管可以将正式的绩效沟通会议区分为以上六种，但这六次会议并不一定都必须单独召开。管理者可以根据时间安排将部分会议合并召开。

第三节　绩效管理与薪酬

一、薪酬的含义

从广义上看，组织给予员工的报酬，可以分为有形的报酬和无形的报酬两大类。无形的报酬可以体现为多种形式，例如领导的赏识和认可、在组织中的地位、就业保障、富有挑战性的工作以及学习机会等。有形的报酬特指薪酬，即企业为认可员工的工作与服务而支付给员工的各种直接的和间接的经济收入。

员工的薪酬由三部分组成：基本薪酬、可变薪酬、间接薪酬。其中，基本薪酬指企业根据员工所承担的工作或者所具备的技能而支付给他们的经济收入，它的支付依据主要是岗位以及岗位履行的职责,因此,一般情况下,履行类似工作职责的所有员工得到的基本薪酬都是一样的,并不考虑员工与员工之间存在的个体差异;可变薪酬指企业根据员工、部门或团队、企业自身的绩效而支付给他们的具有变动性质的经济收入,通常以奖金的形式体现;间接薪酬是指给员工提供的各种福利。与基本薪酬和可变薪酬不同,间接薪酬的支付与员工个人的工作和绩效并没有直接的关系,往往都具有普遍性,通俗地讲就是"人人都有份"。

二、绩效管理与薪酬管理的关系

绩效管理与薪酬管理的关系是最为直接的,两者相互联系、相互作用、相辅相成。薪酬管理是指企业在经营战略和发展规划的指导下,综合考虑内外部各种因素的影响,确定薪酬体系、薪酬水平、薪酬结构、薪酬形式,明确员工所应得的薪酬,并进行薪酬调整和薪酬控制的过程。

有效的绩效管理是薪酬管理的必要条件。首先,能够确保薪酬管理过程的科学性。有效的绩效管理将绩效管理过程中产生的评价结果与员工的薪资等级、可变薪资和福利计划等挂钩,有利于建立科学的薪酬结构;其次,能够保证薪酬管理的公平性。基于绩效评价结果给予员工不同的绩效薪酬,是实现薪酬管理公平性的基础。第三,能够真正发挥薪酬的激励作用。针对员工的绩效表现及时地给予他们不同的薪酬奖励,能够提高员工的工作积极性,促使员工工作绩效不断提升,同时能够合理地引导员工的工作行为,确保组织目标与员工目标的一致性。

绩效管理与薪酬挂钩也会促进绩效管理的成功。一项对《财富》500强企业所做的调查显示,在绩效考核结果与薪酬体系直接挂钩的情况下,绩效管理体系会更有效。这是因为,当绩效管理体系与薪酬体系直接相关时,组织中的人们会更加重视绩效管理过程和绩效改善。

鉴于薪酬管理和绩效管理的密切相关性,组织在进行薪酬管理和绩效管理时,应充分考虑两者之间的联系,避免相互冲突,以确保两者能够相辅相成,发挥协同作用。

三、绩效评价对员工报酬的影响

1. 基本薪酬调整

基本薪酬是相对固定的,通常以岗位薪酬的形式体现。但是近年来为了适应劳动力市场的个性化需求,基本薪酬的设计趋势朝着宽带薪酬发展,也就是说,一个岗位的基本薪酬不再是一个固定的值,而是有一个变动范围。

基本薪酬调整通常有三种形式:一是生活成本调薪;二是职级调薪;三是绩效调薪。

生活成本调薪意味着所有员工都可以得到一个相同百分比的薪酬水平上涨,这种调薪不考虑员工个人的绩效,生活成本调薪的目的主要是用来消除通货膨胀对员工的收入所造成的不利影响,以保证员工薪酬水平的购买力。

职级调薪仅针对那些职级获得晋升的员工展开。许多企业为专业技术人才设计了专门的职级晋升通道,鼓励知识员工在管理或者专业职级体系中发展自己,因此,获得职级晋升的员工意味着能力提升,也可同时获得职级调薪。在职级晋升中,绩效评价获得优秀或良好通常是必要条件之一。

绩效调薪特指根据员工过去的绩效表现而给予的基本薪酬增长待遇。绩效加薪意味着根据一位员工的绩效水平来决定为其增加的基本薪酬数量。例如,绩效得分排在前20%的员工将会获得10%的年度加薪;绩效得分排在中间70%的员工可以获得4%的年度加薪;而绩效得分排在最后10%的员工则没有加薪。

2. 对可变薪酬的影响

可变薪酬又称绩效薪酬,包括短期奖励和长期的奖励。与绩效加薪类似,短期奖励也是以员工过去的绩效为基础。不过,这种奖励不会导致基本薪酬的增加,它只是根据某个绩效周期(如季度或年度)内的评价结果来做出的临时性薪酬调整。因此,短期奖励是一种一次性的支付。短期奖励与绩效加薪的第二个不同之处在于,短期奖励的标准通常是事先确定的。例如,一位在广告公司工作的销售员知道,如果她完成了自己100万元的销售定额,那么她将在季度末获得5 000元的奖金。同时她也清楚,如果她能够超额完成任务,达到目标销售额的120%,那么她的奖金将会达到8 000元。相反,在大多数情况下,实行绩效加薪时,加薪的具体数值事先是不知道的。

长期奖励的典型形式是允许员工按照预先确定好的、有利可图的价格来购买股票的股票所有权计划或者股票期权计划。长期奖励的基本原理是,员工个人愿意对组织的未来成功进行投资,而这种投资又有可能转化为一种可持续的高水平绩效。大部分公司在采取对员工的长期激励政策时,都会考虑绩效评价结果。

3. 对无形报酬的影响

无形报酬又称为非经济性报酬,其表现形式通常与员工在组织中的地位、获得的认可和成就有关。例如,正式的表扬、在公司内部的出版物进行宣传、颁发成果证书、更大的办公室、更富有挑战性的工作环境、给予学习培训的机会、更大的自由选择空间等等。对员工而言,无形报酬同样是十分重要的报酬形式,也同样影响员工的公平感知和工作动机。许多组织不重视这些无形报酬对员工的影响。有大量研究表明,随着新生代员工、90后甚至00后员工进入职场,成为职场的主力军,非经济报酬越来越成为员工重视的因素。科学的绩效管理过程本身就可以满足部分无形报酬的需要,例如,绩效目标设定、绩效辅导、员工发展计划等等,同时,基于绩效评价结果给予员工表彰或特殊工作安排等等,更有助于实现公平和激励的效果。

第四节 绩效管理与人力资源管理其他职能的关系

绩效管理在企业的人力资源管理系统中占据着重要的核心位置,发挥着重要的作用,并与人力资源管理的其他职能活动之间存在着密切的关系。

一、绩效管理与工作分析的关系

工作分析(job analysis)是绩效管理的重要基础。

工作分析是指确定组织内的每一个职位包括的具体工作内容和责任,并对工作内容及相关因素做全面、系统的描述和记载,指明担任这一职位的工作人员必须具备的知识和能力。有效的绩效管理必须有客观的评价内容和评价标准,而工作分析使组织确定了一个职位的工作职责以及它所应负责的重要工作产出,为如何衡量一位员工的绩效提供了依据,同时也提供了评价员工绩效的客观标准。

因此说,工作分析的结果是绩效管理的依据,绩效管理的评价内容必须与工作内容密切相关,一定要做到"干什么考核什么"。

二、绩效管理与招募和甄选的关系

高质量的招募与甄选直接影响员工乃至组织的绩效水平,绩效管理也直接影响组织的招募和甄选工作。

招募(recruitment)是指组织以发现和吸引员工为目的而采取的所有行动的总称;而甄选(selection)是组织通过运用一定的工具和手段来对已经招募到的求职者进行鉴别和考察,区分他们的人格特点与知识技能水平,预测他们的未来工作绩效,最终挑选出组织所需要的、恰当的职位空缺填补者的过程。

一方面,招募和甄选的质量影响绩效水平。招募与甄选的目标是及时弥补职位的空缺,使录用的人员与工作的要求相匹配,以满足组织发展的需要。如果人员配置不当,员工的工作绩效和满意度都会受到不利影响。如果招募与甄选的质量高,录用的都是组织需要的优秀人才,那么将有效降低绩效管理的成本,促进员工个人绩效和组织绩效的共同提升。

另一方面,绩效管理的结果可以为招募与甄选决策提供依据。绩效管理过程中发现的员工能力、态度等方面的问题,可以为组织下一次的招募与甄选决策提供依据并供组织制定相应的招募计划;如果分析员工的绩效评价结果后发现问题不在于现有员工的能力和态度,而在于工作量过于饱和,即现有的人力资源数量无法满足工作任务的需要,也会促使组织做出招募新员工的决策。

三、绩效管理与培训开发的关系

绩效管理同培训与开发之间的关系是双向的。不论是培训与开发还是绩效管理,都是通过引导员工的行为使其满足组织发展的需要。

培训与开发(training & development)是指一个组织通过相应的项目来改进员工能力水平和组织绩效的一种有计划的、连续的工作。培训的主要目的是使员工获得目前工作所需要的知识和能力,帮助员工完成当前的工作;而开发的主要目的是使员工获得未来工作所需要的知识和能力,帮助员工胜任企业中其他职位的工作需要,并且通过提高他们的能力来使他们能够承担目前可能尚不存在的工作。

一方面，通过绩效评价，组织能够发现员工的不足，产生培训需求。主管人员往往需要根据被评价者的绩效现状，结合组织目标和被评价者个人的发展愿望、职业生涯规划，与被评价者共同制订绩效改进计划和未来发展计划。人力资源部门则根据员工目前绩效中有待改进的方面，设计整体的培训与开发计划，并帮助主管和员工共同实施培训开发工作。

另一方面，培训开发是一个系统化的行为改变过程，其最终目的是通过提升员工的工作能力、职业素养和知识水平，不断挖掘个人潜能，调动员工的工作积极性，改进员工的工作绩效，实现组织的绩效管理目标。

因此，绩效管理同培训与开发作为整个人力资源管理系统中两个重要的行为引导机制，应该向员工发出相同的"信号"，从而有效强化行为引导的效果。

四、绩效管理与员工关系管理的关系

适当的员工关系管理有助于个人和组织绩效目标的实现，科学的绩效管理也能促使员工关系更加和谐。

员工关系管理（Employee Relationship Management）就是企业采用各种管理手段和管理行为，来调节企业与员工、员工与员工之间得相互联系，使之良性循环和发展，以实现组织目标的过程。

一方面，通过员工关系管理，组织可以强化员工的组织认同感和忠诚度，提高员工的工作热情和投入程度，同时晋升、解聘等管理方法可以激励和促进员工个人绩效的改善和组织整体绩效目标的实现。

另一方面，科学有效的绩效管理可以加强管理者与员工之间的沟通和理解，有效避免或缓和矛盾与冲突，确保员工的合法利益得到保护，促使员工关系更加和谐。同时绩效管理的结果可作为职位变动、晋升、解雇或退休相关决策的依据。

人力资源管理最直接的目标就是提高员工的工作绩效，而绩效管理的结果正是对这一核心目标的直接体现。绩效管理的结果可以在很大程度上判断各项人力资源管理职能是否取得了预期的效果，因而成为指导各项人力资源管理职能的"风向标"。绩效管理能否准确地衡量员工的真实绩效水平在很大程度上决定了其他人力资源管理职能能否充分发挥其应有的作用。因此，人力资源管理的其他职能也对绩效管理提出了更高的要求，设计一套符合组织实际的、科学的、动态的绩效管理就成为人力资源管理系统中的一项核心工作。

关 键 词

绩效　任务绩效　周边绩效　绩效管理

复习思考题

1. 绩效的影响因素分别是_____、_____、_____、_____。
2. 绩效管理的过程包括 （　　）
   A. 前提条件　　　　B. 绩效计划　　　　C. 绩效执行
   D. 绩效评价　　　　E. 绩效反馈　　　　F. 员工解聘
   G. 绩效计划的更新与修订
3. 周边绩效通常不是由工作角色所规定好的,因此它没有任务绩效重要。（　　）
4. 绩效管理是一个持续的过程,绩效评价只是绩效管理中的一个环节。（　　）
5. 有效的绩效管理是进行薪酬管理的首要条件,能够确保薪酬管理过程的科学性和公平性。（　　）

案例分析

M公司地处沿海经济发达地区,是一家高科技制造企业,拥有全球领先的专业技术,已经成为各大知名企业的供应商。M公司下属生产技术部招聘了两个来自名校的大学生,一个叫小兰,另一个叫小张,两人都以助理电气工程师岗位入职。转眼过了一年,在这一年的时间里,小张和小兰都感觉到了和大学生活的不同。小张工作仔细认真,兢兢业业,作为助理工程师每天都有做不完的资料图纸修改,而且还经常加班,有时感觉身心疲惫,但部门领导对他的肯定让小张感觉又有了动力。而另一名员工小兰也得到了部门领导的赏识,经常被派出去研修、学习,学到了很多小张所不知道的知识,这让小张十分地羡慕。

到了年底,M公司开展绩效考核,两个员工都自己的考核结果都是信心满满。可是评价结果一出来,小张却是十分失望。小兰获得的绩效评价是A+,然后职位等级从P3升到了P4,年底还获得了10%的绩效加薪;而小张的绩效评价是A,职位等级维持P3不变,绩效加薪也仅仅只有5%。小张对此结果非常不满,平时自己比小兰工作要认真仔细,加班加点工作也属常态,而小兰不仅工作时间少,还经常出差学习。可是他这样的不满却无从表达。

从此,小张工作没有原来上心了,加班的频度也大为减少,工作的效果不及原来的1/2,在很长一段时间内,大家也没有再看到那个意气风发熬夜加班的身影了。私底下,小张更新了自己的简历。猎头捕捉到了这一动态,给小张推荐了另外一家待遇好,离家近的公司,小张便离职跳槽了。

案例来源:HR案例网 http://www.hrsee.com/? id=1087

思考:结合本章内容,思考M公司的绩效管理存在什么问题?

第二章 战略规划与绩效管理

学习目标

1. 了解什么是战略规划；
2. 理解战略规划的构成；
3. 理解战略规划和绩效管理的关系；
4. 理解关键绩效指标主要有哪些特点、优点以及构建KPI所遵循的原则；
5. 掌握用鱼骨图确定关键绩效指标的方法：理解鱼骨图的概念、类型、绘制鱼骨图的步骤，掌握如何使用鱼骨图提取KPI；
6. 了解KPI用于绩效评价的注意事项。

导入案例

华为的战略规划与战略解码

近年来，战略解码的概念在企业管理理论界与实务界得到了广泛重视。华为公司在成长过程中一直在进行战略解码的积极探索，早在2006年华为就引入了业务领先模型（business leadership model,BLM），这是IBM 2003年研发的一套完整的战略方法论，从战略意图、市场洞察、创新焦点、业务设计、关键任务、氛围与文化、人才和正式组织八个方面，协助管理层进行战略制定、调整及执行跟踪；华为持续实践了4年时间才最终成功地将自身的战略规划、年度业务计划、财务预算、组织KPI相互挂钩，直至2011年提出了自己的DSTE(develop strategy to execution)，即从战略到执行的管理流程。DSTE是华为公司一级流程之一，它包括三个二级流程，即战略规划（strategy plan,SP）、年度业务计划（business plan,BP）和战略执行与监控，其中年度业务计划又称战略解码。为持续推动战略解码，2013年华为向三星学习引入了业务战略执行力模型（business strategy execution model,BEM），该模型强调通过关键成功要素将战略转化为KPI与重点工作，最终转化为公司各级经理的个人业绩承诺书（persona business commitment,PBC），形成一个管理者的PDCA循环。2018年华为在公司年报中宣布引入平衡计分卡，将战略地图作为战略解码的主要载体工具，以求更精准地将华为战略目标转化为各层组织的绩效目标，并开展战略执行审视,确保公司战略有效执行与落地。

案例来源:《战略解码:华为等公司战略落地的利器》秦杨勇著 中国人民大学出版社

第一节 战略规划

一、什么是战略规划

战略规划(Strategic Plan)旨在确定公司的发展方向,阐明基本商业模式,描绘出战略性和财务性目标,明确为了实现预期目标所要采取的竞争举措和运营方式。战略规划建立在内外部环境分析的基础之上,其目的是应对产业环境、与对手展开竞争、实现目标并在既定的战略进程中取得进展。彼得·德鲁克有一句名言:做战略规划不是预测未来,而是决定我们今天做什么才能拥有未来。

(一)战略规划的构成

战略规划包括确定使命和愿景、设定目标、制定战略。

1. 公司的使命和愿景

公司的使命描述应该能够概括一个组织存在的最重要的理由。好的使命陈述能够很好地回答"我们是谁,要做什么,以及我们为什么在这里",也描绘了管理者对于公司未来的抱负。表达清晰的使命能够将管理层的抱负准确地传递给利益相关者(顾客、员工、股东、供应商等),并且激发公司员工齐心协力地工作。

一个组织的愿景是关于其未来发展愿望的一种陈述。换句话说,愿景陈述是预想当中的未来,具体说明组织的长期目标以及组织期望成为哪种组织的总体蓝图,是对一个组织希望在未来成为的哪种组织所做的一种描述。愿景陈述通常是在组织使命陈述完成之后才确定下来的,只有当一个组织明确了自己到底是谁以及自己存在的目的是什么时,才能清楚自己在未来将会成为什么样子。也有很多组织的使命陈述和愿景陈述是混在一起的,因此,在许多情况下,两者并不容易清晰的区分。

需要注意的是,使命和愿景的陈述通常包含着一个组织的核心理念,也就是组织的核心目标和核心价值观。华为的创始人任正非在2004年4月28日"广东学习论坛"第十六期报告会上的讲话,就非常清晰的阐明了华为的核心理念。"华为所处于的通信行业属于投资类市场,客户购买通信网络设备往往要使用10~20年,而不像消费品一样使用年限较短。因此,客户购买设备时首先是选择伙伴,而不是设备,因为他们知道,一旦双方合作,就需在一个相当长时间内共同为消费者提供服务。因此,客户选择的合作伙伴不但要具有领先的技术水平,高度稳定可靠的产品,能快速响应其发展需求,而且还要服务好,这个企业才有长远生存下去的可能。客户的要求就是质量好、服务好、价格低,且要快速响应需求,这就是客户朴素的价值观,这也决定了华为的价值观。"

2. 设定目标

战略规划中的目标包含了组织的长期目标、中期目标和短期目标。组织在分析了面临的外部机会和威胁以及内部优势和劣势,并且描述了使命和愿景之后,就可以切实制定有助于履行其使命的战略目标了。设定这些战略目标的目的在于将组织中长期的期望以书面形式正式表达出来,反映了管理者基于行业当前的经济状况、竞争状况和公司内部能力而对公司绩效的期望。这些目标为履行组织的使命提供了更加具体的信息,例如,企业在制定5年规划、3年规划中所设定的目标,都属于战略规划的一部分。

3. 制定战略

战略是对如何达成既定目标的策略性计划或实现程序所做的一种描述。它回答了公司维持或放弃什么类型的业务,进入哪些新市场,以及如何选择最佳进入方式(例如,通过收购、建立战略联盟,还是内部开发),战略决定了公司资源的分配方式。

(二)战略规划的层级

需要注意的是,战略不应当仅仅停留在公司层面,还应当包括业务层、职能层和运营层,见图2-1。理想情况下,公司的各级战略应当是紧密结合、相辅相成的,像七巧板那样组合在一起。如果公司各个层级的战略不能统一协调,就会削弱公司的整体战略并影响公司绩效。因此,公司的高层管理者有责任明确地向下级管理人员和主要员工传达公司的愿景、目标和战略构成要素来实现协调统一。中层和基层管理者如果没有首先了解公司的长期发展方向、公司主要业务构成和业务层战略,就无法制定与整体战略一致的战略行动。因此,战略制定的一般规则是从组织的顶层开始,自上而下,从公司层战略到业务层战略,再从业务层战略到与之相联系的职能层战略和运营层战略。这种自上而下的战略制定之后,更低层级的战略就必须确保支持更高层级的战略并与之保持一致。公司应该通过修改低层级战略中的那些冲突要素,或者对更高层级的战略进行调整,以适应那些低层级战略中更具有吸引力的战略思路和行动,来解决战略冲突。

二、环境分析

在制定战略规划时,需要仔细分析一个组织当前所处的竞争环境、目前所处的位置以及未来想要达到的位置,制定组织的战略目标,设计行动计划和实施方案,确定最有可能帮助组织达成战略目标的各种资源(包括人力资源、组织资源和物质资源等)的分配方案。

战略规划过程并不是一蹴而就的。战略规划的各个环节与环境分析之间都存在着一个互动的过程:愿景、使命、目标、战略会影响需要完成的环境分析类型,而环境分析结果又可以用来修订组织的战略规划。这样的互动过程能使组织更加清晰地定义自己的使命和愿景,更好地抓住机会,实现目标,同时规避风险。

环境分析通常包括宏观环境分析、行业和竞争环境分析、综合分析。

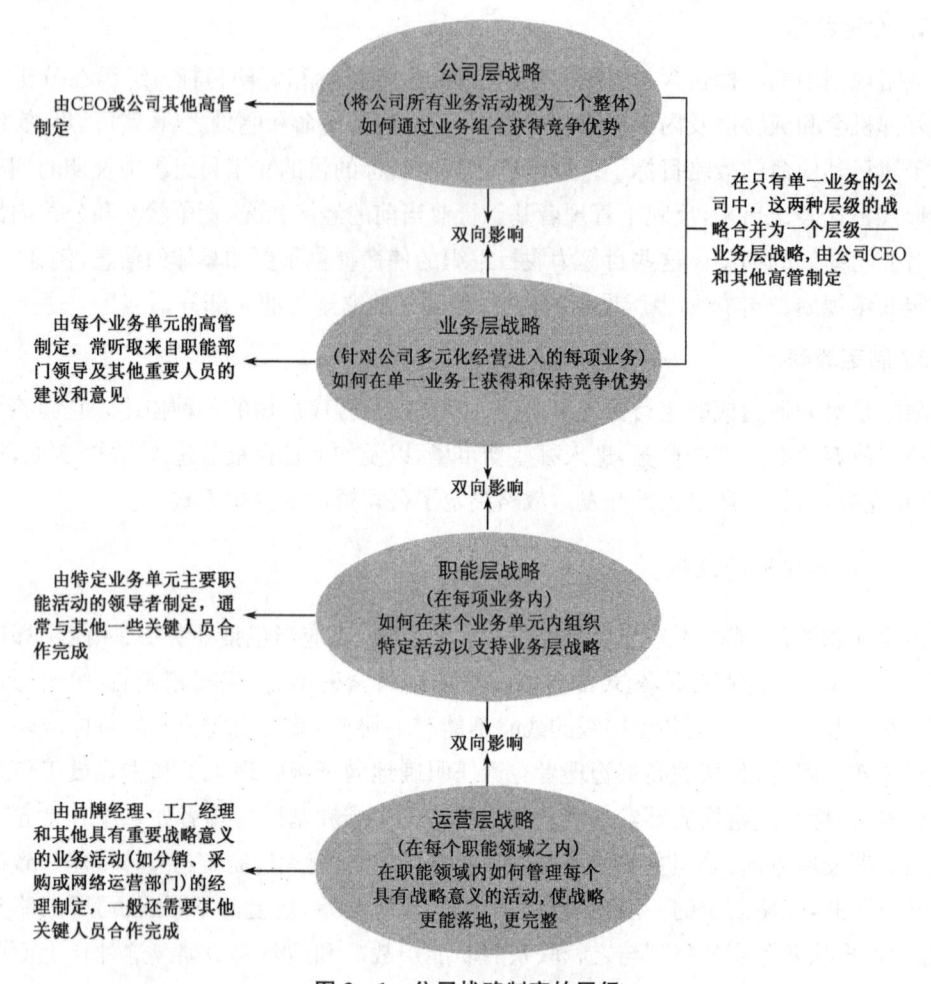

```
                    ┌─────────────────────────┐
由CEO或公司其他高管 ←──│      公司层战略          │
制定                 │(将公司所有业务活动视为一个整体)│
                    │ 如何通过业务组合获得竞争优势  │
                    └─────────────────────────┘
                              ↕ 双向影响
                                              在只有单一业务的公司
                    ┌─────────────────────────┐ 中，这两种层级的战
由每个业务单元的高管 ←│      业务层战略          │ 略合并为一个层级——
制定，常听取来自职能部│(针对公司多元化经营进入的每项业务)│业务层战略，由公司CEO
门领导及其他重要人员的│如何在单一业务上获得和保持竞争优势│和其他高管制定
建议和意见          └─────────────────────────┘
                              ↕ 双向影响
                    ┌─────────────────────────┐
由特定业务单元主要职能│      职能层战略          │
活动的领导者制定，通常←│    (在每项业务内)        │
与其他一些关键人员合作│如何在某个业务单元内组织   │
完成                │特定活动以支持业务层战略    │
                    └─────────────────────────┘
                              ↕ 双向影响
                    ┌─────────────────────────┐
由品牌经理、工厂经理 │      运营层战略          │
和其他具有重要战略意义│  (在每个职能领域之内)     │
的业务活动(如分销、采←│在职能领域内如何管理每个   │
购或网络运营部门)的经│具有战略意义的活动，使战略  │
理制定，一般还需要其他│更能落地，更完整          │
关键人员合作完成    └─────────────────────────┘
```

图 2-1 公司战略制定的层级

资料来源：小阿瑟·A·汤普森等著《战略管理：概念与案例》机械工业出版社 2020.

（一）宏观环境分析

宏观环境分析是指对一个国家或地区的政治、经济、社会、科技、法律等宏观环境的变化与走势进行分析，通过分析判断宏观环境对行业竞争格局、产业发展的影响，进一步把握其对企业发展的影响。宏观环境分析不仅仅局限于过去和现在，更重要的是着眼于对未来的判断，尤其重要的是要判断宏观环境对公司所涉足、即将涉足的产业产生的影响，以及未来的发展趋势。

宏观环境分析最常规的分析方法就是 PEST（P—政治法律、E—经济、S—社会、T—科技）分析。

1. 政治法律环境

政治法律环境包括一个国家的社会制度，执政党的性质，政府的方针、政策、法令等。不同的国家有着不同的社会制度，对企业活动有着不同的限制和要求。即使社会制度不变的同一国家，在不同时期，由于执政党的不同，其政府的方针特点、政策倾向对企业活动的态度和影响也是不断变化的。国家政策是否会改变法律从而增强对企业的监管并收取更多的赋税？政府所持的市场道德标准是什么？政府的经济政策是什么？政治环境是否稳定？等等问题都可能制约、影响企业的经营行为。

2. 经济环境

经济环境主要包括宏观和微观两个方面的内容。宏观经济环境主要指一个国家的人口数量及其增长趋势，国民收入、国民生产总值及其变化情况以及通过这些指标能够反映的国民经济发展水平和发展速度。微观经济环境主要指企业所在地区或所服务地区的消费者的收入水平、消费偏好、储蓄情况、就业程度等因素。这些因素直接决定着企业目前及未来的市场大小。

3. 社会文化环境

社会文化环境主要包括社会道德风尚、文化传统、人口变动趋势、文化教育、价值观念、社会结构等。各国的社会与文化对于企业的影响不尽相同。例如，居民的文化水平会影响需求层次；宗教信仰和风俗习惯会禁止或抵制某些活动的进行；价值观念会影响居民对组织目标、组织活动以及组织存在本身的认可与否；人口变动趋势会影响劳动力队伍的老龄化；审美观点则会影响人们对组织活动内容、活动方式以及活动成果的态度。

4. 技术环境

技术环境指目前社会技术总水平及变化趋势、技术变迁、技术突破对企业的影响，以及技术对政治、经济社会环境之间的相互作用的表现等。科技不仅是全球化的驱动力，也是企业的竞争优势所在。

（二）行业和竞争环境分析

从战略的角度分析公司所在行业与竞争环境，需要运用一些明确定义的概念和分析工具。波特五力模型(Porter's Five Forces Model)是使用最为广泛的一个分析工具。

波特五力模型由迈克尔.波特于20世纪80年代初提出。该模型认为一个行业中的竞争压力来自五种力量，它们包括：① 来自现有竞争者之间的竞争；② 来自行业潜在新进入者的竞争；③ 来自替代品生产商的竞争；④ 供应商的议价能力；⑤ 购买者的议价能力。见图2-2。

（三）综合分析

在完成外部环境的扫描后，需要开展公司内外部战略环境的综合分析，识别出公司的优势劣势，评估该公司是否有能力利用有利的市场机会，以及是否能够抵御外部对其未来发展的威胁。SWOT分析工具是一个被普遍采用且比较成熟的战略分析工具。SWOT由四个英文字母组成，分别代表优势(strength)、劣势(weakness)、机会(opportunity)、威胁(threat)。从整体上看，SWOT可以分为两部分。第一部分为SW，主要用来分析内部环境；第二部分为OT，主要用来分析外部条件。应用SWOT分析可以分为以下三个步骤：

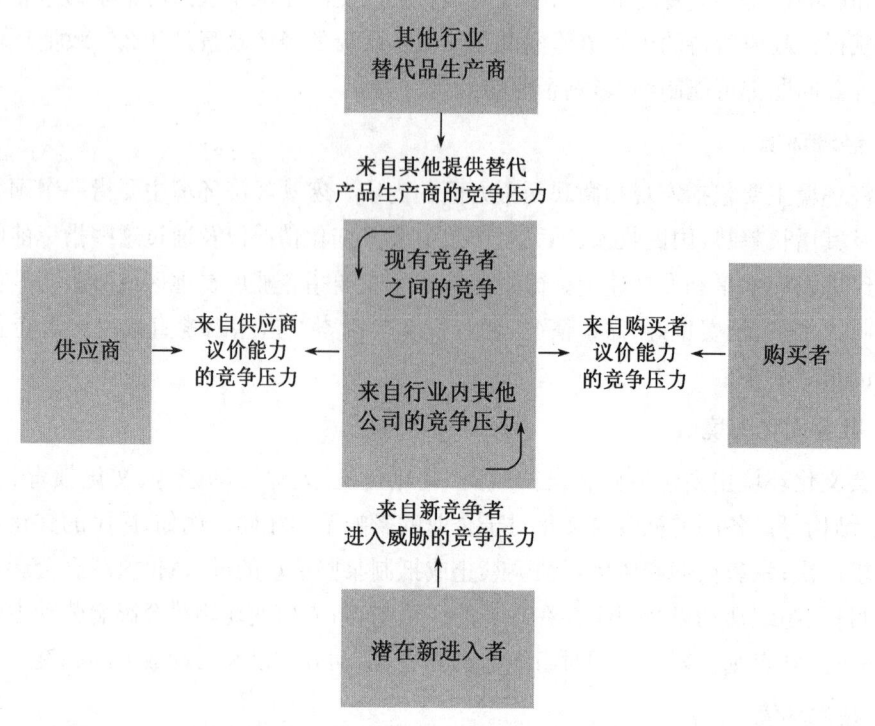

```
                        ┌──────────┐
                        │ 其他行业  │
                        │替代品生产商│
                        └────┬─────┘
                             ↓
                    来自其他提供替代
                    产品生产商的竞争压力
                             ↓
                      现有竞争者
                      之间的竞争
┌──────┐  来自供应商      ↓          来自购买者  ┌──────┐
│供应商│→ 议价能力   ←  来自行业内其他 →  议价能力 ←│购买者│
│      │  的竞争压力     公司的竞争压力  的竞争压力 │      │
└──────┘                   ↑                      └──────┘
                    来自新竞争者
                    进入威胁的竞争压力
                             ↑
                        ┌──────────┐
                        │潜在新进入者│
                        └──────────┘
```

图 2-2　行业竞争分析的五力模型：一种重要分析工具

资料来源：M. E. Porter, "How Competitive Forces Shape Strategy," Harvard Business Review, 1979.

（1）罗列公司所面临的 S、W、O、T。SWOT 分析需要罗列公司所面临的所有外部环境机遇与威胁、内部条件的优势与劣势，这些 S、W、O、T 的信息来源于前面进行的内外部环境扫描的结果，例如竞争分析时对标其他企业分析的结果等。

（2）将 S、W、O、T 相组合，讨论 SO、ST、WO、WT 策略。在完成 S、W、O、T 的罗列后，需要进一步将 SWOT 分析进行分解组合，对 SO（优势与机会）、WO（弱势与机会）、ST（优势与威胁）、WT（劣势与威胁）等条件因素进行细分分析，并根据不同的分析得出相应的关键战略举措。

（3）对 SO、ST、WO、WT 策略进行甄别和选择，确定公司目前应该采取的具体策略。

需要注意的是，尽管 SWOT 分析分为三个步骤，但其过程是一个反复论证的过程。完成 SWOT 综合分析这个步骤后，实际上就可以产生一部分关键战略举措的雏形与依据。

三、制定战略规划的意义

企业制定战略规划，具有以下几个方面的意义：（1）帮助组织界定自己的身份，让组织对自己到底是谁以及目标是什么有一个清醒的认识。（2）帮助组织明晰所处的环境，发现机会。制定战略规划要求一个组织去分析它所处的环境，而这种分析能够为一个组织打开视野提供良好的机会。（3）战略规划可以帮助一个组织变得更加聚焦，从而使它能够将资源配置到最重要的核心业务上去。反过来,资源配置的改善又很可能会促进组织的成长。(4)战略规划能够帮助一个组织在其内部塑造一种合作文化,因为它帮助组织创建了一套共同的目标。而这种合作文化又能够为组织带来关键的竞争优势。

第二节 绩效管理与战略规划的联系过程

战略规划为绩效管理提供了依据,因为它明确了哪些行为和工作结果对于组织的战略目标实现是真正有意义的,同时,绩效管理也是组织战略规划实施的重要机制。一项针对42个国家中的338个组织所做的调查研究发现,在影响战略目标成功实施的因素中,绩效管理的重要性排在第三位。这在大型组织以及那些面临市场环境快速变化的企业中表现得尤为明显。有大量的企业即使已经制定了战略规划,但公司层面的战略目标与员工层面的行为之间却并没有发现明确的联系,战略目标难以达成。战略制定得再精妙,如果不能有效地实施,也不会达到其预想效果。因此,为了确保战略能够在组织中得到贯彻并且转化为实实在在的行动,就必须有意识地采取一些措施将战略规划和组织中的每个人的绩效联系在一起。

一、绩效管理与战略规划的一致性要求

绩效管理是通过正式的管理活动,对企业战略进行目标设定、目标分解、绩效评价,同时将绩效结果应用于企业日常管理活动中,以激励员工持续改进并最终实现组织战略目标。图2-3说明了组织战略规划、职位描述以及个人和团队绩效的关系。

组织的战略规划要与员工绩效联系起来,需要在以下几个方面保持一致性:

(1)部门的战略规划要与组织的战略规划保持一致。组织的使命、愿景、目标和战略必须层层分解,形成业务层、职能层、运营层的战略规划,进而转化成部门的使命、愿景、目标和战略。部门战略使部门人员能清楚地认识到本部门在实施公司和业务单元战略中的责任与要求,它更强调"如何将一件事情做正确"。这里需要要注意的是,在层层分解过程中,必须确保每一个部门或业务单元的使命、愿景、目标及战略都与组

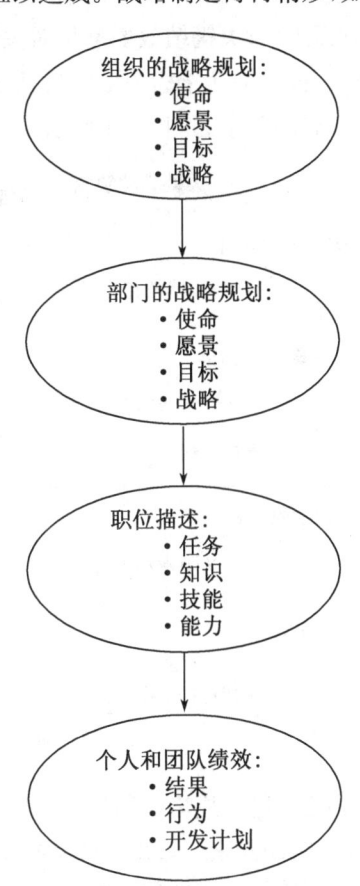

图2-3 组织的战略规划与个人绩效联系的路径

资料来源:赫尔曼.阿吉斯 《绩效管理》第三版 中国人民大学出版社

织的使命、愿景、目标及战略保持一致。

（2）职位描述要与战略重点任务保持一致。应当基于部门的使命、愿景、目标和战略对职位描述进行审订，以确保它们与部门及组织的重点任务保持一致。

（3）构建绩效管理体系需要包含绩效结果、行为和能力开发等组成部分，这些内容要与组织和部门的重点任务以及个人的职位描述保持一致。

二、战略解码

将战略规划分解到个人绩效指标和目标的过程被称之为战略解码。战略解码本质上是帮助执行层去理解公司战略，并且找到和自身的关系的过程。战略解码的过程并不是简单地将总体目标进行拆分，而是需要识别组织目标达成背后的驱动因素。战略解码的基本思路是通过对组织战略和环境的分析，找出组织取得成功的关键成功领域（KRA），再把关键成功领域层层分解为关键绩效要素（Key Performance Factors，KPF）；关键成功要素还可进一步细分，即关键绩效指标。关键成功领域是为了实现组织战略而必须做好的几方面工作；关键绩效要素是对关键成功领域的细化和定性描述，是制定关键绩效指标的依据。关键绩效指标关键成功领域、关键绩效要素和关键绩效指标始终保持着战略导向性，三者的关系如图2-4所示。

图2-4 战略解码因果关系

由上图可见，战略解码是一套关于因果关系的假设。次一级的指标应当是上一级指标达成的驱动因素。管理系统必须把各个层面的目标（和指标）之间的关系（假设）阐述的一清二楚，战略才能被管理和实现。

迄今为止，管理领域已经开发出多种战略解码工具。平衡计分卡（The Balanced Score Card，简称BSC）是其中最著名的一种。平衡积分卡20世纪90年代初由哈佛商学院的罗伯特·卡普兰（Robert Kaplan）和诺朗诺顿研究所所长戴维·诺顿（David Norton）根据企业组织的战略要求而精心设计的指标体系。按照卡普兰和诺顿的观点，

"平衡计分卡是一种绩效管理的工具。它将企业战略目标逐层分解转化为各种具体的相互平衡的绩效考核指标体系,并对这些指标的实现状况进行不同时段的考核,从而为企业战略目标的完成建立起可靠的执行基础"。

平衡计分卡首先将企业战略分解为四个关键的领域:财务角度、顾客角度、内部经营流程、学习和成长。这四个领域不仅包括了重要成功因素的集合,还应当前后一致,而且互相强化。例如,投资回报率是平衡计分卡的财务指标,这一指标的驱动因素可能是客户的重复采购和销售量的增加,而这二者是客户的满意度带来的结果。因此,客户满意度被纳入计分卡的客户层面。通过对客户偏好的分析显示,客户比较重视按时交货率这个指标,因此,按时交付程度的提高会带来更高的客户满意度,进而引起财务业绩的提高。于是,客户满意度和按时交货率都被纳入平衡计分卡的客户层面。而较佳的按时交货率又通过缩短经营周期并提高内部过程质量来实现,因此这两个因素就成为平衡计分卡的内部经营流程指标。进而,企业要改善内部流程质量并缩短周期的实现又需要培训员工并提高他们的技术,员工技术成为学习与成长层面的目标。这就是一个完整的因果关系链,贯穿平衡计分卡的四个层面。

平衡计分卡通过因果关系提供了把战略转化为可操作内容的一个框架,后来又发展了更具操作性的战略地图。战略地图与平衡计分卡相比,增加了两个层次的内容。一是战略目标。战略地图既呈现了简单、集成的战略目标,也呈现了有效的 KPI 与行动计划,每一个战略目标下都可以分解为很多要素如 KPI、KPI 值、支持 KPI 的行动计划等;二是增加了动态逻辑,也就是说战略地图中的各战略目标是相互依存的逻辑关系,这种逻辑关系随着时间推移可以动态滚动调整(如图 2-5)。

平衡计分卡的2.0版:以战略地图形成战略的支撑体系

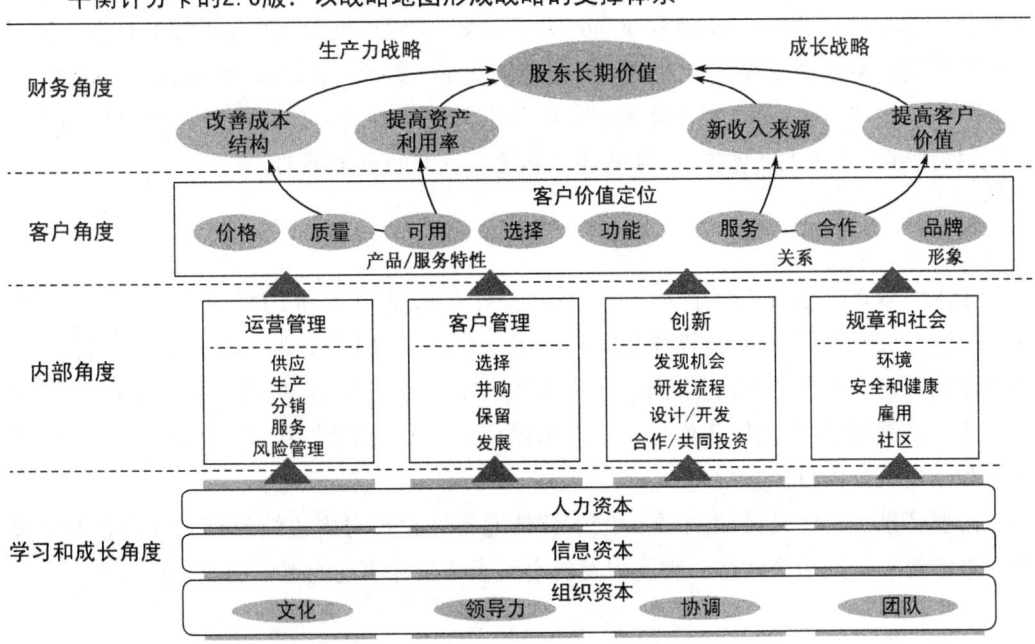

图 2-5 平衡积分卡:以战略地图形成战略支撑体系

(改编自卡普兰、诺顿等《战略地图》广东经济出版社,2020)

三、战略执行与绩效管理

绩效管理是为达成战略目标而进行的绩效计划、绩效执行、绩效评价及绩效反馈的持续性循环过程,是战略执行的有效工具。组织战略按照组织内行为主体层次的不同部分进行层层分解,最终形成组织绩效目标、各级部门绩效目标和个人绩效目标,由此将组织战略转变为可以落地实施的具体行为,同时每个层次的绩效目标完成情况根据是否对组织战略目标做出贡献来评价,因此,战略规划的导向性贯穿绩效管理的全过程。

组织战略规划的分解,可从时间和组织结构两个方向进行。基于时间分解,可细化为年度绩效计划、季度绩效计划和月度绩效计划;基于组织层级进行分解,可分为公司级绩效计划、部门级绩效计划、个人级绩效计划。其中公司级和部门级绩效计划,均称为组织绩效计划。

(一)公司级绩效计划

年度公司级绩效计划基于对战略规划的滚动修订,包括编制年度业务计划及财务预算目标,设定季度乃至月度的目标。一般来说公司级组织绩效目标包括财务类的目标,也包括非财务类的目标以及关键战略举措。公司级绩效计划目标的完成情况,构成高管团队绩效执行、绩效评价和绩效反馈的重要基础。

(二)部门级组织绩效计划

各部门的战略规划主要关注如何落实公司与业务战略,换句话说就是如何在各部门或各职能进行具体操作以支持上述两个层面的战略。部门级绩效计划需要提出年度部门战略目标滚动修订的要点,编制年度部门业务计划,设定季度乃至月度的绩效计划。部门级绩效计划一般是由更详细的方案与行动计划组成,涉及资本运营、财务、生产、销售、研发、采购、人事等各个职能,更为详细、具体,具有可操作性。部门级绩效计划目标的完成情况,构成部门负责人绩效执行、绩效评价和绩效反馈的重要基础。

(三)个人绩效计划

个人绩效计划主要来源于以下两个方面:首先,来源于对部门绩效计划的分解和细化。其次,来源于岗位职责。岗位职责描述了一个岗位的工作内容、职责和该岗位在组织中扮演的角色。需要注意的是,岗位职责描述也应当与组织战略保持一致,当组织战略发生变化时,岗位职责应当同步修订。个人绩效计划的完成情况,构成个人绩效执行、绩效评价和绩效反馈的重要基础。

需要特别注意的是,针对个人的绩效评估通常还包括对周边绩效行为的评估和对能力发展的要求。周边绩效行为和能力发展也是战略目标实现的重要的驱动性因素。

第三节　关键绩效指标

一、关键绩效指标的内涵

关键绩效指标（Key Performance Indicators，KPI）是指将组织战略目标经过层层分解而产生的、具有可操作性的、用以衡量组织战略实施效果的关键性指标体系。其目的是建立一种机制，将组织战略转化为内部流程和活动，从而促使组织获取持续的竞争优势。

KPI 的理论基础是"帕累托原理"，又叫关键少数法则或二八定律。该理论最早由意大利经济学家维尔弗雷多·帕累托（Vilfredo Pareto）提出，后在社会、经济、技术多个领域应用。该理论认为，在任何特定群体中，重要的影响因素通常只占少数，而不重要的影响因素则占多数，即 80% 的价值是来自 20% 的要素，其余的 20% 的价值则来自 80% 的因素。因此只要能控制具有重要性的少数影响因素即能控制全局。

关键绩效指标作为一种绩效管理工具，其核心思想是"二八"定律，认为抓住组织的关键成功领域（Key Result Areas，KRA），洞悉组织的关键绩效要素（Key Performance Factors，KPF），有效管理组织的关键绩效指标，就能以少治多、以点带面，从而实现组织战略目标，进而打造持续的竞争优势。关键绩效指标设置的目的是通过关键绩效指标的牵引，强化组织在某些关键绩效领域的资源配置与能力，使组织全体成员的行为能聚焦在成功的关键行为及经营管理重点上，使高层领导能清晰了解对公司价值最关键的经营操作的情况，使管理者能及时诊断经营中的问题并采取行动。关键绩效指标在有力地推动公司战略执行的同时也为业绩管理和上下级的交流沟通提供了一个客观基础。

二、关键绩效指标体系的构建

建立一个完整的关键绩效指标体系通常包含如下六个步骤：确定关键成功领域；确定关键绩效要素；确定组织级关键绩效指标；构建组织级关键绩效指标库；确定部门 KPI；确定岗位或个人 KPI，具体步骤如图 2-6 所示。

确定关键成功领域 → 确定关键绩效要素 → 确定组织级KPI → 构建组织级KPI指标库 → 确定部门KPI → 确定岗位或个人KPI

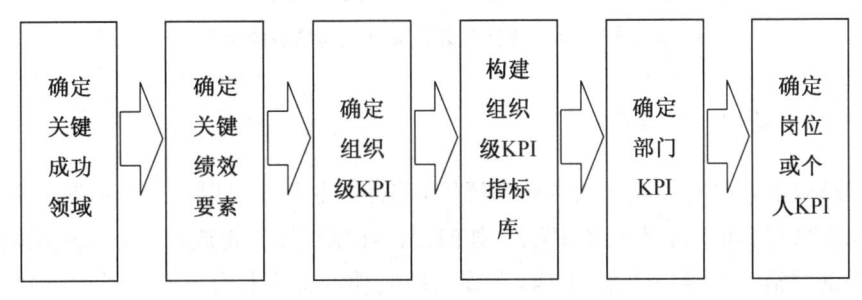

图 2-6　构建关键绩效指标体系的步骤

(一) 确定关键成功领域

关键成功领域是企业分析生存与发展时最需优先考虑的要项,是对企业成功起决定作用的某些战略要素的描述。研究者认为,大部分的产业都有3至6项的关键成功领域。在一个公司的营运管理之中,若是能掌握少数几个领域,便能确保该公司具有相当的竞争能力;若是能在这少数几个关键领域中保持好的绩效,则该组织便能够成长;而若在关键成功领域表现很差,则该组织便会在这期间陷于运营困境。企业管理人员必须认真处理这些因素,将主要精力放在实施过程中最重要的问题上,才能保持公司良好的业绩。

企业寻找组织实现战略目标或保持竞争优势所必需的关键成功领域,必须明确三个方面的问题:一是这个组织为什么会取得成功,成功依靠的是什么?二是在过去的成功因素中,哪些能够使得组织在未来持续获得成功,哪些会成为组织成功的障碍;三是组织未来追求的目标是什么,未来成功的关键因素是什么。这实质上是对组织战略制定和规划的过程进行审视,对所形成的战略目标进行反思,以此为基础,对组织的竞争优势进行剖析。

例如,R公司是J省某集团公司控股的子公司之一。其公司主业是工程建设和园林生态。公司使命是打造城市工程园林品牌;公司愿景是力争经过十年的发展,做强业务,使企业成为国内一流的城市工程园林建设公司。R公司通过访谈,确定了该公司能有效驱动战略目标的关键成功领域。找出关键成功领域,如图2-7所示:

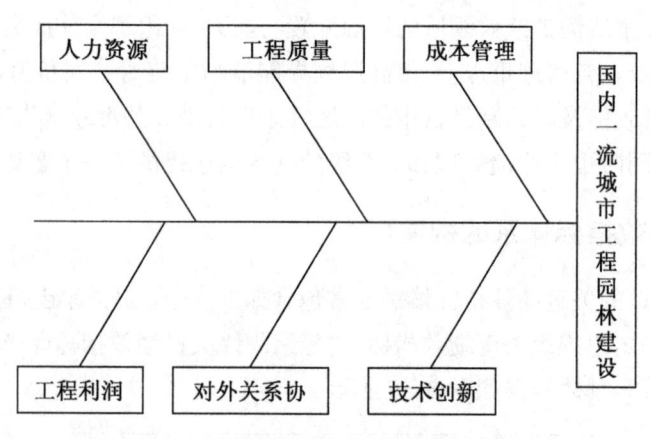

图2-7 R工程园林公司关键成功领域的确定

(二) 确定关键绩效要素

关键绩效要素是对关键成功领域的解析和细化,主要解决以下几个问题:第一,每个关键成功领域包含的内容是什么;第二,如何保证在该领域获得成功;第三,在该领域成功所需的关键措施和手段是什么;第四,在该领域成功的标准是什么。上述案例中R公司关键绩效要素如图2-8所示:

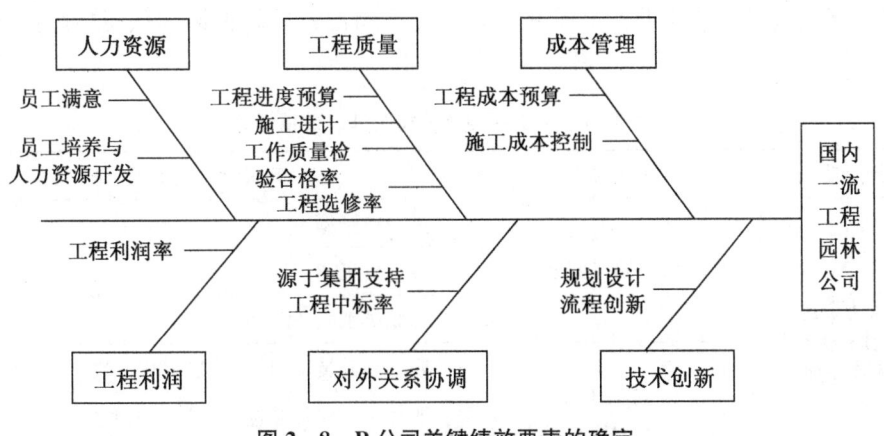

图 2-8　R 公司关键绩效要素的确定

（三）确定组织级关键绩效指标

在明确了组织的战略目标并提取关键成功要素之后，即可据之设计关键绩效指标。关键绩效指标包含三个层面：一是组织级关键绩效指标，通过对企业的关键成功领域和关键绩效要素分析而得出；二是部门级关键绩效指标，是承接或分解组织级关键绩效指标而得来；三是岗位级或个人级关键绩效指标，是根据部门级关键绩效指标及职位说明书进行确定的。

在明确企业战略目标实现的关键成功领域之后，高层领导者在此基础上进一步细化、确定组织的关键绩效要素，同时进一步寻找关键性指标以支撑这些关键绩效要素，并提炼这些关键性指标，就可以得到组织级关键绩效指标。

以 R 公司人力资源为例，确定组织级关键绩效指标如图 2-9 所示：

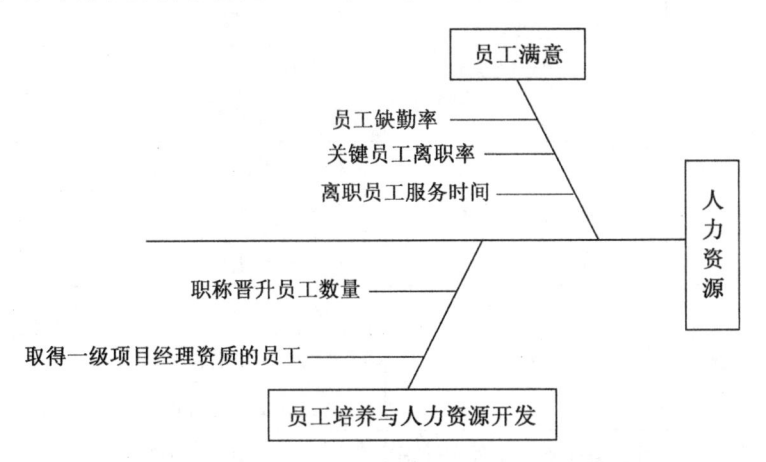

图 2-9　R 工程园林公司组织级关键绩效指标的确定

（四）构建组织关键绩效指标库

确定组织级关键绩效指标后，需要按照关键成功领域、关键绩效要素和关键绩效指标三个维度对企业的关键绩效指标进行汇总，建立一个完整的关键绩效指标库，以此作为整个企业进行绩效管理的依据。上述 R 工程园林公司汇总后的关键绩效指标库如表 2-1 所示：

表 2-1　R 工程园林公司关键绩效指标库

关键成功领域	关键绩效要素	组织级关键绩效指标
人力资源（尤其是优秀的项目经理）	员工满意	员工缺勤率
		关键员工离职率
		离职员工服务时间
	员工培养与人力资源开发	职称晋升员工数量（分技术和行政）
		取得一级项目经理资质的员工数量
		每位员工接受的培训次数
工程质量	工程进度预算	分项工程进度预测准确率
		总体工程进度预测准确率
	施工进度	分项工程施工进度计划
		分项工程施工进度计划按时100%完成率
		总体工程施工进度计划
		总体工程施工进度计划按时100%完成率
		工程安全事故发生的次数
	工作质量检验合格率	总体工程优良率（评分超过93分）
		分项工程质量检测一次性通过率
	工程选修率	质量原因造成的工程返修率
成本管理	工程成本预算	原材料成本预期
		工程概算误差率
		工程预算误差率
	施工成本控制	工程成本控制率
		工程预算费用达成率
		工程决算与预算差异
工程利润	工程利润率	工程利润率
		每个主要项目的盈利性
		工程设备设施充分使用率
对外关系的协调	源于集团支持工程中标率	源于集团支持工程中标率
技术创新	规划设计和流程创新	规划设计和流程创新

(五)部门级关键绩效指标的确定

1. 承接公司级关键绩效指标

部门级关键绩效指标的提取,部分来自对公司关键绩效指标的承接和分解。在确定了组织级关键绩效指标之后,需要以此为基础设计部门级关键绩效指标。

首先要确认这些指标是否能够直接被组织内的相关部门承接。有些关键绩效指标是可以直接被部门承接的,如单位产值费用降低率、新产品立项数等,这些关键绩效指标就可以直接承接到部门成为该部门的部门级关键绩效指标;另一些指标不能被直接承担或由一个部门单独承担,这时就必须对这些指标进行进一步的分解。对关键绩效指标进行分解有两条主线:一是按组织结构分解;二是按主要流程分解。表2-2为一家公司具体的KPI分解矩阵实例。

表2-2 某通信科技公司部分KPI分解矩阵

序号	指标名称	定价中心	合同成套科	合同管理科	合同统筹办	商密数据科	商务文档科
1	CCP及时完成率		√		√		
2	定价项目有效性	√					
3	BOM维护及时准确性	√					
4	CCP准确率				√		
5	CCP及时率				√		
6	成本项目有效性	√					
7	报表准确性			√		√	
8	订单成套差错率			√			
9	功能完善一次通过率						√
10	功能完成及时率						√
11	系统维护有效性						√
12	合同录入及时性					√	
13	合同归档及时性					√	
14	文档保存正确性					√	
15	文档保存安全性					√	
…	…						

上述通信科技公司的商密数据科经过承接和分解组织关键绩效指标获得了部门的关键绩效指标,再补充来自部门职责和工作流程的一般绩效指标,由此获得该部门绩效指标体系,如表2-3所示:

表2-3 某通讯科技公司商密数据科绩效计划表

序号	指标名称	权重	指标类型	目标值	评价周期	信息来源	实际得分
1	报表准确率		KPI				
2	合同录入及时性		KPI				
3	合同归档及时性		KPI				
4	文档保存正确性		KPI				
5	文档保存安全性		KPI				
6	部门管理人员出勤率		PI				
…	…						

2. 基于部门职责提取关键绩效指标

有些部门职责相对独立,特别是一些职能部门如办公室、财务部、人力资源部等一些支持性部门,它们直接承接组织战略的职能较少,因此,其绩效考核指标更多的是来自部门的职能。基于部门职能提取关键绩效指标,需要梳理清楚为了支撑组织战略,本部门的使命、愿景和战略目标是什么,与哪些组织级关键成功领域和关键绩效要素构成因果关系,必须要完成的关键任务是什么,进而确定本部门关键绩效指标。

下面是一个通过鱼骨图提取一级部门及下属二级级部门关键绩效指标的示例,如图2-10所示:

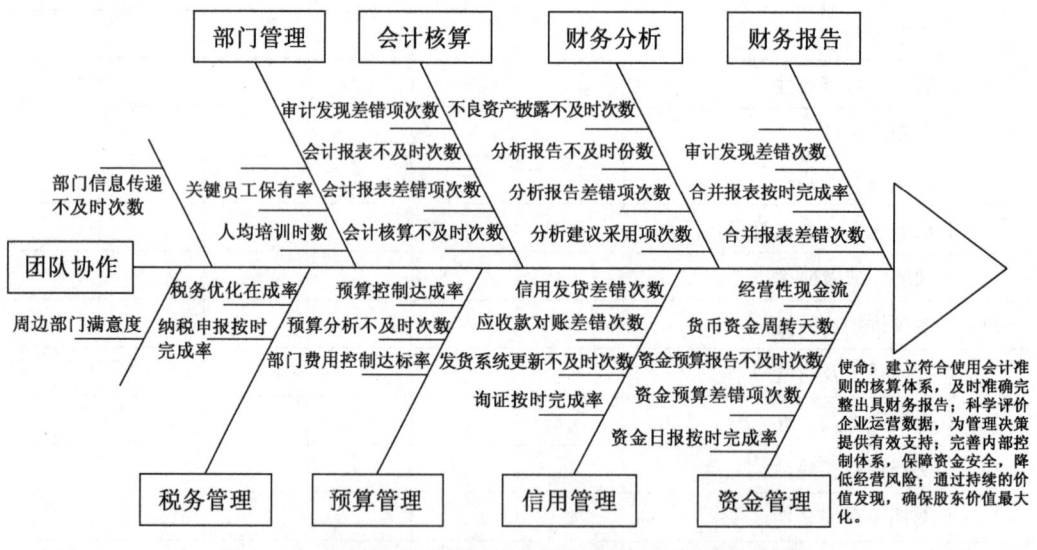

图2-10 某大型上市公司财务部关键绩效指标提取鱼骨图

这些来自部门职能的指标被称为一般绩效指标(performance indicators, PI),这些指标体现了对组织各部门履行职责的基础管理要求,是关键绩效指标得以实现的保障,是对关键绩效指标的补充。一般绩效指标的选择和确定可以借鉴关键绩效指标的思路,因此,广义的关键绩效指标体系将两部分指标全部涵盖在内,统称为关键绩效指标体系。

（六）岗位级或个人级关键绩效指标的确定

在组织级关键绩效指标和部门级关键绩效指标确定之后，需要据此设计员工的岗位级或个人级关键绩效指标。员工岗位级关键绩效指标设计的主要方法是，根据员工岗位说明书上列明的岗位职责以及相应岗位的工作产出特点，确定各岗位对部门级关键绩效指标所贡献的绩效要素，在此基础上将部门级关键绩效指标进行分解或承接，形成岗位或个人关键绩效指标，最终建立起连接组织级关键绩效指标、部门级关键绩效指标和岗位级关键绩效指标的链条，将企业高度概括的战略目标细化、传递到具体的工作岗位。（见图2-11）

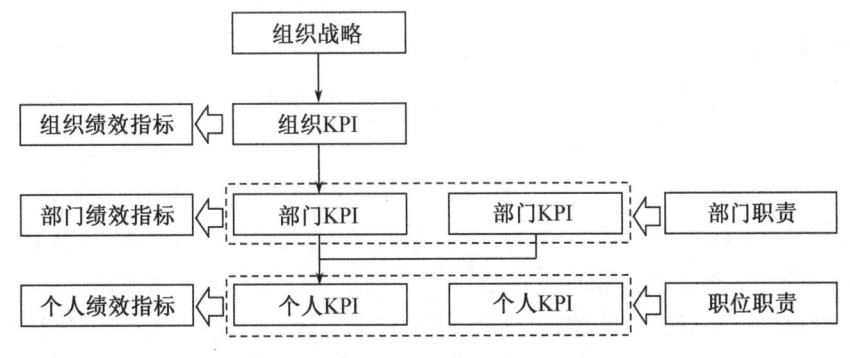

图2-11 KPI绩效指标体系构建

资料来源：方振邦，杨畅.《绩效管理》.中国人民大学出版社，2019

需要注意的是，在绩效管理中，对个人的考核评估指标不仅仅包括KPI，通常还应当包括基于组织价值观要求的行为类指标和个人能力发展指标。

三、关键绩效指标体系的特点

关键绩效指标体系主要有以下几个特点：

1. 系统性

关键绩效指标必须围绕组织愿景、战略、整体效益展开，而且是层层分解、层层关联、层层支持的。在运用关键绩效指标进行考核时，组织、部门经理和员工的绩效目标等确定下来，在持续不断沟通的前提下，上级帮助员工清除工作过程中的障碍，提供必要的支持、指导和帮助，与员工一起共同完成绩效目标，从而实现组织的愿景规划和战略目标。

2. 反映最能影响组织战略价值创造的关键驱动因素

KPI反映和衡量的是公司价值的主要驱动因素。即所选择的指标主要目的是明确引导管理者将精力集中在对绩效产生最大驱动力的经营行为上，使其及时了解和判断组织运营出现的问题，及时采取提高绩效水平的改进措施。有效的驱动因素意味着如果被正确地执行下去，就能够确保公司未来取得成功的一系列行动。例如，有效的驱动因素可能是"较高的顾客满意度""较好的产品质量"等。KPI应当反映那些对公司财务状况影响最大的几个领域内的运行状况。

3. 可量化或可行为化

关键绩效指标是用于考核和管理被评估者绩效的可量化的或可行为化的标准体系。关键绩效指标应该是可量化的,如果难以量化,那么也必须是可行为化的。指标必须有明确地定义和计算方法,易于取得可靠和公正的初始数据,同时指标能有效进行量化和比较。如果可量化和可行为化这两个特征都无法满足,那么就不是符合要求的关键绩效指标。

4. 抓住关键,重点突出

KPI强调抓住关键、重点突出、以少带多。KPI最合适的数量应该是5～12个。如果多于12个则可能使得员工很难细读这些关键绩效指标并采取必要的行动。

5. 恰当且易于理解

员工达成个人绩效的目标就是推动组织绩效目标实现的过程。因此,KPI必须是易于理解的。上下级要对岗位工作职责和关键绩效要求有清晰的共识,员工必须知道哪些绩效是将要被衡量的以及如何计算。更重要的是,员工必须知道他们能做什么(或不能做什么)以积极影响KPI,这样才能确保各类人员的努力方向具有一致性。这就意味着仅仅公布一个评分表是不够的。管理人员必须让员工明白哪些绩效将被"跟踪",并且要让员工经常得到反馈以保证他们能够理解并采取相应的行动,才能实现组织绩效和个人绩效协调一致。

四、战略导向的关键绩效指标与传统的绩效指标的区别

传统的绩效考核在设立绩效考核指标与目标时,并不与战略规划挂钩,而是以过去的工作结果作为考核的依据,绩效指标的设立以控制为目的,主要服务于员工评价、发放奖金等人事管理。而关键绩效指标则被视为战略导向的指标体系,是企业健康发展的关键,对企业成功具有至关重要的意义。战略导向的关键绩效指标体系与传统的绩效评价指标体系的区别如表2-4所示:

表2-4 战略导向的关键绩效指标体系与传统的绩效指标体系的区别

比较项目	战略导向的关键绩效指标体系	传统的绩效指标体系
假设前提	假定人们会采取一切必要的行动以实现事先确定的目标	假定人们不会主动采取行动以实现目标;假定人们不知应采取什么行动实现目标;假定战略的制订与实施与一般员工无关
评价的目的	以战略为中心,指标体系的设计与运用都是为战略服务的。	以控制为中心,指标体系的设计与运用来源于控制的意图,也是为更有效地控制个人的行为。
指标的来源	基于组织的战略目标与竞争的需要,来源于战略解码。	通常根据以往的绩效结果而产生。
指标的构成及作用	财务指标与非财务指标相结合;既重视结果,也重视过程。	以财务指标为主、非财务指标为辅,注重对结果的评价;绩效改进行动与战略需要脱节。
指标的作用	KPI是有效的战略执行工具。作为公司战略目标的分解,KPI的制定会有力地推动公司战略在各单位、各部门的执行。	主要为晋升、加薪、留任等人事决策提供依据。

五、KPI 用于绩效评价的注意事项

KPI 是一种先进的绩效管理思想，企业在应用 KPI 进行绩效评价时应该注意以下问题：

（1）不同岗位应有不同的 KPI 组合，不同部门的 KPI 应有不同的特点和着重点。例如，某公司生产部门的 KPI 是总产量、品种产量、质量和成本，是以产量、质量和成本为重点；销售部门的 KPI 是销售收入、产销比和资金回收率，是以收入和资金回收为中心；人力资源部的 KPI 是全员劳动生产率，是以人员投入和劳动效率为核心。一般而言，企业高层管理者应对企业的战略目标负责，中层管理者要对其部门承接的组织战略关键领域、重点任务负责，而基层人员的工作重心是完成其承担的重点工作和岗位职责。

（2）KPI 可量化的量化，难以量化的细化，但评价手段要可操作。例如，对管理部门、服务部门和后勤部门服务质量的考核就难以量化，但是可以根据部门的业务属性、工作特点进行细分，细分后要确定相应的量化指标。再如，某公司供应部门的一项 KPI 指标是确保按时供货，不得发生因供货不及时而影响生产的事故，对该项指标的评价是通过考核最低库存和不同品种的供货周期来进行的。

（3）注意激励指标与控制指标相结合。例如，某公司对研发人员的 KPI 设计，其激励指标为新产品销售额、新产品毛利额等；控制指标为研发进度、因设计质量问题发生的费用、物料清单准确率、内部客户满意度等。

（4）运用 KPI 要保持良好的沟通。运用 KPI 实施绩效管理的过程包括：KPI 计划的沟通与明确、KPI 跟进与执行、KPI 评价以及针对关键绩效指标的反馈四个环节，每个环节都需要主管与员工进行持续有效的沟通，每个环节的成败都与沟通密切相关。

KPI 的实施绝不仅仅是员工的责任，各级管理者特别是员工的直接主管必须意识到自己肩负的责任。为了更好地推进实施 KPI，有必要为主管人员提供相应的绩效管理尤其是绩效沟通方面的培训，确保主管具有相应的技能，使绩效沟通更有效率。

（5）考虑 KPI 可能带来的负面影响。每一个绩效指标都有其负面影响，一个无心的行动就可能导致绩效不佳的情况。所以管理层必须了解评价指标的负面作用，并据此选择合适企业自身发展的指标。下面的这个实例反映了绩效评价指标是如何造成负面影响的。

一家医院的管理层决定将急诊室接诊的时间设为关键绩效指标。他们要求计算从患者挂号到医生开始给患者诊疗所用的时间，并以此作为 KPI。员工们意识到他们无法阻止不严重的患者来急诊室挂号，但是他们可以推迟救护车内病人的挂号时间。于是，护士们要求护理人员让病人暂时待在救护车内，直到医生做好诊疗的准备再来挂号，这样就缩短了"为患者开始诊疗的平均时间"。结果导致每天停车场内停满救护车，还有一些救护车绕着医院行驶，无法提供高效率的紧急救护服务。

我们得到的启示是：管理层应该关注的是如何保证需要得到紧急救助的患者及时地得到诊治，他们只需要计算急症患者从挂号到开始急救所用的时间，并以此作为评价指标。护士则会优先照顾救护车内的急症患者。这个实例表明，组织的管理者应结合实际

进一步提高管理能力,分清重点,考虑如何设置 KPI 是组织中至关重要的问题。

关键词

战略规划　战略解码　关键成功因素　关键绩效指标　关键绩效要素

复习思考题

1. 一般来说关键绩效指标体系包括(　　)部分。
   A. 组织级 KPI　　　　　　　　B. 部门级 KPI
   C. 岗位或个人 KPI　　　　　　D. 地区 KPI
2. 以下哪些是关键绩效指标特点的描述?(　　)
   A. 反映战略价值的驱动因素　　B. 可量化或行为化
   C. KPI 易理解且恰当的　　　　D. 系统性
3. 明确关键绩效指标的 SMART 原则是指关键绩效指标必须是_____、_____、_____、_____、_____。
4. 战略规划包括:_____、_____、_____、_____。
5. 试比较关键绩效指标与一般绩效指标的区别。
6. 构建关键绩效指标体系的步骤有哪些?
7. 关键绩效指标遵循哪些原则?
8. 绩效管理与战略规划的一致性要求包括哪些?

案例分析

2016 年大众启动"TOGETHER Strategy 2025"战略,目标是成为全球领先的可持续出行服务供应商。大众认为汽车行业处在下一次创新飞跃的风口,不仅仅是汽车本身将在未来几年内发生巨大变化,出行服务也被客户重新定义。该战略拥有激励客户,卓越雇主,环保、安全和诚信和有竞争力的盈利模式四大目标,同时聚焦于核心业务转型、创造出行解决方案、强化创新文化和确保资金充足四个要素。

2019 年大众升级集团战略,提出 TOGETHER 2025＋战略,提出新的愿景"为后代塑造未来出行"(shaping mobility—for generations to come)。TOGETHER 2025＋战略将大众的模块目标、功能领域以及品牌和地区的细分目标协调一致。在战略实施期间,大众将通过电动汽车、智能网联和自动驾驶,使汽车清洁、安静、智能和安全,提供全新的驾驶体验。该战略制定了五大行动领域和九个功能领域,五大行动领域以可量化的 KPI 为基础,涵盖了原始"TOGETHER Strategy 2025"战略中的 16 个集团计划中的部分计划。大众汽车公司基于集团公司内部的管理,围绕企业战略和使命为分公司设置了公司级的最为核心的 9 项 KPI 指标：

1. 客户交付(Deliveries to customers)。客户交付被定义为将新车辆交付给终端客户。这个数字既能显示大众汽车在客户群体中的受欢迎程度也能反映公司在市场中的竞争地位。

2. 销售收入(Sales revenue)。

3. 经营业绩(Operating result)。

4. 营业收入(Operating return on sales)。

5. 汽车事业部研发比(Research and development ratio in the Automotive Division)。汽车部门的研发比例显示了与销售收入相关的总研发成本。研发比率凸显了为确保公司未来可行性所做的努力：竞争盈利的目的是实现可持续增长。

6. 汽车事业部资本投资与销售收入的比率(Capex/Sales revenue in the Automotive Division)。汽车部门的资本开支（不动产，厂房和设备投资，投资财产和无形资产投资）与销售收入的比率反映了大众的创新能力和未来竞争力。

7. 汽车事业部净现金流(Net cash flow in the Automotive Division)。汽车部门的净现金流是可用于分红支付的经营活动的超额资金。

8. 汽车事业部的流动性净额(Net liquidity in the Automotive Division)。汽车事业部的流动性净额是指非第三方借款融资的现金、现金等价物、证券、贷款和定期存款的总和。大众规定其成为事业部净现金流动性应达到综合销售收入的 10% 左右。

9. 汽车事业部的投资回报率(Return on investment in the Automotive Dvision)。大众利用投资回报率来计算汽车事业部在特定时期的投资资本回报。

案例来源：根据 http://www.hrsee.com/? id=584 案例改编

思考：大众汽车核心 KPI 与公司战略有什么联系？

上述大众汽车的 9 项核心 KPI 指标有什么特点？

第三章 衡量员工绩效

学习目标

1. 掌握界定员工绩效的三种方法的适用范围以及局限性;
2. 掌握结果类指标设计和行为类指标的设计;
3. 理解绩效指标体系的设计原则与方法;
4. 理解绩效指标权重的设计方法;
5. 了解作为区间值的绩效标准和作为数值的绩效标准。

导入案例

真是绩效主义毁了索尼吗?

不管这是不是真的,但是绩效管理在企业内一方面难以抛弃,一方面也滋生着副作用。深陷"电池门"中焦头烂额的索尼又被自己人狠狠地插了一刀。2007年1月,索尼公司前常务董事天外伺朗撰写了一篇《绩效主义毁了索尼》的文章。天外伺朗在文中指出,索尼失败的根源是从1995年左右实现绩效管理开始。索尼成立了专门机构,制定了非常详细的评价标准,并根据对每个人的评价确定报酬。但是这个举措使得绩效主义在索尼公司逐渐蔓延,最终导致从2003年春天开始,索尼问题不断,当时仅一个季度就出现约1 000亿日元的亏损。

天外伺朗认为绩效主义毁掉了索尼的传统文化,失去了集团激情、挑战精神以及团队精神。

谈到"集团激情"消失的问题,天外伺朗认为绩效主义已经让开发CD技术时期,公司那些不知疲倦、全身心投入开发的集体消失了。从事技术开发的团体进入开发的忘我状态时,就成了"激情集团",要进入这种状态,其中最重要的条件就是"基于自发的动机"的行动,比如"想通过自己的努力开发机器人",就是一种发自自身的冲动。与此相反就是"外部的动机",比如想赚钱、升职或出名,即想得到来自外部回报的心理状态。如果没有发自内心的热情,而是出于"想赚钱或升职"的世俗动机,那是无法成为"开发狂人"的。业务成果和金钱报酬直接挂钩,职工是为了拿到更多报酬而努力工作。如果类似的外在动机增强,那么自发的动机就会受到抑制。

关于"挑战精神"消失的原因，一个是因为员工为得到更多的报酬类似的外在动机增强，让员工失去了工作热情。另一个是因为要考核业绩，几乎所有人都提出容易实现的低目标，可以说索尼精神的核心即"挑战精神"消失了。

天外伺朗认为"团队精神"消失就是因为实施绩效主义。绩效主义的最大弊端是搞坏了公司内的气氛。上司不把部下当有感情的人看待，而是一切都看指标、用"评价的目光"审视部下。虽然强化了管理，实行了看上去很合理的评价制度，但是大家都极力逃避责任，这样一来就不可能有团队精神。

还有因为要考核绩效，就必须把各种工作要素量化，但是工作是无法简单量化的。因为要考核绩效，花费了大量的精力和时间，而在真正的工作上却敷衍了事，出现了本末倒置的倾向。天外伺朗甚至怀疑绩效主义是制造"电池门"的罪魁祸首："因为老化处理是保证电池质量的工序之一。电池制造出来之后不能立即出厂，需要放置一段时间，再通过检验，剔除不合格产品。至于老化处理程序上的问题是否是上面提到的锂电池着火事故的直接原因，现在尚无法下结论。但我想指出的是，不管是什么样的企业，只要实行绩效主义，一些扎实细致的工作就容易被忽视。"

绩效主义从个人蔓延到部门，因为索尼公司不仅对每个人进行考核，还对每个业务部门进行考核，由此决定整个业务部门的报酬。最后导致的结果是，业务部门相互拆台，都想方设法从公司的整体利益中为本部门多捞取好处，这些导致索尼变成了今天这个样子。

看过索尼高层的自我反省，不禁要问：真是绩效犯的错？或许很多人不会同意这个观点，因为几乎所有的企业都在实行绩效考核，很多的企业都是成功的；但是另一面也不得不承认，有过"绩效之痛"的企业也绝不仅仅是索尼一家。现在一部分管理者在反思绩效管理，一方面绩效管理脱胎于工业生产时代，而现在企业内部大多是知识员工，管理产业工人的绩效管理要怎么才能适应知识员工？另一方面，绩效管理本身存在着缺陷，比如不能全面反映员工工作情况、对文化的破坏、影响沟通等，用什么方法才能弥补这些问题？

案例来源：中国人力资源开发网

第一节　员工绩效的界定

在第一章中，我们已经梳理了理论和实践领域对员工绩效界定的发展历程。员工绩效既包括工作结果，也包括那些在履行岗位职责过程中展现出来的与组织目标相关的行为。组织背景下的工作绩效，是既定的工作执行者（具有某些特定人格特质或能力的个人或团队）在某种既定的工作背景下实施某些既定的行为，达成的各种工作结果（见图3-1）。

```
┌─────────────────┐
│  某种既定工作背景  │
└─────────┬───────┘
          │
┌──────────────┐    ↓              
│工作执行者(具有某│  ┌──────────┐      ┌──────────┐
│些特定人格特质的│→ │实施某些既定│  →  │达成各种结果│
│  个人或团队)  │  │   行为    │      │ (工作绩效) │
└──────────────┘  └──────────┘      └──────────┘
```

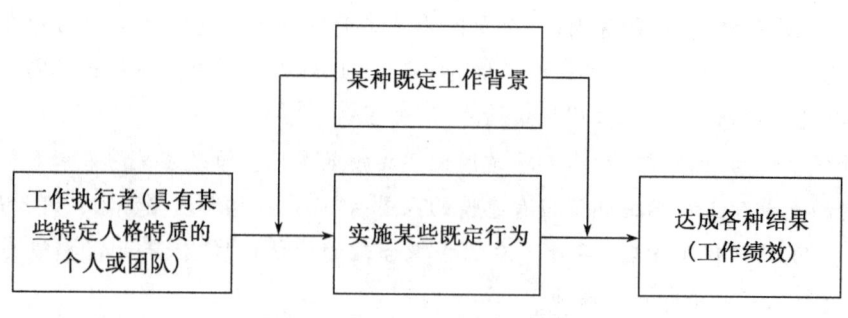

图 3-1 组织背景下的工作绩效

根图 3-1 的模型,我们在本节中重点讨论用工作结果、工作行为和员工特质三种不同的方法界定员工绩效的适用范围和优缺点。

一、用工作结果界定员工绩效

用工作结果界定绩效强调员工的工作产出。它不考虑员工具有的个人特征或员工是如何完成工作的。总的来说,这是一种只看结果的方法,它不关心员工的行为和过程,而只关注产生的结果是什么。例如,操作工人的日产量、合格率;销售人员的销售额、争取到的客户数量;会计人员的差错数量;检验人员的检验量;维修人员的订单完成数量,程序工程师 BUG 处理完成率等,都属于用工作结果界定的员工绩效。

(一)用工作结果来界定绩效的适用范围

在下列情况下,用工作结果来界定员工的绩效是适用的:

(1) 员工很清楚执行工作任务所需的行为,并且具备相应的能力。当员工具备完成工作所需的必要知识和技能时,强调结果的做法是很恰当的。因为在这种情况下,员工清楚地知道为了达成组织期望的那些结果应当采取哪些具体的行为。同时,当组织期望的结果没有达成时,他们也完全清楚应当采取哪些措施去解决相关的问题,并且有能力去解决。以一位在服装生产线上的缝纫工人为例,他们的主要工作是熟练运用缝纫机进行衣服的缝制、生产。它们对于缝纫技术了如指掌,当出现效率或质量不达标时,他们也有能力做出判断,例如机器的问题就需要提出来维修机器,是布料的特殊属性导致,就需要在缝纫加工时做出一些方法的改变。因此用产量和质量这样的工作结果界定这些工人的绩效再合适不过。

(2) 行为和结果之间存在明显的联系。在某些情况下,只有在员工采取了某些特定的行为之后才能达到某些特定的结果,结果可以反映行为状态。比如对于美团外卖的送餐员来说,这种情况是最常见的。顾客下单后,骑手通过商家处接到外卖的单子,通过个人或商家提供的交通工具及时赶到商家处领取外卖,并在规定的时间内将物品交付到消费者手中,如果没有上述行为,那么就不会产生订单完成的结果。销售人员的情况也大抵如此,如果没有积极的销售行为,就不会有相应的销售结果。因此,用销售结果作为销售人员的绩效界定,是企业最常见的做法。

(3) 结果会随时间推移而得到不断改进。当结果会随时间推移而持续不断地得到改进时,员工就会意识到,采取哪些行为会有助于圆满完成工作,例如,制版师的制版数量基于技术的提升,而这个技术的提升依靠的是经验与不断地练习。在这些情况下,就适合采取结果法来界定绩效。

(4) 正确完成工作的方式有多种。当完成工作中包含的各项任务的方法有很多种时,运用结果来界定绩效就会很恰当。在这种情况下,强调结果可能就很有意义,这是因为它会鼓励员工采用具有创新性的方法去达成期望的结果。

(二) 运用工作结果界定绩效的局限性

(1) 由于员工绩效受到各种因素的影响,单纯采用以结果来界定员工绩效的方式很可能缺乏有效性;例如,某维修工程师工作进度受到零配件采购不及时的影响,该工程师绩效如果单纯采用维修数量或时间进度的方式进行界定,就会受到质疑。

(2) 在组织中如果单纯以结果界定员工绩效,过度考虑员工的业务成果并与报酬挂钩,可能会使员工缺少创造价值的自主动机,从而降低员工的绩效水平;例如,相对于销售成熟产品而言,新产品的市场扩展往往更具不确定性,可能会投入大量的精力,但短期内无法销售收入,甚至彻底失败。以销售额界定销售人员的绩效,并与报酬挂钩,就可能造成销售人员不重视新产品新市场的推广,而将资源分配给成熟产品成熟市场的销售,与企业战略规划不一致。

(3) 以团队为单元进行工作的组织中,部门或团队的绩效目标往往需要整个团队协同完成。如果过度强调员工个人的工作结果,可能会加剧员工之间的不良竞争,从而妨碍团队的协作。

(4) 因为以结果作为考核依据,几乎所有人都倾向于提出容易实现的低目标,让员工失去挑战精神,这也是企业实践中普遍存在的现象。

二、用员工行为界定绩效

用员工行为界定绩效,强调的是员工在工作中做了些什么,如何做,而不考虑员工的个人特征和他们的行为产生了怎样的结果。总体而言,这是一种主要强调员工如何完成工作的,以过程为中心的绩效界定方法。

(一) 用员工行为来界定绩效的适用范围

在下列情况下,用行为来界定员工绩效是适用的:

(1) 行为和结果之间的联系不明显。有时候,员工的行为和组织期望的结果之间的关系并不是很清晰。某些行为对组织的影响是深远的,但无法在短期内用工作结果直接体现,例如,质量部员工在节假日帮助销售部门为客户准备质量相关资料;技术部员工利用个人母校资源为团队投标过程中遇到的技术问题寻找解决方案。在有些情况下,即使员工采取了正确的行为,也仍然有可能无法确保实现组织期望的结果。例如,技术人员努力探索创新但并未取得成功;销售人员可能会因为处于经济低迷时期,非常努力但不能做成一单生意;再比如一家连锁火锅店的经理由于火锅店位置选择不当而未实现营业额目标,尽管其自身非常努力地在为其工作。当行为和结果之间的联系并不是很明显时,关注行为而不是关注结果就可能会更有效一些。

(2) 行为与行为结果之间的时间间隔较长。当组织期望的结果在几个月甚至几年当中都无法出现时,用行为进行绩效衡量是非常有效的。

(3) 造成不良后果的原因不在被评价者的控制范围之内。当一位员工的工作结果超出其控制范围时,强调用行为来界定绩效就显得很有意义。例如,有两位装配工,一位上白班,一位上夜班。当装配线由于技术方面的问题被卡住时,上白班的人可以立即得到技术上的支持,因此,装配线会在不到 5 分钟的时间里重新开始运转。相反,上夜班的那位装配工就不能立即得到类似的技术支持,一旦装配线出现问题,则往往需要大约 45 分钟时间才能使它得以修复并重新投入运转。如果只是看结果,我们将会认为,上白班的员工的绩效远远优于上夜班的员工的绩效,但这个结论显然是错误的。可能这两位员工都同样能干,工作也做得一样好。这两位员工产生的结果之所以不一样,是因为当装配线出现故障时,他们能够获得的技术支持的数量和质量是不同的。

(二) 运用员工行为界定绩效的局限性

(1) 首先,运用员工的行为来衡量绩效水平时,获取信息的成本较高,并且对于行为的观察耗费时间较长;

(2) 其次,对于员工行为的评价在一定程度上需要依赖评价者的主观评价,缺少明确的标准,这会让员工对绩效管理系统的公平性产生怀疑;

(3) 最后,对员工工作行为的追踪工作量较大,并且有一些岗位的部分行为是无法追踪观察的,这对评价者评价员工行为造成了一定的困难。

三、用员工特质界定绩效

通过员工个人特质来界定绩效,比较强调工作完成者个人的情况,相对忽略特定的情景、行为以及结果。如果一个组织采用员工特质界定绩效,评价者就会对被评价者身上相对稳定的那些特质加以评价。这些特质可能包括认知能力(这种能力不是很容易就能培养出来的)或人格特质(这种特征不大可能随着时间的流逝而改变)等内容。这种方法的合理性在于认知能力和人格特征(比如核心自我评价、责任心、成就导向)与一些理想的工作行为之间具有正相关关系。

但是运用员工特质来衡量绩效也存在一定的局限性:

(1) 首先,特质不受个人控制。在大多数情况下,这些特质是非常稳定的。当员工付出巨大努力想要去改善这些特质但却无法达到时,员工会对这种基于特质的绩效管理体系产生不满,认为这种方法是不公平的,因为对这些特质进行开发的要求往往超出他们的个人能力控制范围。

(2) 其次,即使一个人具备某种特质(例如,高智商),这也并不意味着这种特质必然就能带来组织期望的那些结果和行为。正如图 3-1 表明的那样,个人是置身于特定情境之中的。如果设备有毛病或同事不合作,即使一个人智商很高,很有责任心,也不大可能表现出能够支持组织目标实现的那些行为。

尽管存在上述诸多问题,在一些特定的情况下,通过个人特质来界定员工绩效仍然有可能是很有成效的。例如,作为经营战略的一个组成部分,一个组织可能希望在未来进行一场大规模的组织变革,而这会导致组织对大部分职能进行重组,员工的工作岗位也要重新分配。在这种情况下,进行人才盘点,即对各种不同员工具有的特质进行评价就非常有用,这是因为,如果组织能够利用这些特质重新组建部门的人力资源配置,则可以使人-岗匹配性增强。需要注意的是,在通常情况下大部分组织并不使用人才特质界定绩效。界定绩效更加普遍的方法是我们在此之前讨论过的行为法和结果法。

第二节 员工绩效指标体系设计

员工绩效指标(Performance Indicator)指的是从哪些方面对员工绩效进行衡量或评估。绩效指标既要明确员工价值创造的方向,也要解决如何考核评价绩效的问题。由于绩效指标直接面向绩效评价,因此,绩效指标也叫作绩效评价指标或绩效考核指标。

一、绩效指标的类型

在绩效管理实践中,我们可以经常听到或看到各种各样的指标,实际上,这些都是绩效管理者对绩效指标从不同角度产生的分类。依据不同的绩效指标分类标准,可以把绩效指标分为不同的类型。为了更好地发挥绩效指标的作用,人们应该熟悉绩效指标的具体分类,并将各类绩效指标纳入员工绩效评价系统。

(一)硬指标和软指标

(1)硬指标。硬指标指的是可以以统计数据为基础,把统计数据作为主要评价信息,以数学手段求得评价结果,并以数量表示评价结果的评价指标。

使用硬指标进行绩效评价能够摆脱个人经验和主观意识的影响,评价结果具有客观精确的优点。在处理硬指标的评价结果时,如果需要完成复杂或多变的计算过程,还可借助电子计算机等工具来进行,以有效提高评价的可行性和时效性。

如果评价所依据的数据不够可靠,或者评价的指标难以量化,硬指标的评价结果就难以客观和准确。另外,硬指标的评价过程往往比较死板,也可能产生缺乏灵活性的弊端,毕竟统计数据本身并不能完全说明所要评价的事实情况。

(2)软指标。软指标指的是主要通过人的主观评价得出评价结果的评价指标。评价者直接对被评价对象进行打分或做出模糊评判(如很好、好、一般、不太好或不好)。这种评价指标依赖评价者的知识和经验来做出判断和评价,容易受各种主观因素的影响。所以,软指标的评价通常由多个评价主体共同进行,有时甚至由一个特定的集体共同做出一个评价结论,以实现相互补充。

软指标的优点在于不受统计数据的限制。人们在这个主观评价的过程中往往能够综合更多的因素,考虑问题更加全面,避免或减少统计数据可能产生的片面性和局限性。另外,当评价所需的数据很不充分、不可靠或评价指标难以量化的时候,软评价能做出更有效的判断。因此,软指标能够更广泛地运用于评价各种类型员工的工作过程和行为。随着科学的发展和模糊数学的应用,软指标评价技术得到了迅猛发展。

软指标也具有不可忽视的弱点。首先,对软指标进行评价的结果容易受评价者主观意识的影响和经验的局限,其客观性和准确性在很大程度上取决于评价者的素质;其次,对软指标进行评价得出的评价结果往往缺乏稳定性,尤其在民主氛围不佳的环境中,个人专断性的主观判断经常会造成严重的不公平,引起评价对象对评价结果的强烈不满。

在实际评价工作中,往往不能单纯使用硬指标或软指标进行评价,而应将两类指标加以综合应用,以弥补各自的不足。通过对软指标的评价结果进行科学的统计分析,人们能够将软指标评价结果与硬指标评价结果共同运用于各种判断和推断,以提高绩效评价结果的科学性和实用性。

(二)成果性指标和动因性指标

成果性指标往往是显性的,容易观察,易于使用数量、质量、时间等数据表达,但往往受到的影响因素较多,很多时候是多个团队、多个部门共同行动的结果。动因性指标是成果性指标的驱动因素。战略解码的目的就是把组织层面的成果性目标最终分解到每个部门、每个岗位的关键动因性指标。在平衡积分卡中,财务性指标是典型的成果类指标,包括营业收入、利润率、资本报酬率等等。客户、运营和学习成长类指标,构成了不同层级的动因性指标。

具体到岗位或员工个人指标,同样存在成果性指标和动因性指标。例如,对于销售人员而言,关键客户销售额,是一个成果性指标,关键客户需求48小时内未满足情况,就是一个动因性指标。

(三)行为过程指标、行为结果指标和行为效果指标

依据绩效指标反映工作或活动的不同阶段可分为行为过程指标、行为结果指标和行为效果指标。

行为过程指标又可以分为工作规范指标、工作能力指标和工作态度指标。详细来说,工作规范指标是基于工作过程中所要求的规则和程序,如保持微笑、7个工作日完成、以法定程序办理等。工作能力指标是基于工作能力或胜任力提炼出来的考评指标,如沟通协调能力、组织领导能力、执行能力等,往往采用定性的方式进行考评。工作态度指标主要是针对那些对实现工作目标具有重要影响的态度进行考评,常见的态度指标包括责任意识、合作意识、纪律性等,其考评也主要采取定性的方式。

行为结果指标是一个工作或活动产生的业绩或成果,如生产了50个零件、花费了100万元的成本。

行为效果指标是通过工作过程和工作结果对客体所产生的感觉,如客户满意度、员工满意度、自身满意度等。能力和态度指标反映了工作的过程,而结果指标则反映了工作的

成果,效果指标反映了工作产生的客体反映,结果指标和效果指标是绩效考评的核心,结果类指标可以从成本、产出、效率等多个方面进行衡量,往往采用定量的方式进行考评。效果类指标常常采用客户满意度、员工满意度等指标进行考评。

(四)定性指标和定量指标

定量指标是指可以通过数据计算分析形成考评结果的指标,如销售利润率、顾客满足度以及产品数量等,其考评以数据结果为基础。一般而言,我们要求绩效考评指标要尽量量化,这样有助于客观地对指标进行考评,但是有许多绩效指标往往难以用量化的方式进行衡量,我们称之为定性指标。

定性指标是指无法直接通过数据计算分析考评内容,需对考评对象进行客观描述和分析来反映考评结果的指标,例如,准时性、满足度、精确性、完成状况、效果。常见的定性指标主要是能力类或态度类的指标,为了使定性指标的考评尽量客观,常常采取定量化的方式予以转换,详细方式是将定性指标设定出不同级别的考评标准,并对每一种标准进行具体的描述,为考评主体在考评该指标时提供有效的参考。

(五)共性指标和个性指标

依据绩效指标反映不同部门之间或不同人员之间是否存在共同特性,可将绩效指标分为共性指标和个性指标。

共性指标是指对于不同的部门或个人采用了相同的绩效指标。例如,政府对全部的公务员都采用"德、能、勤、绩、廉"的绩效指标进行综合考评。再如,某企业用"责任心、积极性、团队精神"等指标对全部员工进行能力评估。

个性指标是指对于不同的部门或个人采用了不同的绩效指标。

(六)关键绩效指标、一般绩效指标和拒绝指标

依据绩效的重要程度,可将绩效指标分为关键绩效指标、一般绩效指标和拒绝指标。

关键绩效指标是衡量组织战略实施效果的指标,是组织战略目标经过层层分解产生的可操作性的指标体系,体现了对组织战略目标的增值作用。关键绩效指标虽然重要,但并非绩效指标的全部,尤其是对于一些支持性部门而言,如办公室、财务部、人力资源部等,他们的绩效指标很少源于组织的战略,更多的是来自部门的职能或职责。

因此,在实际应用中,除了对关键绩效指标(KPI)进行考核,还应当将一些重要的其他指标引入绩效指标体系中,我们将这些指标称为一般绩效指标。一般绩效指标是指影响组织基础管理的一些指标,体现对组织各层次的履行规定与职责的基础管理要求。它来源于部门或个人的职责,是关键绩效指标得以实现的保障。

拒绝指标是指对组织发展或取得竞争优势而影响重大的指标,它不同于其他指标,假如这种指标所对应的工作没有做好,将对组织带来直接且严重的后果。比如说生产制造型组织,虽然这类组织的营业宗旨是创造利润,而不是安全问题,但是安全工作是至关重要的,一旦出现安全问题,将会给员工的人身安全、组织的财产安全甚至组织的外部形象

带来影响,有时候是致命的打击。

所以,生产制造型组织就可以将安全工作作为拒绝指标,即假如组织或某部门在安全工作上出现问题,则直接拒绝其本年度全部工作绩效成果,其结果是该部门领导人的考评成果为零,本部门的绩效奖金为零。

进行组织绩效指标设计时需要考虑关键绩效指标、一般绩效指标和拒绝指标的构成,分解到岗位和员工个人,也可以将绩效指标区分为这三类。

(七) 主观推断指标和客观考评指标

依据被考评的属性,可以分为主观推断指标和客观考评指标。

主观推断指标是指需要由考评主体依据自身的认知和感受对被考评者的绩效进行打分的指标。

客观考评指标则无须考评主体进行考评,有客观的数据予以支撑。

一般而言,定性指标属于主观推断指标,而定量指标则属于客观考评指标,但是也不尽然,有一些定量指标也可能需要运用主观推断的方式进行考评,例如满足度指标,虽然属于定量指标,但它仍需要经过多元考评主体对该指标进行考评,再对主观推断结果量化计分得出结果,因此这个定量指标属于主观推断指标。区分主观推断指标和客观考评指标有助于尽可能科学地考评各类指标,对科学选择考评主体具有积极的指导意义。

二、结果类指标的设计

前面提到工作结果指的是需要完成的工作任务或者工作必须取得的成果。在用工作结果衡量员工绩效时,需要回答以下几个关键问题:(1) 被评价者需要重点完成的工作任务(关键职责)主要集中在哪几个领域?(2) 被评价者在每个领域内需要达成的目标是什么?(3) 我们怎样才能知道预期结果的达成情况如何(绩效标准)?因此,设计结果类绩效指标,需要遵循以下步骤:

(一) 首先明确员工需要对产出成果负责的领域,确定某一岗位的关键岗位职责

界定职责的第一步是收集与职位有关的信息。每个岗位的工作内容在组织系统中应当有相对明确的规定,并以职位描述的形式呈现出来。对于职位描述中包含的各项工作任务可以根据他们彼此之间的相关度高低,将他们划分为几个任务族。需要注意的是,不是所有职位描述中的工作内容,都是该岗位员工需要对产出成果负责的领域。例如,某些工作任务是"协助其他岗位完成……",就不需要对产出结果负责。另外,如前所述,职位描述应当是动态的,与战略目标保持一致,因此,基于职位分析和部门的使命、战略、关键绩效指标体系形成职位描述,是确定成果类的员工绩效指标体系的重要基础。

获取员工职责信息后,就需要确定工作内容的相对重要程度。为了理解工作任务和岗位职责的相对重要性,需要回答以下几个问题:(1) 员工在完成每一项工作职责方面,花费的时间占总工作时间的百分比是多少?(2) 如果员工未能充分履行自己的职责,是否会对其所属工作单位的使命达成产生重大影响?(3) 员工的工作失误会产生重大不利

后果吗？未能充分履行职责,会导致员工本人或其他人受伤或死亡吗？会导致严重的财产损失吗？会导致时间和金钱的损失吗？通过以上问题的回答,可以帮助我们确定某一岗位的关键岗位职责。只有明晰了这些内容我们才能有针对性地选择那些重要的结果作为绩效指标。

例如,某快递公司发货员的岗位说明书如表 3-1。发货员的工作内容可以划分成三个任务族。从工作时间分布上和对成果的负责范围可以看出,其主要职责就是搬运货物并打包装箱、填写表格。其工作既有数量上的要求,比如打包装箱数量;也有质量上的要求,比如保证货物的安全无破损、正确填写表格、正确贴标签等。对于快递公司而言,发货的速度、货物的破损率、差错率都是关键绩效要素,对于发货员而言,仅仅关注搬运数量就是不够的,保证货物的安全无破损、正确填写表格、正确贴标签是这一岗位的关键职责,因此货物的破损率、差错率就应当作为绩效指标加以考虑。

表 3-1 某快递公司发货员岗位说明书

职务	发货员
部门	货品收发部门
地点	仓库 C 大楼
职务概况	听仓库经理指挥,根据销售部门递来的发货委托单据,将货品发往客户。和其他发货员、打包工一起,徒手或靠电动设备从货架搬卸货品,打包装箱,以备卡车、火车、空运或邮寄递。正确填写和递送相应的单据报表,保存有关记录文件。
教育程度	高中毕业
工作经历	可有可无

岗位责任	一、花 70% 的工作时间干以下的工作
	  1. 从货架上搬卸货品、打包装箱;
	  2. 根据运输单位在货运单上标明的要求,磅秤纸箱并贴上标签;
	  3. 协助送货人装车。
	二、花 15% 的工作时间干以下的工作:
	  1. 填写有关运货的各种表格(例如装箱单、发货单、提货单等);
	  2. 凭借键控穿孔机或理货单,保存发货记录;
	  3. 打印五花八门的表格和标签;
	  4. 把有关文件整理归档。
	三、剩余的时间干以下的工作:
	  1. 开公司的卡车送货去邮局,偶尔也搞当地的直接投递;
	  2. 协助别人盘点存货;
	  3. 为其他的发货员或收货员核查货品;
	  4. 保持工作场所清洁,一切井井有条。

管理状态	听从仓库经理指挥,除非遇到特殊问题,要求独立工作。
工作关系	与打包工、仓库保管员等密切配合,共同工作。装车时与卡车司机联系,有时也和订销部门的人接触。
工作设备	操纵提货升降机、电动运输带、打包机、电脑终端及打字机。
工作环境	干净、明亮、有保暖设备。行走自如,攀登安全,提货方便。开门发货时要自己动手启门。

类似的,某公司曾经单纯以销售额来考核销售人员的绩效,结果导致营销人员通过加大费用投入、增加赠品数量、甚至直接要求企业降价的方式来换取销售额;还出现了销售人员为了当期销售额达标,将产品积压在渠道仓库中,挤占下游渠道的现金流,而没有将商品销售到直接客户手中的情况。商品积压在渠道环节,意味着下一个计划期进货量就要减少,实际上是一种"虚拟销售游戏",对销售增长的战略目标并无实际帮助。对于销售人员而言,其工作任务是销售,但是其关键岗位职责还包括控制成本,保证利润,因此,后期该公司在销售额之外,增设了成本控制、实际动销额、回款速度作为结果类绩效指标,就在一定程度上避免了之前的情况发生。

(二)预先设定完成每一项关键职责所需达成的具体目标

绩效目标是对工作行为及工作结果的期望,设定结果类绩效指标时,应当同时设定完成每一项关键职责所需达成的具体目标,用于指导具体工作的内容。

以下是某跨国公司高级培训主管的岗位职责和相应的绩效目标。该岗位的岗位职责包括开发领导力流程、提供教练式辅导、团队建设咨询、评价工具应用和改进培训产品五个领域,构成了5个绩效指标,同时每一项指标都设定了应当取得的工作成果目标。

(1)开发领导力流程。根据预算和时间要求制定领导力开发流程,并且设计培训方案,在满足预算目标要求的前提下,确保在下一个财政年度中,整个组织的高层领导者在领导力准备度指标上得分提高20%。

(2)提供教练式辅导。确保在下一个财政年度中辅导的高层管理人员得到的管理有效性评分比过去有所提高。

(3)团队建设咨询。确保在下一个财政年度中,在满足预算约束的前提下提供4次必要的团队建设培训课程,要求参加团队建设培训课程的人,对培训效果的满意水平达到可接受的评价等级(通过培训结束后,对每一个团队进行跟踪调查来加以衡量)。

(4)评价工具应用。确保在下一个财政年度中辅导的对象,对于各类培训评价工具做出的反馈能够达到可接受的程度。

(5)改进培训产品。确保在下一个年度中受训者对于提供培训的满意度能够达到令人满意的水平,同时还能将费用控制在预算范围之内。

(三)事先明确绩效标准。绩效标准就是用来评价员工在达成每一项目标方面做得如何的标准

在确定了职责和目标之后,下一步就要界定绩效标准。绩效标准能够帮助人们理解目标在多大程度上得以实现的一种尺度。这些标准为绩效评价者提供了有用的参照信息,帮助他们判断绩效达到了何种水平绩效标准。绩效标准可以从某一个具体目标的诸多方面加以衡量,如数量、质量和时间。在判断目标在多大程度上得到实现时,所有这些方面的标准都可以成为衡量的依据。常见的绩效标准包括:

(1)质量。质量标准是指目标完成的如何。可能包括有用性、响应度、取得的效果(如问题得到解决的程度)、接受率、差错率以及用户和客户提供的反馈(如客户的投诉量、

退货量)等等。

（2）数量。数量标准是指产出情况如何。包括有多少产出，产出的频率是什么，产出的成本是多少等等。

（3）时间。时间标准即要在预定的期限内完成。是否严格遵守时间表、工作周期以及最终完成期限，以多快的速度(如时间表进度报告)等等。

绩效标准不仅提供了员工的绩效能否被接受方面的信息，同时也为员工设定目标、评估目标提供了参照。

三、行为类指标的设计

行为类指标的设计，可以分为两大类，一是基于岗位胜任力，二是基于组织价值观。

（一）基于岗位胜任力的行为类指标设计

"胜任力"这个概念最早由哈佛大学教授戴维.麦克利兰于1973年正式提出，是指能将某一工作中有卓越成就者与普通者区分开来的个人的深层次特征，它可以是动机、特质、自我形象、态度或价值观、某领域知识、认知或行为技能等任何可以显著区分优秀与一般绩效的个体特征。胜任力模型一经提出，就受到了理论和实践的极大关注，在企业中得到了广泛应用。迄今为止，在所有关于胜任力的定义中，最有代表性、影响最大的是斯潘塞夫妇提出的定义，他们认为，胜任力可被视为是行为特征。能将某一工作中表现优秀者与表现一般者区分开来的个体行为特征，属于鉴别性胜任力特征；能将某一工作中表现合格者与表现不合格者区分开来的个体行为特征，属于基准性胜任力特征。例如，某公司关于销售代表的基本绩效标准包括以下几个方面：正确介绍产品或服务，达成承诺的销售目标，汇款及时，不收取礼品或礼金。卓越绩效标准则强调：对每位客户的偏好和个性做出详细的记录和分析，为市场部门提供有效的客户需求信息，维持长期稳定的客户群。

以下为某公司针对管理岗位开发的胜任力评价指标示例。

该指标为督导能力，指为了组织及其客户的最佳利益，在必要时指导他人行为的能力。督导能力可分为四级，每一级均给出了明确的定义和行为示范标准。

一级　做出指导：要给予充分的指导。提出的需求和要求明确、具体。

行为示范：给出非常具体的指导方向；清楚解释支持目标的原理/理论；提出要求时提供清晰的目标和参数；检查员工是否知道对他们的期望。

二级　有效分配任务：为了将个人从常规事物中解脱出来，以便进行更有价值的或长远工作的考虑，系统明确地分配常规工作细节。在分配工作和从别人那里接受工作时要坚定而自信(如：对于不合理的要求要勇于"不")。

行为示范：为使个体可以从事其他工作，进行任务或责任分配；给别人完成常规任务的自由，不乱加干涉；为避免个人或工作小组的超负荷劳动，可以拒绝额外的任务分配；分配工作时，给予充分的自主。

三级　建立明确的绩效标准：依靠清楚的标准监督绩效。设立普通标准并根据这些标准进行一致性比较。

行为示范:设立可测量的员工绩效优良标准;根据被接受的标准和目标,检查并反馈进度;进行一致性的交流以提供高质量的绩效、产品和服务。

四级　采取有效措施,解决绩效问题:直接、坦率地面对别人的绩效问题。及时提出问题。

行为示范:抓住对质量负责的员工,告诫失败的后果或定期预测的好处,来采取措施提高绩效问题;采取明确的行动或坚定的立场,纠正绩效问题,保证制定出可行性计划;在适当时候,有效运用纪律/惩处程序。

基于胜任力的行为类指标设计必须是可以观察、可以在一个向量维度上进行区分的行为。不同等级的行为意味着绩效的差异。

设计基于岗位胜任力的行为类指标,首先必须进行岗位分析,了解岗位的特征和胜任力要求;其次,要通过访谈或会议的方式,收集绩效优秀者和绩效一般者(绩效合格者与绩效不合格者)的行为和关键事件信息,在此基础上提炼岗位胜任力指标和分级标准、行为示范。

(二) 基于组织价值观的行为类指标设计

基于组织价值观的行为类指标设计,在组织中发挥着越来越大的作用。组织的使命和愿景通常包含着组织的价值观。随着 VUCA(VUCA 是 volatility, uncertainty, complexity, ambiguity 的首字母)时代的到来,组织面临着更大的不稳定性、不确定性、复杂性、模糊性,只有员工认同组织的使命和愿景,认同组织的价值观,在 VUCA 情况下能够基于组织的价值观做出正确的行为,组织才能真正实现目标。因此,基于价值观的行为考核评估在组织中发挥了越来越重要的作用,在绩效指标体系中也越来越受到重视。

例如阿里巴巴在员工评价体系中,就有 50% 基于价值观考核评价员工。阿里巴巴认为"价值观考核指标囊括了追求高绩效的价值观导向和具体的方式方法"。

阿里巴巴一个时期的价值观被简称为"六脉神剑",包括六大类指标:(1) 客户第一;(2) 团队合作;(3) 拥抱变化;(4) 诚信;(5) 激情;(6) 敬业。其中每一个大类指标都细分出 5 个行为指南,一共构成了 30 项具体指标,每一项行为指标都设有绩效标准,从而将模糊的价值观具化为明确的行为与精神约束。

例如,"客户第一"这一大类指标,阿里巴巴给出的五个细分指标为:

1 分:尊重他人,随时随地维护阿里巴巴形象;

2 分:微笑面对投诉和受到的委屈,积极主动地在工作中为客户解决问题;

3 分:与客户交流过程中,即使不是自己的责任,也不推诿;

4 分:站在客户的立场思考问题,最终达到客户满意的效果;

5 分:具有超前服务意识,防患于未然。

根据员工在工作过程中的表现,对照以上五个指标的行为标准逐项评分,那么就会有相应的价值观考核的评分。价值观考核与业务考核各占 50% 的比重,最终计算员工最终的绩效评价得分,从而达到评价员工绩效的目的。

四、绩效指标体系的设计原则

由于很多工作的内容涵盖面广而复杂，仅用单一绩效指标衡量其绩效显然有失偏颇，采用多个指标评价绩效方能得出较为全面的评价结果。因此，衡量员工绩效，通常选择一系列指标，构成一个绩效指标体系，而不仅仅是单一指标。

不是任何放在一起的一堆绩效指标，就组成了一个绩效指标体系。构成一个指标体系的绩效指标之间，应具有某种内在的联系，应从属于某个特定的目标，并共同承担评价任务。如果多个绩效指标共同完成对一个对评价组织或一个被评价者绩效的评价，那么他们就构成一个绩效指标体系。绩效指标体系在评价中的作用要远远大于单个绩效指标的作用。这不仅仅是因为体系中包含的指标数量多，还因为多个指标之间能相互呼应，从多角度多层面去反映绩效事实，使被评价者信服。总的评价结果的优劣往往需要通过各个评价指标的评价结果综合体现。在设计绩效指标体系时，需要遵循以下基本设计原则：

(1) 绩效指标要具有明确目的性。在绩效管理实践中，每个部门或岗位具体的工作内容都很多，但对绩效指标的选择不可能面面俱到。绩效管理是通过聚焦关键绩效指标来促进绩效目标的实现，从而助推组织战略目标的实现。由于只有评价中受到重视的指标才能对员工行为产生良好的导向作用，因此，选择绩效指标首先要明确指标的指向和目的性，选择与组织战略导向一致的指标是绩效指标设计的重要原则。

(2) 绩效指标具有独立性。独立性指的是绩效指标之间的界限应清楚明晰，不会产生含义上的重复。这要求各个评价指标尽管存在相互作用、相互影响的关系，但一定要有独立的含义和界定，可以明确区分。绩效指标名称的设定要使每一个指标的内容界限清楚，避免产生歧义。在必要的时候可通过给出具体、明确、可操作性的定义，避免指标之间出现重复。例如，"沟通协调能力"和"组织协调能力"中都有"协调"一词，但实际上应用的人员类型是不同的，这两种协调能力的含义也是不同的。"沟通协调能力"一般可以运用于评价普通员工，而对于拥有一定数量下属的中层管理人员，则可以通过评价他们的"组织协调能力"来评价他们在部门协调和员工协调中的工作情况。如果在同样的人员身上同时评价这两种协调能力，就容易引起混淆，降低评价的可靠性和准确性。

(3) 绩效指标具有可测性。评价指标之所以需要测量和可以测量，最基本的原因就是该评价指标指向的变量具有变异性，也就是说，能够产生不同的评价结果。在确定绩效评价指标可测性时，还要考虑到可能遇到的种种现实问题，例如能否获取所需信息的渠道以及是否有相应的评价者能够对该指标做出评价等。评价指标本身的特征和该指标在评价过程中的现实可行性共同决定了评价指标的可测性。

(4) 绩效信息具有可获得性。绩效信息对绩效指标的选择也是非常重要的影响因素。绩效评价是影响员工公平感知的重要因素，因此，确定绩效指标时必须考虑绩效信息的来源是否稳定可靠。绩效管理的根本目的不是进行控制，而是提升个人、部门和组织的绩效，为组织战略目标的实现服务，因此，绩效评价必须有据可依，避免主观随意性，这样绩效评价的结果易于被评价对象接受，产生积极的效果。

绩效指标设计时还需要考虑相关信息获取的便利性。为了保障绩效评价工作的顺利开展,人们需要便捷地获取与绩效指标相关的统计资料或其他信息。因此,获取信息的方式应简单可行。获取绩效信息的难易程度不是可以直观判断的,在绩效管理体系的设计过程中,需要不断地在小范围内试行,不断地进行调整。如果信息来源渠道不可靠或者相关资料呈现矛盾状态,就应对绩效指标加以调整,最终使评价指标能够方便、准确地得到评价。对员工的工作业绩通常是从数量、质量、效率和费用节约四个方面进行评价。但是,对不同的职位而言,取得这四个方面的信息并非都是可行的。有时,人们可能会发现员工所从事的工作是不可量化的。这时,员工的工作业绩更多地反映在"工作质量""与同事协作的情况"和各种"特殊事件"等方面。这种对绩效指标的调整正是基于使绩效评价与衡量更切实可行而进行的。进入数字化时代,也可借助数字化工具实现绩效指标信息的可获得性和便利性。

(5) 绩效指标"少而精"原则。这一原则指的是绩效指标需要反映绩效管理的根本目的,但不一定要面面俱到。也就是说,在设计绩效指标体系时,应避免不必要的复杂化。结构简单的绩效指标体系便于对关键绩效指标进行执行,也能有效地缩短绩效信息的收集、处理过程乃至整个评价过程,提高绩效评价的工作效率,有利于绩效目标的达成。同时,绩效指标的简单明了、重点突出有利于人们掌握绩效管理技术,提高绩效沟通质量和绩效管理的可接受性。所以在制定绩效指标或者从绩效指标库中选择绩效指标时,需要确定或选取最有代表性和特征的项目,简化绩效执行和评价过程。

五、员工绩效指标体系设计的方法

设计绩效指标的主要工作之一是依据准确全面衡量绩效目标的要求,在坚持相关基本原则的基础上,采用科学的方法设计合适的绩效指标。常见的设计绩效指标的方法主要有以下五种。

(1) 工作分析法。科学的管理必须建立在详尽分析的基础之上。工作分析是人力资源管理的基本职能,是对工作本身最基本的分析过程。工作分析是确定完成各项工作所需履行的责任和具备的知识及技能的系统工程。工作分析的主要内容由两部分组成:一是职位说明;二是任职资格。职位说明包括工作性质、职责、进行工作所需的各种资料、工作的物理环境、社会环境、与其他工作相联系的程度等与工作本身有关的信息。任职资格包括员工完成本工作应具备的智力、体力、专业知识、工作经验、技能等。

如果在制定绩效指标的过程中进行工作分析,最重要的是分析从事某一职位工作的员工需要具备哪些能力和条件,职责与完成工作任务应以什么指标来评价,指出这些能力和条件及评价指标中哪些比较重要、哪些相对不那么重要,并对不同的指标完成情况进行定义。这种定义就构成了绩效评价指的评价尺度。

(2) 个案研究法。个案研究法是指对某一个体、群体或某一组织在较长时间内连续进行调查研究,并从典型个案中推导出普遍规律的研究方法。例如,根据评价目的与对象,选择若干个具有典型代表的任务或事件为调研对象,通过系统的观察、访谈分析确定评价要素。

常见的个案研究法有典型任务(事件)研究与资料研究两大类。典型任务研究是以典型人物的工作情境、行为表现、工作绩效为直接对象,通过对他们的系统观察、分析研究来归纳总结他们所代表的群体的评价要素。资料研究以表现典型任务或事件的文字材料为研究对象,通过对这些资料的对比分析和总结,归纳出评价要素。

(3) 专题访谈法。该方法是研究者通过面对面的谈话,用口头沟通的途径直接获取有关信息的研究方法。研究者通过分析汇总访谈所获得的资料,可以获取许多信息。专题访谈法有个别访谈和群体访谈两种。个别访谈气氛轻松、随便、活跃,可快速获取信息。群体访谈以座谈会的形式进行,具有集思广益、团结民主等优点。

(4) 经验总结法。经验总结法指众多专家通过总结经验,提炼出规律性的研究方法。它一般可分为个人总结法和集体总结法两种。个人总结法是请人力资源专家或人力资源部的工作人员回顾自己过去的工作,通过分析最成功或最不成功的人力资源决策来总结经验,并在此基础上总结出评价员工绩效的指标目录。集体总结法是请若干人力资源专家或企业内部有关部门的主管(6~10 人)集体回顾过去的工作,列出长期以来用于评价某类人员的常用指标,并在此基础上提出绩效评价指标。

(5) 问卷调查法。问卷调查法就是设计者根据需要,把要调查的内容设计在一张调查表上,写好填表说明和要求,分发给有关人员填写,收集和征求不同人员意见的一种方法。该方法让被调查者根据个人的知识与经验,自行选择答案。调查的问题应设计得直观、易懂,调查数目不宜过多,应尽可能减少被调查对象的回答时间,以免影响调查表的回收率和调查质量。

例如,研究者通过访谈法把评价某职务人员的绩效评价指标归纳为 40 个指标,为了从这 40 个指标中筛选出关键的评价指标,可以用问题或表格的形式进行问卷式的民意调查。

问卷调查法按答案的形式可以分为开放式问卷和封闭式问卷两大类。开放式问卷没有标准化答案,被调查者可以按照自己的意愿自由回答。封闭式问卷分为是非法、选择法、排列法和计分法四种。

(1) 是非法。问卷列出若干问题,要求被调查者做出"是"或"否"的回答。

(2) 选择法。被调查者必须从并列的两种假设提问中选择一项。

(3) 排列法。被调查者要对多种可供选择的方案按其重要性进行排序。

(4) 计分法。问卷列出几个等级分数,要求被调查者进行判断选择。

不同级别、不同内容的指标反映不同的评价侧重点和不同作用,结果指标和行为指标通常构成绩效评价的一级指标,而每个一级指标又由若干个子指标构成,称之为二级指标。参与并了解指标体系的设计及内容,对于员工合理安排时间和精力,力争更好的绩效水平非常必要。

由于绩效受多种主、客观因素的影响,因此,在绩效评价中需要将结果与过程结合起来,对于指标体系则是要将结果指标与行为过程指标按照一定比例加以动态平衡。比例的确定主要取决于绩效管理的目标、工作性质和要求。

表 3-2 是绩效指标体系的一个示例。

表 3-2 绩效指标体系示例

维度	项目	权重	规则	1档	2档	3档	4档
组织业绩	销售总收入	15%	目标 得分	40k 5	50k 15	55k 20	60k 30
	销售收入（手机类）	20%					
	销售收入（非手机）	15%					
	销售毛利润	20%					
	市场份额（手机类）	10%					
	品牌知晓度	10%					
个人绩效	核心人才离职率	10%					
个人能力提升	产品宣讲能力	—	行动计划：每季度进行产品介绍 PPT 演练，并寻求同事、上级的反馈				

终端业务某国家总经理 PBC

第三节 绩效指标的权重设计

权重即某一项绩效指标分值在整体绩效指标体系中的比重，代表每个绩效考核指标在整个指标系统中的相对重要性。指标权重能够反映企业重视的绩效领域，突出重点目标，体现出管理者的引导意图和价值观念，对于员工的行为有很明显的引导作用。因此在设计并确定考核指标体系时，需要同时确定每个指标的权重。

权重的设计还直接影响着评价的结果。因此，确定绩效指标权重，必须经过相关部门的审核与讨论，确保指标权重的分配与企业整体指导原则相一致，同时确保指标层层分解下去。

常用的权重确定方法有以下几种：

1. 主观经验法

主观经验法是一种主要依靠历史数据和专家直观判断确定权重的简单方法。它是决策者个人根据自己的经验对各项评价指标重要程度的认识，或者从引导意图出发对各项评价指标的权重进行分配，也可以是集体讨论的结果。此方法的主要优点在于决策效率高，成本低，容易为人所接受，适合专家治理型企业和规模比较小的企业；局限性在于这种方法需要企业有比较完整的考核记录和相应的评估结果，而且有一定的片面性，对决策者的能力要求很高。

2. 简单排序编码法

它是指管理者通过对各项考评因素的重视程度进行排序编码，然后确定权重的一种简单的方法，需要管理者依据过去的历史数据及个人的经验对各项考评项目做出正确的排序。

比如在绩效考核过程中,某一职位有四个 KPI 的考评因素,分别为 A、B、C、D,依企业的要求及目标设定者的经验,各项考评因素的重要性排序为 B、D、C、A;然后再按照自然数顺序由大到小对其进行分配,分别为 4,3,2,1,然后将权数归一化,最后结果为 A:$1/(4+3+2+1)=0.1$;B:$4/(4+3+2+1)=0.4$;C:$2/(4+3+2+1)=0.2$;D:$3/(4+3+2+1)=0.3$。

这种计算权重的方法虽然简单,主要依赖个人主观判断,存在一定的不合理性,但至少它比管理者单纯地依据自身经验进行设定的方式要客观一些。

3. 对偶加权法

对偶加权法是将各考核要素进行比较,然后再将比较结果汇总比较,从而得出权重的加权方法。

如表 3-3 所示,将各考核要素在首行和首列中分别列出,将行中的每项要素与列中的每项要素进行比较。其标准为:行中要素的重要性大于列中要素的重要性得 1 分,行中要素的重要性小于列中要素的重要性得 0 分。比较结束后,对各要素的分值进行统计,即可得出各考核要素重要性的排序。

表 3-3 对偶加权法示例

考核要素	A	B	C	D	E
A	—	1	0	1	1
B	0	—	0	1	1
C	1	1	—	1	1
D	0	0	0	—	1
E	0	0	0	0	—

在比较对象不多的情况下,对偶加权法比简单排序法更为准确可靠。与简单排序法一样,这种方法得到的结果也是次序量表资料,只有把它转化为等距量表资料,才能分辨出不同指标间的相对重要性。

4. 倍数加权法

该方法首先要选择出最次要的考核要素,以此为 1。然后,将其他考核要素的重要性与该考核要素相比较,得出重要性的倍数,再进行处理。例如,对营销人员考核要素的加权,表 3-4 中的六项要素中,假设智力素质是最为次要的,其他要素的重要性与智力素质相比,重要性倍数关系也如表 3-4 所示。六项合计倍数为 14.5,故各项考核要素的权重分别是 1.5/14.5、2/14.5、1/14.5、3/14.5、5/14.5 和 2/14.5,最后换算成百分数即为各考核要素的权重。

表 3-4 倍数加权法事例

考核指标	与智力素质的倍数关系
品德素养	1.5
推销技巧	2
智力要素	1
毛利率	3
销售额	5
回款率	2
合计	14.5

5. 权值因子判断表法

权值因子判断表法的基本操作步骤分述如下:

(1) 组成专家评价小组,包括人力资源专家、评价专家和其他相关人员。根据评价对象和目的的不同,可以确定不同构成的专家小组。

(2) 制定评价权值因子判断表。

(3) 由各专家分别填写评价权值因子判断表。如表 3-5 所示。填写方法:将行指标因子与列指标因子进行比较。如果采取的是 4 分制,那么非常重要的指标为 4 分,比较重要的指标为 3 分,重要的指标为 2 分,不太重要的指标为 1 分,不重要的指标为 0 分。

表 3-5 专家权值因子判断表

绩效指标	1	2	3	4	5	6	评分值
1	—	4	4	3	3	2	16
2	0	—	3	2	4	3	12
3	0	1	—	1	2	2	6
4	1	2	3	—	3	3	12
5	1	0	2	1	—	2	6
6	2	1	2	1	2	—	8

(4) 对各专家所填的判断表进行统计,将统计结果折算为权重,如表 3-6 所示。

表 3-6 权值统计结果表

评价指标	评价者								总计评分	平均(分)分(分)	权重	调整后权重
	A	B	C	D	E	F	G	H				
1	15	14	16	14	16	16	15	16	122	15.25	0.254 17	0.25
2	16	8	10	12	12	12	11	8	89	11.125	0.182 54	0.20
3	8	6	5	5	6	7	9	8	54	6.75	0.112 50	0.10
4	8	10	10	>2	12	11	12	8	83	10.375	0.172 92	0.20

(续表)

评价指标	评价者								总计评分	平均(分)分(分)	权重	调整后权重
	A	B	C	D	E	F	G	H				
5	5	6	7	7	6	5	5	8	49	6.125	0.102 08	0.10
6	8	16	12	10	8	9	8	12	83	10.375	0.172 92	0.15
合计	60	60	60	60	60	60	60	60	480	60	1.000 01	1.00

确定绩效指标权重需要注意一下问题：
① 指标权重设定应当遵循以战略目标为导向的原则；
② 所有绩效指标的权重之和为百分之百；
③ 各指标权重比例应该呈现明显的差异，避免出现平均主义。

第四节　绩效标准

绩效标准又称为绩效评价标准，描述的是绩效指标需要完成到什么程度，反映组织对该绩效指标的绩效期望水平。在设计绩效指标时，需要为每个指标确定相应的绩效标准，便于在员工设定相应的绩效目标时进行参照，同时构成管理者在绩效执行和绩效评价中判断绩效指标完成情况的基础。

一、绩效标准的要素构成

无论哪一种类型的绩效指标，绩效标准都应当由以下三个要素构成：
(1) 指标名称：指标名称是对评价指标的内容做出的提炼概括。
(2) 指标定义：指标定义是指标内容的操作性定义，用于揭示评价指标的关键特征。
(3) 标尺：标尺是由标志和标度共同构成的。其中标志是指等级划分，评价的结果通常表现为将某种行为、结果或特质划归到若干个级别之一；标度是指评分标准，标度用于对标志所规定的各个级别包含的范围做出规定，或者说标度是用于揭示各级别之间差异的规定。

二、作为区间值的绩效标准

绩效目标描述的是实现战略所必须做好的事项，绩效指标是追踪和评价目标实现程度的"晴雨表"，即强调从哪些方面衡量绩效目标，绩效标准则说明了各类指标做到何种程度才能符合组织的期望，即各项绩效指标分别应该达到什么水平。在绩效管理实践中，人们对绩效标准的理解主要有两种：第一种是将绩效标准理解为一个区间值；另一种是将绩效标准理解为一个数值，即目标值。

在具体确定绩效标准的时候，需要注意以下三个方面的问题：

1. 绩效标准分为基本绩效标准和卓越绩效标准

基本绩效标准是绩效对象在绩效指标上应该达到的合格水平,是对绩效对象的基本要求;基本绩效标准是绩效指标合格的最低标准,通常应用于基本工资的确定。卓越绩效标准是引导组织追求卓越绩效,提高产品、服务和经营质量所期望的卓越绩效水平。卓越绩效标准一般不设上限,也不做强制要求,鼓励个人挑战极限、超越自我,通过不断的自我超越,树立绩效标杆,引导绩效发展方向。卓越绩效标准主要用于激励性奖励和职位晋升等。

2. 绩效标准通常是一个连续等级

虽然绩效标准可以分为基本绩效标准和卓越绩效标准两大类,但通常是用一个连续的绩效等级来衡量具体的绩效指标完成情况。等级划分通常有四种方式:

第一种是量词式,即采用带有程度差异的形容词、副词、名词等词组表示不同的等级水平。例如,"较好""好""一般""差""较差"。

第二种是等级式,即运用一些能够体现等级顺序的字词、字母或数字表示不同的评价等级,例如,"优""良""中""差";"甲等""乙等""丙等""丁等";"1""2""3";等等。

第三种是数量式,即用具有量的意义的数字表示不同的等级水平,可细分为离散型和连续型两种,如表3-7和表3-8所示。

第四种是定义式,即通过语言描述的方式界定等级划分和评分标准。相对于前三种评价尺度而言,定义式的评价标尺比较复杂,要求设计者针对每一个评价指标的不同绩效等级进行具体描述,不仅要求语言高度简练,而且要具体、准确、有很强的针对性。尽管设计难度大,但是它能够有效地提高评价的客观性,更好地实现评价的行为引导作用,因此在绩效评价中得到了越来越广泛的运用。表3-9是定义式评价标尺的一个例子。

表3-7 离散型评价标尺

评价指标	指标定义	等级得分				
计划能力	你能够有计划、有步骤的完成领导布置的工作,使本业务领域的工作与整个部门或所在团队的工作目标相匹配	0分	3分	6分	9分	12分

表3-8 连续型评价标尺

评价指标及定义	4~4.5分	4.4~4分	3.9~3.5分	3.4~3分	3分以下
协作性 (指标定义:在工作中积极配合、乐于分享、沟通协调、协同奋进)	很好	尚可	一般	较差	极差

表 3-9 定义式评价标尺

绩效指标	等级说明				
	卓越	优	良	中	差
计划性	重视工作目标的树立，积极参与个人与工作目标的确定，个人目标符合部门或团队的工作目标，并能够在工作中按预定的目标落实每一项工作	了解工作目标的重要性，参与个人目标的确定，个人目标基本符合部门或团队的基本目标，工作中能够按照预定的目次落实每一项工作	重视工作目标的树立，但不善于制定目标，不能将自己的目标与部门或团队的目标很好地结合	在日常工作中有一定的计划性，但缺乏长期或阶段性的工作目标，在领导的要求下被动的展开工作	工作完全没有计划性，每天都在被动地完成上级领导交给的工作

3. 绩效标准是稳定性和动态性的统一

绩效标准的制定过程是管理者和下属充分沟通后共同确定的，标准一旦确定，在外部环境没有发生重大变化的时候应该保持标准的稳定性。不能因为领导个人的喜好和意志的变化随意调整绩效标准，否则会降低绩效系统的权威性。但是管理和技术的大幅进步、外部环境的急剧变化或竞争突然加剧等情况导致原来制定的绩效标准不适应新形式的时候，就需要及时对绩效标准进行动态调整或修正。比如：如果一家生产型企业因为引进大型先进生产设备，实现了生产率和产品质量的大幅提升，原来的卓越绩效标准就有可能变为基本绩效标准，这就要求管理者对绩效标准进行及时调整。

三、作为数值的绩效标准

将绩效标准设定为一个具体的数值，有利于对绩效的判断形成一个明确的标准。在后面章节将讲到的平衡计分卡中，通常使用一个具体的目标值作为衡量绩效指标是否达成的标准。一般情况下，在确立绩效目标和衡量指标之后，就需要为每一个指标设定目标值。目标值是组织所预期的特定指标的未来绩效状态，通常决定了组织实现既定目标过程的资源投入程度和员工努力程度。目标值的高低水平在于在挑战性和可行性之间取得一种平衡，既能满足组织绩效改进的需求，又易于员工接受和信服。由于目标的设置和指标的选择在某种程度上带有一定的价值判断成分，员工即使有不认同的地方也不至于激烈反对。但是，确定目标值和行动方案的过程更多地依赖历史数据和客观条件，而且与员工的个人利益紧密相关，这更容易产生分歧和争议。设定科学合理的目标值对组织绩效的影响非常明显，但它的确是一个艰难的过程。在管理实践中，深入理解具体设计步骤和方法对目标值的设定非常关键。

1. 目标值设定的步骤

目标值的设定可以分为两个主要步骤，一是将整体的价值差距分解到每个战略主题上；二是在每个战略主题内，根据战略地图因果关系分别设置目标值。

（1）分解价值差距。目标值设定源于愿景描述，即组织设定的最高层面的挑战性目标,它是一个宏伟而大胆的目标,因而在现实和理想状态之间必然产生价值差距,战略的作用就是缩小这种价值差距。管理层可以把价值差距分解到不同的战略主题上。每个战略主题都会以一种独特的方式创造价值,并且它所创造的价值累加起来应该能弥合整体的价值差距。每一个主题的目标值都反映了该主题在支持和实现战略各组成部分过程中的影响力。

下面以美国消费者银行为例进行说明,如图3-2所示。消费者银行就财务层面的统领性目标设立了一个价值差距:"当前运营收入2 000万美元,5年内净收入超过1亿美元"。随后,它将这一价值差距分解到"运营管理""客户管理"和"增长"共3个战略主题上。其中,为运营管理主题设定的目标值是,要求"降低25%的单位客户的服务成本",但仍然要提供始终如一的服务;为客户管理主题设定的目标值是"单位客户的收入提高50%",其实现途径是成为客户可信赖的财务规划者,向他们交叉销售多种金融产品和服务;为增长主题设定的目标值是,通过卓越的绩效表现和创新的产品"吸引40万名新客户"。消费者银行为这3个战略主题制定了具体的时间进程表,预计高效运营主题可以相对较快地产生成本节约效益,其目标值的80%在一两年内即可达成;加强现有客户关系所带来的收益增长则需要较长时间,主要收益要在3~4年后才会实现;产品创新和提升

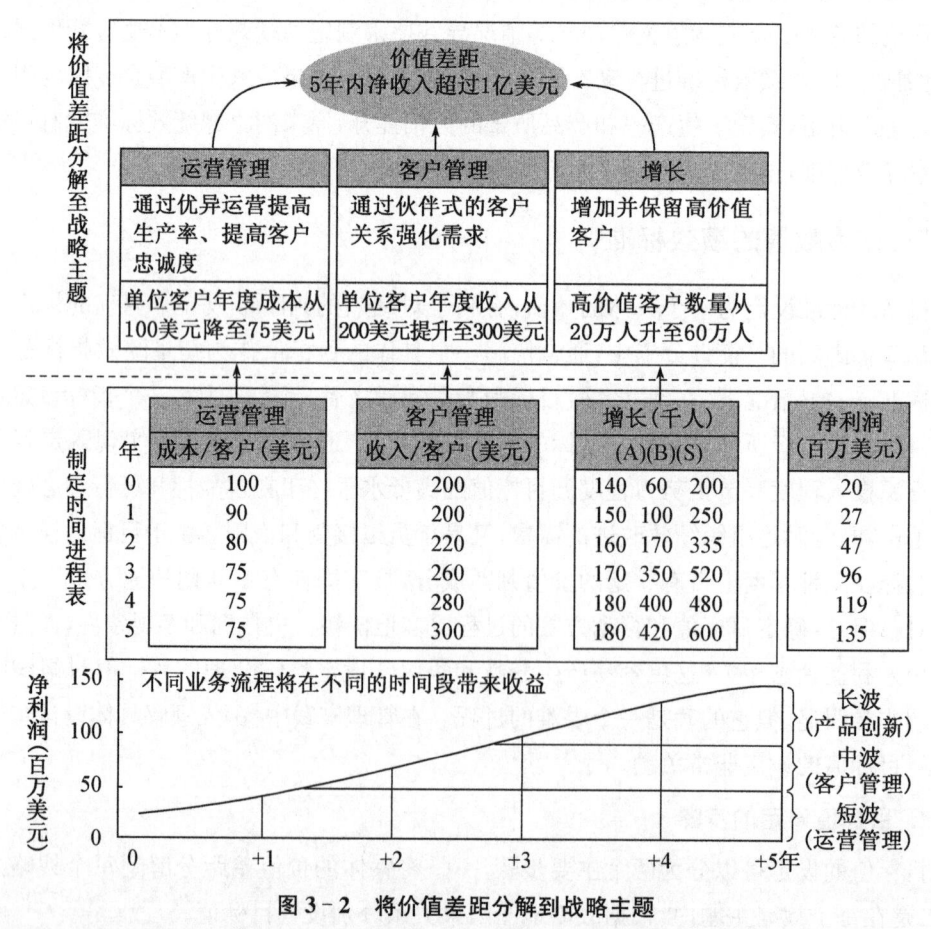

将价值差距分解至战略主题

价值差距
5年内净收入超过1亿美元

运营管理	客户管理	增长
通过优异运营提高生产率、提高客户忠诚度	通过伙伴式的客户关系强化需求	增加并保留高价值客户
单位客户年度成本从100美元降至75美元	单位客户年度收入从200美元提升至300美元	高价值客户数量从20万人升至60万人

制定时间进程表

年	运营管理 成本/客户(美元)	客户管理 收入/客户(美元)	增长(千人) (A)(B)(S)	净利润(百万美元)
0	100	200	140 60 200	20
1	90	200	150 100 250	27
2	80	220	160 170 335	47
3	75	260	170 350 520	96
4	75	280	180 400 480	119
5	75	300	180 420 600	135

净利润(百万美元) 不同业务流程将在不同的时间段带来收益

长波(产品创新)
中波(客户管理)
短波(运营管理)

图3-2 将价值差距分解到战略主题

资料来源:卡普兰,诺顿《平衡积分卡战略实践》,中国人民大学出版社,2009。

品牌形象所产生的客户增长则需要更长的时间。时间进程表显示了实现愿景所提出的挑战性目标的可行性，并且为深入思考每个战略主题内的目标、指标和目标值提供了框架。根据消费者银行的时间进程表，到第5年年末，如果3个战略主题都达到了目标值，那么该银行就可以实现预定的财务目标——净收入超过1亿美元，远远超过当前的2 000万美元。

（2）运用因果逻辑关系设定目标值。这一步就是将每个战略主题的目标值进一步分解到主题内的战略目标中。目标值设定应遵循的最重要的原则是，不能孤立地设定战略主题内各个战略目标值，每个目标值的设定应该和主题中其他战略目标的目标值形成因果关系。

下面以客户服务战略主题为例，讲解运用因果关系模拟设定目标值，如图所示。目标值设定流程开始于图右边所示的价值差距——提高净收入50%。该战略主题财务层面的子目标是提升单位客户收入20%。这个增长将为实现总体目标做出贡献。在实现这一目标的众多战略中，该组织最终决定通过提供更高水准、快速响应的个人服务来提高客户保留率。相应地，改善客户服务要求提升员工能力，这个目标可以通过减少高素质员工的流失率来实现。这其中的相关性假设是关键员工流失率降低20%，服务水平可以提高30%，这种服务改善将减少25%的客户流失，同时会增加20%的单位客户收入。这条因果关系链提供了清晰的自下而上的战略可行性验证。如果公司发现战略可行，就启动因果关系模拟，制定行动方案来降低关键员工流失率，这一举措将取得减少客户大幅波动、增加预期收入的效果。

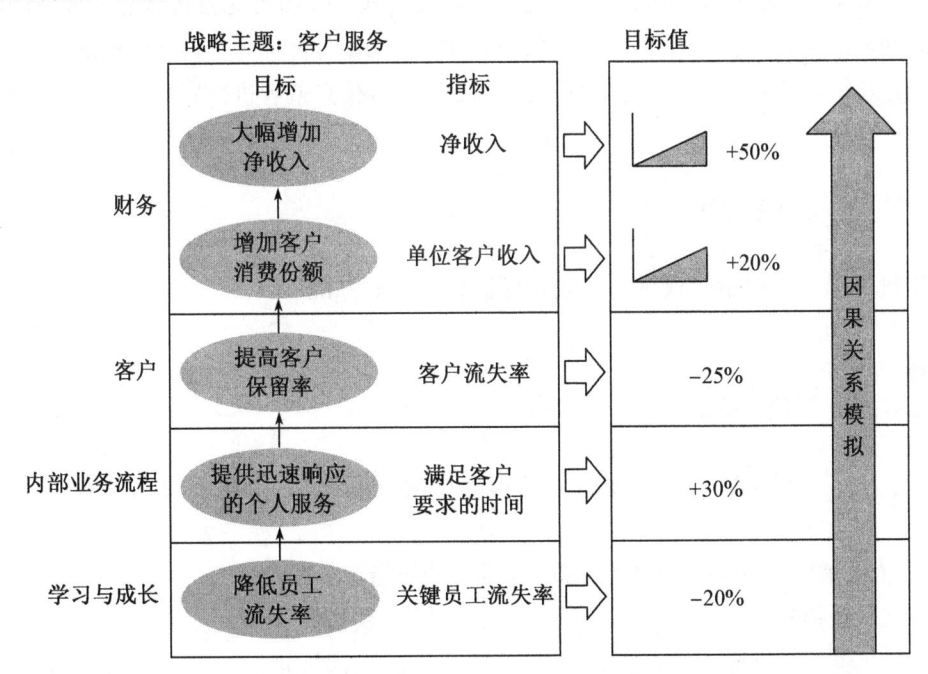

	战略主题：客户服务		目标值	
	目标	指标		
财务	大幅增加净收入	净收入	+50%	因果关系模拟
	增加客户消费份额	单位客户收入	+20%	
客户	提高客户保留率	客户流失率	−25%	
内部业务流程	提供迅速响应的个人服务	满足客户要求的时间	+30%	
学习与成长	降低员工流失率	关键员工流失率	−20%	

图3-3　运用因果关系模拟设定目标值

资料来源：卡普兰，诺顿《平衡积分卡战略实践》，中国人民大学出版社，2009。

2. 运用标杆法设定目标值

在最初阶段,目标值的数据确定主要依赖管理者的经验判断,随着实践经验的不断积累,有越来越多的客观数据,如公司历史数据、公共数据及行业协会的数据可以参考,企业就有条件采用标杆法设定目标值,也就是说,可以通过对比外部标杆找差距来设置目标值。运用标杆法设定目标值需要认真考虑外部标杆产生的条件及其与企业内部的实际情况是否具有可比性,如果企业的状况和那些对标的外部企业具有相似性,那么这些数据就形成了企业目标值的参考值。

平衡计分卡中四个层面的衡量指标都可能存在外部标杆。企业的对标可以从财务层面开始考虑。因为大多数竞争对手都有可能成为上市公司,企业很容易获知行业内其他企业的详细财务绩效状况。因此,企业应该挑战最佳绩效,在某些指标上做到行业最好,如资本回报、收入增长、经营利润及生产力等。它们应该在这些指标上做到数一数二,或者至少也要达到当前 1/5～1/4 的水平,尤其当它们目前的水平还低于行业平均水平的时候。一些客户层面的结果指标,如提高市场份额和增加客户数量,从含义来看应该聚焦于外部,以竞争对手作为比较对象。企业也可以请它们的关键客户通过与其他竞争对手相比较,来对其绩效进行评分。对于那些拥有大量相似的分支机构的企业,其内部业务流程层面和学习与成长层面的目标值可以通过内部标杆来设定。例如,零售连锁商店、酒店、银行、快餐店等,可以应用统计分析的方法来确定各项流程的目标值和员工能力的目标值。企业也可以使用外部最好的标杆作为其流程的衡量指标,尤其是关于成本、质量和周期的关键流程。对于一个创新流程来说,生产制造企业或者软件公司可能会将行业内最短的产品开发时间设定为目标值。当然,如果公司的关键流程采用外部标杆作为衡量标准,他们一定要有渠道获得行业或行业协会的数据信息,如订阅标杆信息或者进行标杆研究。

关 键 词

绩效指标　绩效指标权重　绩效指标体系　绩效标准

复习思考题

1. ＿＿＿＿＿＿＿指的是从哪些方面对绩效进行衡量或评估,解决的是需要评估什么的问题。

2. 依据绩效指标是客观还是主观,通常将绩效指标分为(　　　)。
   A. 硬指标　　　　　　　　B. 软指标
   C. 成果类指标　　　　　　D. 动因类指标

3. 工作结果通常适用于以下哪种状况(　　　),工作行为通常适用于以下哪种状况(　　　)。
   A. 员工能很熟练地执行工作所需的行为

B. 行为和结果之间的联系不明显

C. 行为和结果之间存在明显的联系

D. 结果发生在遥远的未来

E. 结果会随时间推移而得到不断改进

F. 正确完成工作的方式有多种

G. 造成不良后果的原因不在被评价者的控制范围之内

4. 用工作结果界定绩效的一个局限是获取信息的成本较高,耗费时间较长。（　　）

5. 用工作行为界定绩效的一个局限是过度考虑员工的业务成果并与报酬挂钩,使员工缺少创造价值的自发动机。（　　）

6. 请简述运用行为法与结果法界定员工绩效的局限性体现在哪几个方面。

案例分析

如何对员工进行绩效考核是企业管理中的关键问题和难题。但是有人认为绩效考核实际上并不复杂。他们会说:评估您想要什么。这种理解是典型的面向结果的。也就是说,无论员工是否努力工作,公司都只看结果。如果结果达到或超过标准,则员工表现良好,并将给予奖励。如果不符合标准,将对员工进行处罚。

Y是一家电子信息科技公司,此公司的绩效考核遵循务实原则,一直坚持以结果为导向对员工进行考核。公司的老板不止一次地说过:公司对员工的评价总是基于最终结果,而不是类似于加班这样的"辛勤工作"的行为。并且Y公司这种以结果为导向的绩效政策直接与公司的最终淘汰制度联系在一起。如果在年度绩效考核中某个员工的考核结果不符合标准,则有被公司开除的危险。Y公司的绩效评估将员工分为ABC的三个等级,绩效考核按固定比例分配,每次考核绩效奖金的差额可能在5 000～10 000元左右。此外,几个月来被评为C级或上级的员工将被降级或被淘汰,当然,奖金也将比其他员工少得多。

诸如Y公司这样的评估系统将使员工能够专注于他们的工作和绩效。企业管理的透明度提高了,员工可以清楚地看到过去一年中的出色表现和未完成的事情,并且其可以通过绩效评估表中的详细指标及时加以改进。这样,某些员工在获得较少的奖金后不会认为自己比其他同事损失更多。他可以根据绩效评估表分析为什么获得奖金。虽说用结果法来衡量员工绩效存在以上所说的诸多优点,但是单单用以结果导向的绩效考核制度就真的合理吗?

实际上,不同级别和类型的员工应采用不同的绩效评估原则。例如,对于基层员工或销售职位的员工,可以采用以结果为导向的绩效评估原则。对于高级管理人员或技术骨干,除结果外,还必须评估工作过程以及行为。而且,以结果为导向的绩效考核也应分为长期结果和短期结果,这样我们就可以避免缺点并最大程度地发挥其优势。

思考:Y公司员工的界定员工绩效的方法有什么问题?

用结果法以及行为法界定员工绩效的局限性体现在哪几个方面?

第四章 员工绩效评价工具设计

学习目标

1. 理解相对评价方法；
2. 掌握结果类绩效指标的评价方法；
3. 掌握行为类绩效指标的评价方法；
4. 理解描述法；
5. 理解绩效评价工具设计。

导入案例

李某是A公司销售部门主管，该部门有10多名员工，其中既有销售人员又有管理人员。该部门采用的考评方法是强制分布法，且每年对员工考评一次。具体做法是：根据员工的实际表现给其打分，每个员工最高分为100分，上级打分占比例70%，同事打分占比例30%。在考评时，多个人互相打分，以此确定员工的位置。李某平时很少与员工就工作中的问题进行交流，只是到了年度奖金分配时，才对所属员工进行打分排序。员工对考评的结果怨声载道，认为评价结果反映不出公平性，没有数据事实支撑的绩效评价难以服众。同时李主管自己也在一年一次的绩效考核中费尽脑汁，到底应该如何给员工打分？绩效评价工具的缺失，以及绩效信息收集的不足，都是该组织在绩效评价阶段面临的棘手的问题。

绩效评价，又称为绩效考核、绩效评估，是人力资源管理系统中技术性最强的环节之一，绩效评价结果也是员工最为关心的内容。

人们对绩效评价的理解也由于管理理论的演变和现实中管理目的的不同而有所变化。例如，弗利波（E. B. Flippo）认为，绩效评价是指"对员工在现任职务中的表现情况以及担任更高一级职务的潜力，进行有组织的、定期的并且是尽可能客观的评价"。朗斯纳（A. Longsner）认为，"绩效评价是为了明确员工的能力、工作状况和工作适应性，以及其对组织的相对价值而进行的有组织的、实事求是的评价；绩效评价的概念包括评价的程序、规范和方法的总和"。松田宪二则认为，绩效评价是"人力资源管理系统的组成部分，由评价者对被评价者的日常职务行为进行观察、记录，并在事实的基础上按照一定的目的进行评价，以达到培养、开发和利用组织成员能力的目的"。无论哪一种表述，都可以看出绩效评价是一个评价主体依据一定的程序、规范、方法达成评价结果的过程。

绩效评价的核心问题是方法和工具的选择与设计。评价方法的选择是绩效评价的重点和难点，它一个技术性很强的问题。正确地选择评价方法对能否得到公正、客观的评价结果有重要的意义。绩效评价方法解决的是某个具体指标怎么评价的问题。人力资源管理专业人员和专家学者创造了一系列的评价方法，这些方法各具特点。在管理实践中，它们往往综合使用，以适应不同组织不同发展阶段对绩效评价的不同需要，达到绩效评价的不同目的。因此，本章的第一、二、三、四节分别介绍四种常见的绩效评价方法，第五节介绍绩效评价工具的设计。

第一节 相对评价——比较法

员工绩效评价的比较法（Comparison Method）是指评价者拿一个人的绩效去与其他人的进行比较，从而确定每位被评价员工的相对等级或名次等信息的方法。这种方法通常是对员工的工作绩效或者是价值从某方面进行全面的评价，并且根据评估结果设法对在同一工作群体中工作的所有员工进行排序。一般来说，比较法可分为：排序法、配对比较法与强制分配法。

一、排序法

排序法（Ranking Method）是指根据被评估员工的工作绩效进行比较，从而确定每一员工的相对等级或名次。等级或名次可从优至劣或由劣到优排列。比较标准可根据员工绩效的某一方面（如出勤率、事故率、优质品率）确定，一般情况下是根据员工的总体工作绩效进行综合比较。排序法可分为简单排序法和交替排序法。

（一）简单排序法

简单排序法是指管理者把本部门的所有员工从绩效最高者到绩效最低者（或从最好者到最差者）进行排序。

（二）交替排序法

交替排序法是指管理者对被评估员工的名单进行审查后，从中找出工作绩效最好的员工列为第一名，并将其名字从名单上划去。然后从剩下的名单中找出工作绩效最差的员工列为最后一名，也把其名字从名单中划去。随后，在剩下的员工中，管理者再找出一名工作绩效最好的员工将其列为第二名，找出一名最差的员工列为倒数第二名，以此类推，直到完成对所有员工的排序。

二、配对比较法

配对比较法（Paired Comparison Method）亦称平行比较法、一一对比法、成对比较法,是由排序法衍生而来的,它使评价方法更有效。具体的操作程序是:将每一个评价对象按照所有的评价要素与其他评价对象一一进行比较,根据比较结果排出名次,即两两比较,然后排序。这种比较方式比排序法更为科学可靠。

例如,我们要对5个人进行评价,在运用配对比较法时,我们应先设计出如表4-1所示的表格,标明要评价的绩效要素并列出需要评价的人员名单。然后,根据表中标明的要素对所有人进行配对比较,将比较结果填入两个比较对象相交的单元格,用"0"表示两者绩效水平一致,"+"表示A栏上的人比B栏上的人绩效水平高,"-"的含义与"+"相反。最后,将A栏每一个人得到"+"的次数进行纵向相加。得到的"+"越多,这个人的评价得分就越高。

表4-1 配对比较法

评价要素_____

B＼A	赵	钱	孙	李	王
赵	0	+	+	-	-
钱	-	0	-	-	-
孙	-	+	0	+	-
李	+	+	-	0	+
王	+	+	+	-	0

评价结果:钱的评价等级最高

一般来说,这种方法在人力资源管理中经常用于对职位的评价。这时应选取几个指标(如职位的重要性、影响程度、风险等)分别对职位进行配对比较,依次评估出不同职位对公司的价值,并以此作为确定该职位薪酬的依据。

三、强制分配法

强制分配法同样采取的是排序的形式,只不过对员工绩效的排序是以群体的形式进行的。强制分配法是按照事物"两头小,中间大"的分布规律,把评估结果预定的百分比分配到各部门,然后各部门根据各自的规模和百分比确定各等级的人数的方法。其通常呈钟形曲线分布(见图4-1)。强制分配法会迫使管理者根据分布规则的要求而不是根据员工个人的工作绩效来将他们进行归类。因此,此方法得出的结果是一个相对的概念。比如说,即使一位管理人员手下的所有员工的绩效水平都高于平均水平,这位管理者也会被迫将某些员工的绩效评价为"无法让人接受"。

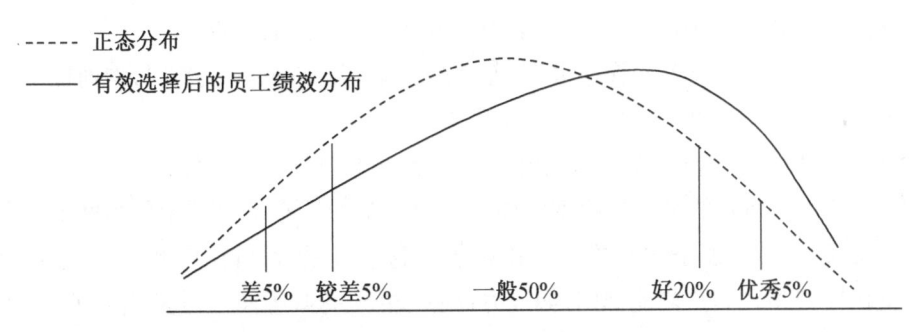

图 4-1 强制分配法的正态分布图

1. 强制分配法的实施步骤

（1）确定 A、B、C、D、E 各个评定等级的奖金分配的点数，使每个等级之间点数的差别具有充分的激励效果。

（2）由每个部门的每个员工根据绩效考核的标准，对自己以外的所有员工进行 0～100 的评分。

（3）对称地去掉若干个最高分和最低分，求出每个员工的平均分。

（4）将部门中所有员工的平均分加总，再除以部门的员工人数，计算出部门所有员工的绩效考核平均得分。

（5）用每位员工的平均分除以部门的平均分，得出一个标准化的评价分。评价以"1"为标准，明显大于"1"的员工可以得 B 或者 A 等级的评价，为"1"的员工可以得 C 等级的评价，而小于"1"的则得 D 甚至 E 等级的评价。

2. 强制分配法的优缺点

（1）强制分配法有利于管理者对员工进行高、中、低不同水平的绩效评价，同时可以根据不同的绩效水平进行奖惩，高绩效者可以得到奖励及发展，而低绩效者可以通过激励而改善现有水平或者离职；

（2）强制分配法能保证不同绩效的员工获得的奖赏是不同的，而不是平均分配给每个员工，有利于提高企业人才水平，逐渐建立高绩效的工作环境，并且提高员工自信心。

但是这种方法也存在一定的缺点：

（1）在某些情况下，管理者可能对员工做出错误划分，如管理者为了满足百分比的要求，可能最终放弃对员工的客观评价；

（2）强制分配法还可能增加被评价者的焦虑情绪，也可能因此使企业卷入一些法律纠纷中。

3. 强制分配法的适用条件

（1）制度环境。企业的人力资源政策、绩效管理体系、激励约束机制等各项管理系统必须一致。企业愿景应该能够引导员工发展，激发员工热情。

（2）文化环境。强制分配法较之其他评估方法，更需要良好的文化环境。美国通用电气公司（GE）的活性是 GE 绩效文化最显著的特点，人们可以在任何层次上进行沟通与反馈。在这种企业文化中,绩效改进与能力提升是人们关注的重点。

(3) 管理水平。领导者的管理水平,尤其是公平、公正的领导水平与沟通能力,是决定强制分配法是否适用及能否成功的重要因素。

除环境因素外,强制分配法的适用性及有效性还取决于以下条件:

(1) 员工工作绩效的可量化程度。如果企业员工的工作绩效可量化程度低,则适宜实施强制分配法,以克服绩效考核中易出现的"过松""过紧"和"趋中"倾向,适当拉开绩效等级分配的距离。尤其是职能部门,如人力资源、财务、行政等岗位,其工作特点决定了一般绩效评估无法达到评估的效果,因此应实施强制分配法,以体现绩效成绩的差异性。而一线人员如生产、销售人员,则不一定实施强制分配法,可以通过与事先确定的绩效标准或任务协议相比较的方法,直接打分、直接定级。

(2) 部门人员的数量。强制分配法适用于企业内部人员较多的部门,因为强制分配法是基于概率统计理论中的正态分布规律,而概率统计理论的假设前提是同类的随机现象将大量重复出现。因此,只有随着我们观察次数的增多,大量同类的随机现象才能呈现出明显的规律性。因此,在绩效考核实践中,部门人数少于五人的,不适宜采用强制分配法。

(3) 企业经营的稳定性。强制分配法适用于经营成熟期的企业。对于处于高速增长期的企业而言,其经营状况、销售收入和利润增长变化幅度较大,企业内高绩效员工数量明显多于低绩效员工数量;而当企业处于衰退期时,低绩效员工的数量又会大幅增加。在这样的情况下,企业若实行强制分配法,会使员工失去公平感、安全感,容易产生人员流失现象。

(4) 企业用工渠道的流畅性。当企业用工渠道不畅时,不适宜采用强制分配法,特别是在强制分配中设定有不合格等级。因为如果企业人员流动渠道不通畅,则无法及时有效地引进应该引进的人才,也无法解除应该解除合同的员工,进而影响企业的经营管理效能。

第二节 结果类绩效指标的评价方法

一、层差法

层差法指的是将考核结果分为几个层次或者几个范围,实际执行结果落在哪个层次内,该层次所对应的分数即为考核分数。例如营业收入、净利润等指标常采用层差法来计分。

利用层差法来计分,优点体现在该方法简单易懂、操作性强;一定程度上体现了多劳多得,按贡献取酬的分配思想;奖金总额在一定程度上可控。它的缺点是在同一业绩区间内,奖金的激励作用减小,员工会倾向于完成业绩区间的下限水平。

该方法适用于以下两种情况:一是存在一定规模效应的指标(如大金额定单业务的销

售激励);二是考核目标尚未十分明确,考核数据基础尚未十分完备的阶段。图4-2是层差法的图示。

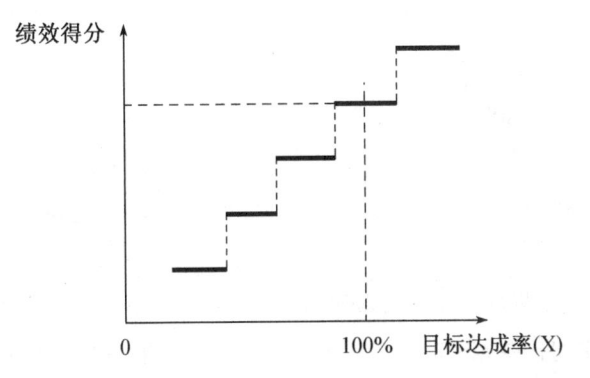

图4-2 层差法图示

表4-2是层差法的计分方式示例,组织一般采用五分制或者百分制的方式,根据员工的绩效结果,最终按照上述的计分方式得到相应的绩效得分。

表4-2 层差法计分

目标达成率(X)	5分制	100分制	备注
130%≤X	5	150	目标达成率在该区间内,绩效得分统一为对应区间的分数
100%≤X<130%	4	120	
80%≤X<100%	3	90	
70%≤X<80%	2	70	
X<70%	1	60	

二、比率法

比率法指的是用指标的实际完成值除以计划值(或标准值),计算出百分比,然后乘以指标的权重分数,得到该指标的实际考核分数,见表4-3。常见的利用比率法来计分的绩效指标,如销售收入目标达成率,某增长率,某计划达成率(进度)等。

利用比率法来计分,优点体现在该方法体现了多劳多得,按贡献取酬的分配思想,导向明确。它的缺点是未考虑不同绩效水平层次上提升难度的差异性,而给予同样的奖励力度;不利于奖金总额的控制。

该方法适用于以下两种情况:一是在很多成熟产品的销售激励中得到广泛应用;二是考核目标明确,考核数据基础完备。图4-3、4-4、

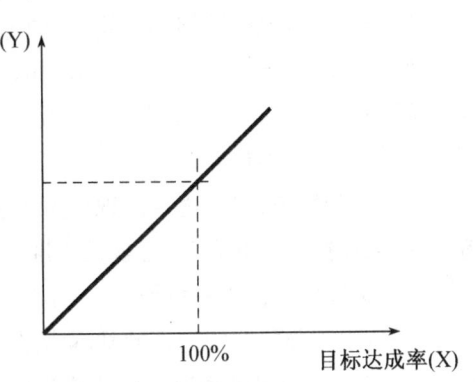

图4-3 直线比率法图示

4-5是比率法的图示。

图 4-4 累进比率法图示

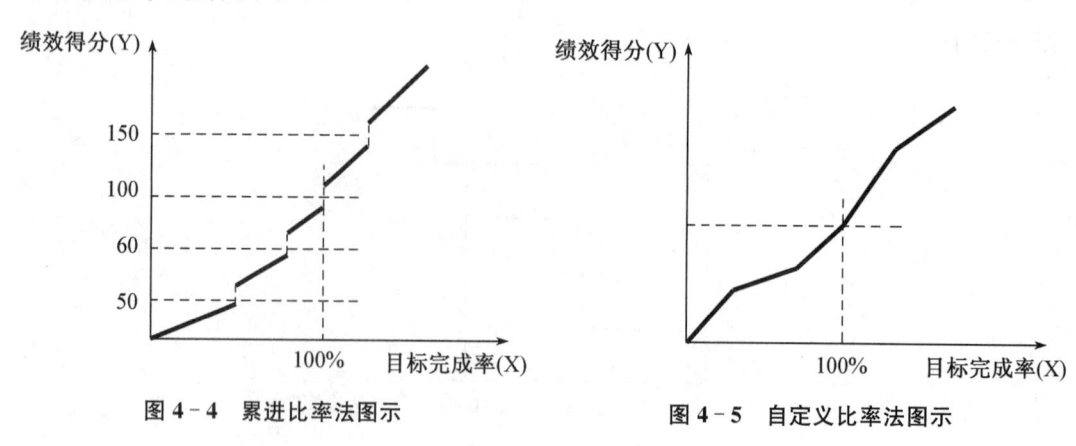

图 4-5 自定义比率法图示

表 4-3 比率法计分

直线比率法计分公式	目标达成率(X)	累进比率法计分公式/自定义比率法计分公式	备注
$Y=aX*100\%$	$130\%\leq X$	$Y=150+e(X-130\%)$	目标达成率每增加1%，绩效得分增加 e
	$100\%\leq X<130\%$	$Y=100+d(X-100\%)$	目标达成率每增加1%，绩效得分增加 d
	$80\%\leq X<100\%$	$Y=60+c(X-80\%)$	目标达成率每增加1%，绩效得分增加 c
	$70\%\leq X<80\%$	$Y=50+b(X-70\%)$	目标达成率每增加1%，绩效得分增加 b
	$X<70\%$	$Y=aX*100\%$	目标达成率每增加1%，绩效得分增加 a

三、减分法

减分法是指针对标准分进行减扣而不进行加分的方法。在执行指标过程中当发现有异常情况时，就按照一定的标准扣分，如果没有异常则得到满分。像某情况发生次数、某事件及时性（或准确性）等指标，常采用减分法来计分。减分法计分规则及打分颗粒度规范是按照发生一次扣几分的方法来计分：如质量投诉发生一次扣2分；发生一次扣分范围不得低于2分，不得高于5分。

利用减分法来计分，优点体现在该方法简单易懂、操作性强。它的缺点是负向激励导向，需要合理控制指标数量；考核结果准确性较低。

该方法适用于以下三种情况：一是适用于公司重大失误、投诉等需要严控的红线或指标；二是适用于公司期望达到的基本水平较明确的指标；三是适用于不易量化的指标。表4-4、4-5是运用减分法评价绩效的两种情况。

表 4-4　情况 1：指标占权重：适用于公司要求/期望达到的目标基本水平较明确的指标

指标	指标定义/公式	权重	计分规则	绩效得分
现场技术处理投诉	由生管部统计各制造部对于现场技术问题处理情况的投诉	20%	每发生一次，扣该指标总分的 5%	$Y=20-5\% * 20 * X$（X=发生次数）

表 4-5　情况 2：指标不占权重：适用于公司重大失误、投诉等需要严控的红线/指标

指标	指标定义/公式	计分规则	绩效得分
重大设计失误	对于单个订单由于技术原因造成生产现场材料、工时损失的金额大于 2 000 的订单数	每发生一次扣 5 分	$Y=-5 * X$（X=发生次数）

四、非此即彼法

非此即彼法指的是考核结果只存在几种可能性，不存在中间状态。如某事件完成情况可采用非此即彼法来计分。减分法可以按照按计划完成则记 100 分，未按计划完成则记 0 分这样的计分规则及打分颗粒度规范进行计分，同时需要注意的是使用非此即彼法计分的指标总权重占比不超过 15%，见表 4-6。利用非此即彼法来计分，优点体现在该方法简单易懂、操作性强，正向激励导向。它的缺点是在同一种考核结果可能性中的奖金的激励作用缺失，员工预期达不成较高一种业绩结果时倾向放弃业绩努力。

该方法适用于职能类指标，通过正常履行部门职责能够较易完成的指标，通常从该年度的重点工作计划中相应的部门职责条目中提取的指标。

表 4-6　非此即彼法计分

指标	指标定义/公式	权重	计分规则	绩效得分
公司一级流程发布计划达成率	实际发布流程数量/目标发布流程数量 * 100%	10%	100%完成	10
			没有 100%完成	0

第三节　行为类绩效指标的评价方法

对行为类指标的评价一般采用量表法。量表法（Scaling Method）就是将一定的分数或比重分配到各个评价指标上，使每项评价指标都有一个权重，然后由评价者根据评价对象在各个评价指标上的表现情况，对照标准对评价对象做出判断并打分，最后汇总计算出总分，得到最终的评价结果。

量表法所采用的评价标准一般是客观的职位职能标准，因此，评价结果更客观、准确，并可以在不同员工之间进行横向比较。使用量表法得出的评价结果能够直接有效地运用于各类人力资源管理决策（如人员晋升、薪酬等）。但量表法的设计要耗费大量的时间和

精力,且由于评价指标和权重的设计专业性很强,因此通常需要专家的协助。另外,如果对评价指标的解释不一致,会出现主观误差。

量表法就是将评价指标的四个要素(指标的名称、定义、标志和标度)设计成表格以用于评价的一种方法,而不同种类的量表法之间的区别就反映在所使用的评价标尺的类型上。

人们可以将评价标尺分为量词式的评价标尺、等级式的评价标尺、数量式的评价标尺(数量式的评价标尺又分为连续型和离散型两种)和定义式的评价标尺。

一、图尺度量表法

图尺度量表法(Graphic Rating Scale,GRS)是最简单的评价技术之一,它在图尺度的基础上使用了非定义式的评价。表4-7是典型的图尺度量表法样表,该表列举了一些评价要素,规定了从s(非常优秀)到d(差或不令人满意)的等级标志,对每个等级标志都进行说明并规定了不同的得分。另外,不同的评价指标被赋予了不同的权重。评价者在熟悉评价量表及各个评价要素的含义后,根据标准结合下属的日常表现给出每个评价要素的得分,另外图表中还有空白供评价者填写评价结果和一般说明。

表4-7 图尺度量表法样表

评价要素	评价标尺	权重	得分	事实依据及评语
专业知识:经验以及工作中的信息知识	30 24 18 12 6 s　a√　b　c　d	30%	a	略
计划能力:对完成工作的有效设计	15 12 9 6 3 s　a　b√　c　d	15%	b	略
沟通能力:以书面和口头方式清晰、明确地表达思想、观念或者事实的能力	10 8 6 4 2 s　a√　b　c　d	10%	a	略
……	……	……	……	
s:极优 a:优 b:良 c:中 d:差	最终得分:62分 最终档次:s a b√ c d	档次划分	s:80分以上 a:65～79分 b:49～64分 c:33～48分 d:16～32分	

二、等级择一法

等级择一法的原理与图尺度量表法完全相同,只是在规定评价标尺时没有使用图示,而是采用了一些有等级含义的词语。表4-8是较为简单的例子。

表 4-8 等级择一法

评价指标	评价标尺				
	优秀	良好	满意	尚可	不满意
判断能力	5	4	3	2	1
沟通能力	5	4	3	2	1
判断能力	5	4	3	2	1
管理技能	5	4	3	2	1
工作质量	5	4	3	2	1

1. 非定义式的评价标尺的优点

尽管评价的方法有数百种,但是像图尺度量表法和等级择一法这类非定义式的评价标尺方法仍然是许多组织使用的最主要方法,其中主要原因是:

(1) 非定义式评价标尺方法使用方便、开发容易、成本较低。由于评价指标的名称、定义和标尺具有普遍性,因此这类方法适用于组织中几乎全部的职位,应用时只需要根据职位的不同进行一定程度的调整。在确定适合本组织情况的某个指标库之后,为各个职位设计此类评价量表就十分方便了。

(2) 非定义式评价标尺评价方法便于在员工之间进行横向比较。

2. 非定义式的评价标尺的缺点

(1) 由于抽象的评价标尺与组织的战略目标缺乏联系,这两种量表无法对组织成员的行为起直接的指导作用。图尺度量表法和等级择一法不能清楚地指导成员必须做什么才能达到某个确定的评分等级,组织成员无法通过这两种方式了解如何才能支持组织目标和改善个人绩效。例如,某人计划能力上的绩效等级为最低等,他不能仅仅通过这两种方法知道如何对自己的计划能力加以改进。

(2) 图尺度量表法和等级择一法也不能为具体的、易于接受的绩效反馈提供足够的信息。当负面的反馈集中在模糊的个人特征上时,往往会令员工难以接受。例如,如果评价者告诉某人他的服务态度差,他很可能会不服气。如果能够用具体的行为给出反馈,则会收到更好的效果。例如,告诉某人他上个月有四名客户对他的服务态度进行了投诉,这时他会比较容易接受评价的结果。因此这两种方法可以结合对关键事件的描述,从而帮助员工从评价结果中找到明确的指导,并对评价结果做出一定的解释。

(3) 由于使用的是抽象的等级概念,即模糊的绩效标准,这两种评价方法的信度和效度较差。例如,两名评价者可能会用非常不同的方式解释"有效"的含义,因而可能会对同样的绩效表现做出截然不同的评价。这种不明确规定标度的评价指标容易导致各种评价误差。因此,有人认为这两种评价方法都基于主观的判断,因而存在很大的问题。

三、行为锚定量表法

行为锚定量表法(Behaviorally Anchored Rating Scale,BARS)是由美国学者帕特里

夏·凯恩·史密斯和洛恩·肯德尔于1963年在美国全国护士联合会的资助下提出的。它由传统的绩效评定表(图尺度量表法或者等级择一法等)演变而来,是图尺度量表法与关键事件法的结合,是行为导向型量表法的最典型代表,关键事件法将在绩效信息收集部分进行详细介绍。在这种评价方法中,每一水平的绩效均用某一标准行为来加以界定,在一定程度上克服了其他评价方法的弱点。

1. 行为锚定量表法的实施步骤

(1) 寻找关键事件。让一组对工作内容较为了解的人(被评价者本人或其直接上级)找出一些代表各个等级绩效水平的关键事件,并进行描述。

(2) 初步定义评价指标。再由这些人将获取的关键事件合并为几个(通常是5~10个)评价指标,并给出指标的定义。

(3) 重新分配关键事件,确定相应的评价指标。让另外一组同样熟悉工作内容的人对关键事件进行重新排列,将这些关键事件分别归入他们认为合适的绩效要素。如果第二组中一定比例的人(通常是50%~80%)针对某关键事件归入的评价要素与前一组相同,就能够确认这一关键事件应归入的评价要素。

(4) 确定各关键事件的评价等级。后一组的人评定各关键事件的等级(一般是7点或者9点尺度,可能是连续尺度的,也可能是非连续尺度的),这样可以确定每个评价要素的"锚定物"。

(5) 建立最终的行为锚定评价体系。表4-9是运用行为锚定法评价员工绩效的例子。

表4-9 行为锚定法:价值观—协作

评价指标:价值观—协作		
指标定义:积极配合、乐于分享、沟通协调、协同奋进		
评价等级	描述	示例
1	在协作性任务中,积极配合、主动沟通,按时完成本职工作任务	无具体事例
2	积极主动分享知识、经验;发挥自己的优势,主动给予同事必要的指导和帮助	(1) 减税降费的时候,纪检组某干部在纪检组的群里发一些减税降费知识大礼包。 (2) 纪检组的某干部不是很擅长写报告、稿件,股室内的王科员比较擅长,会主动提供帮助和指导。
3	推动部门/团队有效协作完成任务	征收管理股操作系统切换的时候,工作繁重,每天工作到很晚,征收管理股副股长发动股室成员,给他们合理分工,激励股室干部投入工作,提高了整个股室的工作效率,有效推动了这项工作的完成。 一分局周副分局长是计算机专业毕业的,做代扣代缴工作时,周副分局长会发挥自己的特长,开发了一个代扣代缴的软件,帮助同事减少工作量,提高工作效率,推动部门的工作进展。

(续表)

评价等级	描述	示例
4	在跨部门/股室协作性任务中发挥推动作用,协调好各方关系,并取得相应成效	(1) 征收管理股牵头联合了几个部门、分局一起把房产查封工作从头做到尾,包括所有的文书、流程的跟踪,具体到去企业查封房产,几个部门和分局联合一起,形成了一套规范的模板、可以给后续工作进行参考,提高团队整体工作效率。 (2) 某风险应对案件涉及的企业位于青阳,其分公司位于周庄,在该案件的处理过程中,青阳、周庄两分局的案件经办人协同配合,推动了案件圆满解决。
5	在跨区域/组织协同工作中发挥推动作用,更好地协调各方关系,并取得相应成效	(1) 徐霞客分局长在推广"网格化管理"时,做好乡镇政府等各个组织的协调工作。 (2) 法制股追缴个人所得税案件中,因个人所得税款被常州新北法院冻结,最初协调江阴法院和常州新北法院对接,但江阴法院没有处理类似案件的经历,不予配合。最后由法制股副科长带领法制股干部,协调常州新北法院,最终追回一笔89万多的个人所得税款。

2. 行为锚定量表法的优缺点

行为锚定量表法是量表法与关键事件评价法综合运用的产物。这方法与一般量表法最大的区别在于,它用特殊的行为锚定方式规定评价指标的尺度。为了进一步说明行为锚定量表法的特点,将它与图尺度量表法进行对比后可以看出,行为锚定量表法和图尺度量表法都要求评价者根据特征对评价对象打分,但是,行为锚定量表法使用的评价尺度与图尺度量表法不同。行为锚定量表法不是使用数目或一系列的形容词表示不同的绩效水平,而是使用反映不同绩效水平的具体工作行为例子锚定每一个评价指标的标志。与其他工作评价方法相比,行为锚定量表法要花费更多的时间,设计比较麻烦,适用的工作类型也有限(仅适用于不太复杂的工作)。但是,这种方法也有一些十分突出的优点。

(1) 评价指标之间的独立性较强。在设计过程中,设计人员将众多的关键事件归纳为5~8种评价指标,使得各绩效要素之间的相对独立性较强。例如,对于用关键事件界定的"服务态度"和"工作积极性",人们不易混淆这两种评价要素。

(2) 评价尺度更加精确。行为锚定量表法指出对工作最熟悉的人编制"锚定物"(即对应某个特定标志的关键事件),能够更加确切地找出最适合某个特定职位的评价尺度。评价尺度以工作分析为基础,依据客观行为,有利于评价者更加清楚地理解各个评价等级的含义,避免发生各类评价误差,能够比其他评价方法更准确地对工作绩效进行评价。

(3) 具有良好的反馈功能。行为锚定量表法能够将组织战略与组织所期望的行为有效地结合起来,有效地向成员提供指导和信息反馈,指出行为缺陷,有助于实现各类绩效管理目的。

(4) 适合为分配奖金提供依据。一方面,行为锚定量表法能够提供成员之间相互比较的评价结果,适用于为奖金分配提供依据;另一方面,员工参与程度高,决策依据的是客观事实,容易被员工接受。

行为锚定量表法是典型的行为导向型量表法。这种评价方法所使用的评价尺度是行为导向的,因而要求评价者对正在执行任务的个人进行评价,而不是针对预期的工作目标进行评价。这在实际操作中往往会给人们造成一定的困扰。人们会感到疑惑:是否只有这一种行为方式才能带来预期的绩效结果?这一点也是行为导向型量表法共同面对的问题。另外,行为锚定量表法的最大问题可能在于,评价者在尝试从量表中选择一种代表评价对象绩效水平的行为时,往往存在困难,因为有时一个人的行为表现可能出现在量表的两端。科学的设计过程有助于避免这种情况,但实践中难免会发生。

四、综合尺度量表法

所谓综合尺度量表法是将结果导向量表法与行为导向量表法相结合的一种评价方法,见表4-10。在该方法中,评价指标的标度规定采用了行为与结果相结合的方式。这种方式既能够有效地引导个人的行为,又能够对结果进行直接的控制。运用综合尺度量表法最大的困难在于设计与职位相关的指标标尺,使用这种评价方法需要较高的设计成本。

表4-10 综合尺度量表法

评价指标定义:财务报表及相关财务分析报告的及时性、准确性及合规性

等级	定义	评分
S	财务报表形式合规,信息披露真实全面,财务核算原则选择合适,财务基础数据分析维度科学先进,对全部关键数据进行了深入调查,透过财务数据发现运营问题,并针对相关问题提出运营改进建议,并定位至相关部门。	20
A	财务报表形式合规,信息披露真实全面,财务核算原则选择合适,财务基础数据分析维度科学先进,对全部关键数据进行了深入调查,透过财务数据发现运营问题。	16
B	财务报表形式合规,信息披露真实全面,财务核算原则选择合适,对基础财务数据进行了一定程度的分析,对某些关键数据进行了相关调查,透过财务数据发现运营问题。	12
C	财务报表形式合规,信息披露真实全面,财务核算原则选择合适,对基础财务数据进行了浅层次分析。	8
D	财务报表按时提报,形式符合国家法律法规要求,对相关财务信息披露不完全,某些会计核算原则设定有瑕疵,未对财务数据进行有效的比率计算及分析。	4
E	财务报表未按时提报/财务报表格式及内容未按照国家法律法规要求进行列示。	0

五、混合标准量表法

混合标准量表法(Mixed Standard Scales,MSS)又称混合标准尺度法,是由美国学者伯兰兹(Blanz)于1965年提出的。这种评价方法也属于行为导向型量表法。混合标准量表法的主要特征在于,所有评价指标的各级标度混在一起随机排列,而不是按照评价指标的一定顺序排列,因而对每一个行为锚定物都做出"高于""等于",或者"低于"的评价,而不是在一个指标中选择出某个水平作为最终的评价。

1. 混合标准量表法的步骤

在确定评价指标之后,分别对每一个维度内代表好、中、差绩效的标度用行为和结果描述相结合的方式加以阐明,最后在实际评价表格中将所有指标的三个标度混合在一起供评价者选择。表 4-11 是关于混合尺度量表法例子,为了更好地了解量表的内容,我们在表 4-11 的左侧给出了与描述相对应的评价指标,这是在正式表格中不用给出的。从表 4-12 我们可以看到赋分的标准以及计算最后得分的过程。

表 4-11 混合标准量表法(一)

被评价者的三个维度	绩效等级说明
主动性;智力;与他人的关系	高;中;低

说明:请在每一项陈述后面标明雇员的绩效是高于陈述水平(填"+")、相当于陈述水平(填"0")、低于陈述水平(填"-")。

主动性	1. 该雇员确实是个工作主动的人,一贯都是积极主动地做事,从来不需要上级督促	+
智力	2. 尽管这位雇员可能不是一个天才,但他确实比我认识的许多人都更聪明	+
与他人的关系	3. 这位雇员有与别人发生不必要冲突的倾向	0
主动性	4. 通常来说他工作还是很积极主动的,但有时候也需要上级来督促其完成工作	+
智力	5. 这位雇员在解决问题的速度方面比某些人慢一点,在学习新东西方面花费的时间也比别人更长,具有一般的智力水平	+
与他人的关系	6. 这位雇员与每一个人的关系都不错,即使在与别人意见相左的时候,也能够与他人友好相处	-
主动性	7. 这位雇员有坐等指挥的倾向	+
智力	8. 这位雇员非常聪明,学东西的速度非常快	0
与他人的关系	9. 这位雇员与大多数人相处得比较好。只是在少数情况下会与他人在工作上产生冲突,这些冲突很可能是要受到监督的	-

表 4-12 混合标准量表法(二)

赋分标准:

陈述			得分
高	中	低	
+	+	+	7
0	+	+	6
-	+	+	5
-	0	+	4
-	-	+	3
-	-	0	2
-	-	-	1

(续表)

根据上述评价等级确定分数的过程举例：

	陈述			得分	
	高	中	低		
主动性	+	+	+	7	
智力	0	+	+	6	
与他人的关系	−	−	0	2	

2. 混合标准量表法的优点

首先，混合标准量表法打散了各评价指标的各级标度。这种方式能够避免人们受到等级规定的影响而不能客观地根据标度的描述进行评价。在大多数评价方法中，评价者往往需要与评价尺度对应的等级打交道。以行为锚定量表法为例，评价者在评价的时候可以看到每个锚定物都对应特定的等级，这样容易产生宽大化倾向之类的主观误差。混合标准量表法则避免了这种情况的发生。

其次，混合标准量表法采用了特殊的评分方式。在合理设计标度的前提下，人们可以通过判定评价结果中是否有自相矛盾的情况来判断评价者是否认真地进行了评价。

六、行为观察量表法

行为观察量表法（Behavioral Observation Scale，BOS）也称行为评价法、行为观察法、行为观察量表评价法。行为观察量表法适用于对基层员工工作技能和工作表现的考察。行为观察量表法包含特定工作的成功绩效所需要的一系列合乎希望的行为。我们运用行为观察量表，不是要先确定员工工作表现处于哪一个水平，而是应该先确定员工某一个行为出现的频率，然后通过给某种行为出现的频率赋值，从而计算出得分。表 4-13 是关于行为观察量表法的例子。如下表所示，量表被分为从"几乎没有"到"几乎总是"五个等级。通过将评价对象在每一种行为上的得分相加，得到各个评价项目的得分，最后根据各个项目的权重得出评价对象的总得分。

表 4-13 行为观察量表

评价项目：工作的可靠性
1. 有效地管理工作时间。
几乎没有　　1　2　3　4　5　　几乎总是
2. 能够及时地符合项目截至期限要求。
几乎没有　　1　2　3　4　5　　几乎总是
3. 必要时帮助其下属工作，以符合项目期限要求。
几乎没有　　1　2　3　4　5　　几乎总是

(续表)

4. 必要时愿意推迟下班时间和周末加班工作。							
几乎没有	1	2	3	4	5		几乎总是
5. 预测并试图解决可能阻碍项目按期完成的问题。							
几乎没有	1	2	3	4	5		几乎没有
总分=							
5~13分,很差;14~16分,差;17~19分,一般;20~22分,好;23~25分,很好。							

1. 行为观察量表法的优点

（1）有助于员工对考评工具的理解和使用。它是基于系统的工作分析，从员工对员工所做的系统的工作分析中设计开发出来的，因此，有助于员工对考评工具的理解和使用。

（2）行为观察量表法有助于产生清晰明确的反馈。因为它鼓励主管人员和下属之间就下属的优缺点进行有意义的讨论。因此，避免了一般化。

（3）从考评工具区分成功与不成功的员工行为的角度来看，行为观察量表法具有内容效度。考评者必须对员工做出具体而全面的评价，而不只是强调考核他们所能回忆起来的内容。

（4）行为观察量表法的关键行为和等级标准一目了然。由于行为观察量表法明确说明了对给定工作岗位上的员工的行为要求，因此其本身可以单独作为职位说明书或职位说明书的补充。

（5）它允许员工参与工作职责的确定，从而加强员工的认同感和理解力。

（6）行为观察量表法的信度和效度较高。

2. 行为观察量表法的局限性

（1）有时不切实际。

（2）行为观察量表法需要花费更多的时间和成本。因为每一工作都需要一种单独的工具（不同的工作要求就会产生不同的工作行为），除非一项工作有许多任职者，否则为该工作开发一个行为观察量表将不会有成本效率。

（3）行为观察量表法过分强调行为表现，这可能忽略了许多工作真正的考核要素，特别是对管理工作来说应更注重实际的产出结果，而不是所采取的行为。

（4）在组织日益趋向扁平化的今天，让管理者来观察在职人员的工作表现，这似乎不太可能，但却是行为观察量表法所必须要做的。

七、行为对照量表法

行为对照表法亦称普洛夫斯特法，是由美国圣保罗人事局的普洛夫斯特在1920年创立的一种评价方法。在运用这种方法时，评价者要根据相关部门提供的描述行为量表，将其实际工作行为与表中的描述进行对照，找出准确描述评价对象行为的陈述（即评价者只需做出符合或不符合的二选一决定),评价者选定的项目不论多少都不会影响评价的结果。这种方法能够在很大程度上避免因评价者对评价指标的不同理解而出现的评价偏差。

制作行为对照表是一项十分繁杂的工作。由于行为对照表中列举的内容与评价对象的工作内容密切相关,因此必须由熟悉评价对象工作内容的人逐项进行核定。表4-14是一个简化的例子。

表4-14 行为对照表法

评价	评价项目	项目计分(不公开)
☑	懒惰	−2
☐	对自己的工作十分熟练	1
☐	行为迟钝	−1/−2
☑	值得信赖	1
☐	语言粗鲁	−1/−2
☐	声音态度十分明朗	1
☑	人际关系良好	1
……	……	……

在这个例子中,左边的"评价"栏中打钩的项目表示评价者认为评价对象的行为与项目描述一致。右边的"项目计分"栏在实际的评价表中是不公开的。这是为了避免评价者由于了解评价项目的加分或减分情况而影响判断。

行为对照表法的优点在于评价方法简单,执行成本很低,只需对项目和事实进行一一核实,且可以回避评价者不清楚的情况,不容易发生晕轮效应等评价者误差。此外,评价标准与工作内容高度相关,有利于进行行为引导;可以进行个人之间的横向比较,为发放奖金提供可靠的依据。

行为对照表法存在以下缺点,影响了该方法的普及:

(1) 评价因素/项目所列举的都是日常工作中的具体行为。不论如何,这种列举都不可能涵盖工作中的所有行为。

(2) 设计难度大,成本高。在拟定各个项目、确定排列方式和各项目的分数比重时,需要高度的专业知识,必须借助专家的力量才能完成。

(3) 评价者由于无法对最终结果做出预测,可能会降低评价意愿。

(4) 能够发现一般性问题,但无法对今后个人工作绩效的改进提供具体、明确的指导,因此不是特别适合用来提供建议、反馈、指导。

总之,行为对照表法能够通过简单易行的评价过程防止评价者的主观与草率。但是,如果不能科学地进行设计并谨慎地控制评价过程,很可能会导致不良的后果,在使用中须多留意。

第四节 描述法

描述法(Essay Method)作为各类评价方法的必要补充,被视为另一类特殊的评价方法。描述法在设计和使用上比较容易,实用性很强,适合对任何人的单独评价。但是,描述法没有统一的标准,难以对多个评价对象进行客观、公正的比较,而且与评价者的文字写作水平关系较大,因而比较适合发展性评价。

根据所记录事实的不同内容,描述法可以分为态度记录法、工作业绩记录法、指导记录法和关键事件法。

一、态度记录法

所谓态度记录法,就是由评价者通过对评价对象日常工作情况的观察,将其在工作中表现出来的工作态度记录下来的评价方法,见表4-15。在记录过程中,记录者应该注意,不仅要将评价对象在评价态度方面表现出来的优点和长处记录下来,同时要有针对性地将评价对象的不足之处记录下来。这样的记录能够更好地运用于对评价对象绩效的指导。

表4-15 工作态度观察记录卡

项目	具体事实	
	长处	短处
服务意识		
责任意识		
自我开发意识		
…		

在运用态度记录法时,还可以让记录者记录对评价对象的一些综合性评语和指导意见。在记录表中还可以添加一栏,用于评价对象在评价结束之后表明自己是否认可所记录的内容。我们可以采用如表4-16所示的表格形式。

表4-16 态度记录法的补充

指导意见	
评价对象意见栏	你是否同意上述记录对你的评价?为什么?
	若无其他意见,请在相应的位置签字表示认可。 被评价人: 日期:

二、工作业绩记录法

工作业绩记录法要求评价者填写工作业绩记录卡,观察并记录评价对象在工作过程中的各种事实,分阶段记录所达到的工作业绩。另外,还可以用该表记录该人在遵守某些规章制度方面的表现。见表4-17

表4-17　工作业绩记录卡

任务内容	进度	结果
任务一:…	1月: 2月:…	
任务二:…		
…		
缺勤记录		
迟到或早退情况		

三、指导记录法

指导记录法要求上级将其对下属的日常指导记录下来。这种方法用于发展性评价。指导记录法可以与各种评价方法结合使用。表4-18给出了一个样表。

表4-18　指导记录表

时间	地点	相关事实	指导意见	改进目标

四、关键事件法

关键事件法是由美国学者弗拉纳根(Flanagan)和巴拉斯(Baras)创立的。所谓关键事件(Critical Incidents)是指会对部门的整体工作绩效产生积极或消极重大影响的事件。关键事件一般分为有效行为和无效行为。关键事件法要求评价者通过平时观察,及时记录评价对象的各种有效行为和无效行为,是一种最常见的典型描述法。美国通用汽车公司1955年运用这种方法后获得了成功。通用汽车公司一位一线领班对他的下属杰克的工作协作性的记录如下:

其一,有效行为。

虽然今天没轮到杰克加班,但他还是主动留下加班到深夜,协助其他同事完成了一份计划书,使公司在第二天顺利地与客户签订了合同。

其二,无效行为。

总经理今天来视察,杰克为了表现自己,当众指出了约翰和查理的错误,导致同事之间的关系紧张。

关键事件法的优势突出体现在绩效反馈环节中。评价者根据所记录的事实及各类评价标准进行评价,最后把评价结果反馈给评价对象。由于关键事件法是以事实而不是抽象的行为特征为依据,评价者可以依据所记录的事实对评价对象说:某某先生,在"协作性"上,我给你的评价等级较低,这是因为在过去的3个月中,你对同事或上级表现出不协作态度至少有3次。这名员工如果觉得事出有因,或误解了上司的意图,或有其他理由为其"不协作"辩解,可能会与上级协商和沟通之后达成共识。

(一)关键事件法的优点

关键事件法能够帮助评价者实事求是地进行评价,不会挫伤评价对象的积极性。因为对评价对象来说,低评价针对的不是其人格,而是其工作行为,而且是可以明确指出的特定行为,所以比较容易得到评价对象的认同。更重要的是,通过使用关键事件法,评价者在绩效反馈时能够更清晰地告诉评价对象,要想在下一期获得高评价应该如何行动。总结以上内容,关键事件法的优点有:

(1)能够将组织战略和它所期望的行为结合起来。
(2)能够向评价对象提供指导和信息反馈,提供改进依据。
(3)设计成本很低。大多以工作分析为基础,所衡量的行为有效。
(4)参与性强,容易被接受。

(二)单纯使用关键事件法的局限性

需要着重指出的是,关键事件法往往是对其他评价方法,特别是各种量表法的补充。关键事件法在认定下属的良好表现和不良表现方面十分有效,而且有利于制定改善不良绩效的规划。但是,如果单纯运用关键事件法,会产生以下问题:

(1)对于比较复杂的工作,要记录评价期间所有的关键事件是不现实的。关键事件法适用于行为要求比较稳定、不太复杂的工作。
(2)运用关键事件法无法在员工之间进行横向比较,无法为员工的奖金分配提供依据。
(3)记录关键事件是一件非常烦琐的事,需要大量时间。尤其是当一名基层主管要对许多员工进行评价时,会耗费很多的时间。因此,关键事件法的应用成本很高。
(4)容易造成上级对下级的过分监视,导致关系紧张。
(5)评价报告是非结构化的,容易发生评价误差。

从上述几种方法的介绍中可以看出,描述法的核心作用是在绩效评价和绩效反馈环节提供充分的事实依据。因此,使用描述法的关键就是以客观、公允的态度,及时准确记录各类事实情况。通常情况下,我们不主张单独使用描述法,但在现实和绩效管理系统中,描述法往往作为手段之一与其他各类评价方法结合使用,起到了非常重要的作用。

第五节 绩效评价工具设计

绩效评价方法最终会体现在绩效评价表格工具中,作为评价者对员工绩效评价的载体,绩效评价表格工具设计的合理与否对绩效评价这一阶段来说至关重要。

绩效评价工具通常由绩效评价表格和操作性说明两方面构成。

一、绩效评价表格的构成要素

绩效评价表格兼备了信息收集与绩效评价的功能,表格中一般包括四大类信息:一是基本信息,例如,员工的姓名、所在岗位等;二是绩效目标、标准等内容;三是员工的绩效信息,以及对目标达成程度的评价。四是员工的绩效开发相关内容,具体来说一份绩效评价表格具体应该包括以下内容。

1. 员工的基本信息

绩效评价表格应包含员工的基本信息,比如职位名称、所属处室、部门等基本信息以及其薪酬等级或者薪酬级别。此外还应该包含绩效信息收集的日期,员工进入组织的日期、任职当前职位的日期、进行当前绩效评价的原因、预计的下一次评价日期等。

2. 职责、目标和标准

如果在衡量绩效时采取了用员工的工作结果来衡量绩效的方法,则绩效评价表格的这部分内容就会包括在上级管理人员和员工之间达成共识的每一项职责和目标的描述,以及员工需要在多大程度上达成这些目标。在很多情况下,还要根据目标的重要性给不同的目标赋予不同的权重,以便计算绩效总分。最后,在这部分内容中还应当包括描述员工会在什么样的环境下达成绩效,这有助于解释员工为什么达到(或者没达到)了事先描述的绩效水平。只有这样管理者才能在进行绩效反馈时,清楚地解释员工是在什么样的环境下(比如经济不景气、引进了新的产品生产线)达成(未达成)自己的绩效的。

3. 胜任能力、价值观等及其行为指标

如果在衡量绩效时采取了用员工的工作行为来衡量绩效的方法,则绩效评价工具的这部分内容就会包括需要评价的各种胜任能力、价值观,或者态度等的定义以及能够反映以上内容的各种行为指标。

4. 目标达成程度及评分

不论是采用工作结果或者是工作行为来衡量绩效,评价者都需要对双方沟通好的绩效目标进行评价,衡量员工在绩效计划中所设置的绩效目标达成程度如何,或者是员工的行为表现如何,进而才能够获得此员工在这一绩效周期内的总体评价。

5. 个人开发目标的达成程度

绩效评价的这部分表格包括的信息反映了被评价者在整个绩效评价周期内,在多大

程度上达成了个人开发目标。这部分内容既可以包括对行为的总结,比如参加各种研讨会的情况以及参加过的培训等,也可以包括对结果的总结,比如学会了某种新技能,它可以用学习后获得的证书来证明。有些组织会选择在绩效评价表格中包含个人开发成果这样一部分内容,也有一些组织选择将这部分内容制作成独立的表格。

6. 员工未来开发的需要、计划及目标

这部分表格是未来导向型的,其中包含了员工按照某个具体时间表达成某些特定目标方面的信息。如前所述,有些组织选择创建一份独立的个人开发表格,而不是将这些信息纳入绩效评价工具。

7. 签字

大部分绩效信息评价工具的最后一部分内容都是被评价员工、评价者以及评价者的上级领导签名确认,以表示对表格内容的认可。人力资源管理部门也可能需要签字,以表明认可表格中的信息内容。

二、绩效评价表格的设计原则

尽管我们清楚了绩效评价表格的构成要素,在这个世界上并不存在一个完全正确的表格。例如,在某些情况下,一个绩效评价表格可能会强调行为而忽略结果;在另一些情况下,这个表格可能更加重视员工的个人开发,而弱化甚至完全忽略员工的行为和结果。在这种情况下,绩效评价表格就可能仅用于能力开发目的,而不用于管理目的。总之,不会有一个放之四海而皆准的绩效评价表格,根据绩效评价目的的不同,表格的组成部分也会有所不同。虽然不同绩效评价表格的格式和组成部分可能差异较大,但是设计表格仍然需要遵循一些原则:

1. 简洁性

绩效评价工具必须容易理解、管理、快速完成,清晰且简洁。首先,如果表格太长、太令人费解、过于复杂,可能会增加评价者不认真填写的风险;其次,通常来说组织会对评价表格中收集的信息进行统计分析,如果评价表格过于复杂,会增加组织绩效管理的成本。

2. 相关性

好的绩效评价表格包括的都是与工作任务和职责直接相关的内容。设计表格的目的是收集被评价者工作表现对应的信息,但并非员工所有的工作内容都需要被评价。组织通常需要紧抓重点,在绩效评价中体现出员工的主要责任,否则它们会被视为一种管理负担,而不是一种绩效改进工具。

3. 描述性

好的绩效评价表格要求评价者做到不管员工的绩效等级如何,都要提供相关的绩效证据。表格中的描述应当足够清晰,从而使外部的第三方(例如,评价者的上级或人力资源管理部门)也能够清楚地理解绩效评价表格中传递的绩效信息。

4. 适应性

好的绩效评价表格允许不同职能和不同部门的管理人员根据本领域的特殊需要和情

况对其进行改编,这种特征会使表格得到广泛地使用。尤其是在大型组织中,为了降低绩效管理的成本,同一部门或者是同一层级员工的绩效评价表格经过简单的修改之后,可以适用于其他部门或者团队。适应性较强的表格意味着对于评价结果的整理与分析能够统一进行,而不需要组织开发不同的统计分析方法。

5. 全面性

好的绩效评价表格应当包含在整个绩效评价周期内与特定职位有关的所有主要绩效领域,不遗漏关键的绩效领域意味着组织能够认可员工的主要贡献,提高员工对绩效管理的公平性感知。需要注意的是,全面性与相关性之间是相互制约的,并不是把员工所有的工作内容都列举出来就是对的,还需要考虑这种工作是否与员工的最终贡献直接相关。

6. 定义清晰性

好的绩效评价表格应当做到的是:对所有需要就相同内容做出评价的评价者来说,关于行为与结果的描述都是清晰的。这么做能够减少因为评价者对评价标准的不同理解所造成的误差,强化了不同评价者以及组织的不同层级之间的评价标准的一致性。

7. 未来导向

好的绩效评价表格有助于阐明组织的绩效期望。尽管组织会将绩效评价的结果用于管理目的,但是从长远考虑,绩效评价是为了让员工认识到现在和过去的不足,从而有针对性制定未来的发展计划并采取行动。因此,绩效评价表格它不仅需要关注过去,同时也要关注未来。

8. 沟通性

绩效评价表格中每部分内容的含义都要完整、准确地传达给所有参与绩效评价过程的人。具有这种特征的表格有助于使绩效评价者和被评价者都能接受这一体系,并且鼓励他们积极参与这一过程。

三、绩效评价工具示例

表4-19是一家连锁生鲜食品店在对销售经理的绩效进行评价时使用的一份表格,首先这张绩效评价表格包含了员工的基本信息、评价时间,以及指标、目标、标准等基本内容;其次这张表格给出了这位销售经理在两种胜任能力及两种关键结果上获得的评价分数,可以看出在此表对行为类绩效指标进行评价时采用了综合尺度量表法,对结果类绩效指标进行评价时采用了比率法;最后还包含了员工绩效开发计划的完成程度以及下一阶段的工作目标等,这份表格是在组织中较为常见的绩效表格。

表4-19 绩效评价表格示例

一家连锁生鲜食品店使用的绩效评价表格

绩效评价表格

  本表供生鲜食品店店长、副店长以及经理人员使用。

姓名:张明   绩效评价周期:2019年

职位:销售经理   商店:

评价者:周震   评价日期:2020年1月15日

  胜任能力:请对销售经理下述两个方面的胜任能力进行评价。首先确定每个人在每种胜任能力上的得分,然后再乘以各自的权重,从而得出胜任能力的总得分。

			上半年	下半年	权重	上半年得分	下半年得分
善始善终/可靠性 得分:			4	3	0.7	2.8	2.1
4 能够在没有监督的情况下正确而及时地完成工作,非常富有组织性。	3 常常能够在较少的监督下正确、及时地完成工作任务,很有组织性。	2 能够完成上级安排的工作,但需要有正常的监督才能达到结果,有组织性。	1 所做的工作很少让人放心,常常不能正确地完成工作任务,没有组织性。				
评语:							
决策能力/创造性解决问题的能力 得分			3	2	0.3	0.9	0.6
4 在预见、发现以及解决问题方面具有超常的技能,会一直坚持到问题得到解决,富有极强的创造性,非常敢于承担风险。	3 能够很好地界定和解决问题,通常能够找到有效的解决方案,决策也比较合理,具有一定创造性,能够承担中度以上的风险。	2 当大多数问题出现时能够意识到问题的存在并努力去解决,常常是将一些基本问题解决之后就停止了,很少有创新,有时会承担风险。	1 在找到问题和做出决策方面存在困难,总是需要得到指导,从来没有创新,也不承担风险。				
评语:							
					胜任能力的总得分:	3.7	2.7

(续表)

关键结果:请对销售经理在实现预定销售业绩方面的情况进行评价。

关键结果之一:完成预定销售额

	计划金额	实际完成金额	完成计划的百分比得分 (1~4分)	权重 0.6	
上半年目标	7.8万	7.7万	2		
下半年目标	8万	8.3万	3	得分	
1分:低于97%;2分:98%~102%;3分:103%~107%;4分:108%及以上				1.2	1.8
评语:					

关键结果之二:盈亏平衡状况(收益/损失)

	计划金额	实际完成金额	完成计划的百分比得分	权重 0.4	
上半年目标	3万	2.9万	1		
下半年目标	3.1万	3.4万	4	得分	
1分:低于97%;2分:98%~102%;3分:103%~107%;4分:108%及以上				0.4	1.6
评语:					

				关键结果的总得分:	1.6	3.4
	上半年胜任能力分数	下半年胜任能力分数	上半年关键结果分数	下半年关键结果分数	小计 (计算方法:四项得分相加,再取平均值)	
最终得分	3.7	2.7	1.6	3.4	11.4/4=2.85	
等级设置	优秀	完全称职	平均	不令人满意	最终等级	
分值区间	3.6~4.0	2.6~3.5	1.6~2.5	1~1.5	完全称职	

员工的优势领域:

员工需要开发的领域:

与工作职责和开发领域相关的下一阶段的工作目标:

员工签字: 日期:

部门主管签字: 日期:

四、绩效评价表格的操作性说明

绩效评价工具除评价表格外，还应当包括具体使用时的操作性说明。其内容应当包括绩效评价表格的使用周期、绩效评价信息来源和适用的评价对象。

（一）绩效评价的周期

绩效评价周期指的是多长时间开展一次绩效评价，也就是在绩效评价表格中包括的时间段应该是多长。不同的评价周期适用的评价表格通常是不同的，评价周期和具体的评价时间需要在绩效评价表格之外时加以明确说明。

根据时间间隔划分，绩效评价周期有年度绩效评价、半年绩效评价、季度绩效评价和月度绩效评价。设计并实施绩效管理体系的组织通常会每年进行一次绩效评价。但是，如果仅仅是每年进行一次正式绩效评价，就可能无法为管理人员及其下属提供充分的机会，从而无法使他们在一种正式的场合下讨论绩效问题。因此，在年度绩效评价之外，许多组织会选择每半年、每个季度甚至每个月做一次正式的绩效评价。

如果在一个组织的绩效评价系统中包含半年评价，则一次绩效评价是在年中时完成的，另一次绩效评价是在财政年度结束时进行的。采取这种做法的好处是，使所有员工的绩效评价表格都在同一时间里完成，这为在不同员工之间进行绩效比较以及报酬分配提供了便利。根据财政年度周期进行绩效评价的另一个好处是，个人的目标设定可以更容易地与公司的目标设定联系起来，因为大部分公司都会将它们的经营目标与财政年度联系在一起。因此，根据财政年度来进行绩效评价的做法有助于将员工的工作活动和工作目标与他们所在部门和组织的工作活动和工作目标保持一致。

需要注意的是，绩效评价频次给管理者带来的工作负担。对于那些需要在季度、月度，甚至更短时间内对员工开展绩效评价的管理者而言，绩效评价会不会给他们增加额外的工作负担呢？如果没有绩效管理的理念和系统完善的绩效评价系统，这很可能会成为一个重要的问题。如果上级管理者和员工之间在全年当中都保持关于绩效问题的持续沟通，管理者在填写绩效评价表格时就不会遇到意外的情况，同时，对于管理者来说，填写绩效评价表格的工作也不应该有太大的时间压力。

（二）明确绩效信息来源

确定了应当要收集什么样的绩效信息仅仅是第一步，我们还需要明确这些信息从哪里来，通过哪些渠道能够获取这些信息。信息收集对于绩效管理来说，是非常重要的一个环节，信息的来源和获取途径的多样性决定了信息的类型、形式及质量各有不同。绩效评价系统设计包括对绩效信息来源的确定。

1. 来自流程的绩效信息

来自流程的绩效信息反映了员工的行为结果，基本为定量指标。以某企业的销售部门的销售专员岗位为例，员工的销售回款率作为定量指标，能够反映员工执行公司的销售计划的实际情况，这样的指标在信息收集时不会受到评价人员和被评价人员的主观影响。

来自流程的绩效信息是通过组织的工作系统、公司台账等记录的信息客观计算的统计结果。因此，在企业已经明确了每个岗位需要将哪些流程中的信息作为绩效评价的依据时，应该首先确定这些绩效信息的来源。表4-20展示了某公司程序员的绩效信息来源。

表4-20 某公司IT工程师部分绩效指标及数据来源

序号	指标名称	指标定义	数据来源
1	软件系统更新升级及时性	一定周期内未及时更新升级软件系统的次数	软件部
2	软件系统正常运行率	（一定周期内系统正常运行的时间/总运行时间）×100%	软件部
3	系统安全事故次数	一定周期内发生的软件系统安全事故次数	软件部
4	网络订单处理率	（实际处理的网络订单数/客户提交的订单总数）×100%	网络管理部
5	网站差错率	（出错页面数量/页面总数）×100%	网络管理部
6	网站故障处理及时性	一定周期内未及时处理公司网站故障的次数	网络管理部
7	数据安全性	一定周期内发生数据泄露的次数	信息部
8	数据完整性	一定周期内发生数据丢失的次数	信息部
9	维护完成率	（实际维护次数/要求维护次数）×100%	信息部
10	……		

来自流程的绩效信息通常来自员工的业务系统并由管理部门统计和提供，企业的人力资源管理部门、员工所在的部门以及员工所在的项目组等都将能够提供评价员工所需要的客观绩效信息。以下三点内容有助于理解客观绩效信息的收集：

（1）无论是哪个管理部门提供员工的绩效信息，都应该理解客观绩效信息应该是员工行为结果的反映，它产生于员工的日常工作，通常表示员工的工作业绩的完成情况。因此，在搜集客观绩效信息时，通常不会考虑员工的个人特征或者员工是如何完成工作的。

（2）收集客观绩效信息更加方便有效，因为选择某项行为结果的定义和衡量方式更加简单。

（3）绩效评价不可能将员工所有的行为结果都考虑进去，因此企业在收集绩效信息的时候，通常只会收集员工在关键业务中的行为结果，也就是只会评价员工的关键业务指标是否达到要求。

随着信息系统在企业中的应用，企业已经进入到"无纸化"时代。以往传统的绩效管理需要通过纸质媒体进行绩效数据的传输和评价，不仅绩效数据收集困难，而且数据处理的过程复杂。随着管理信息系统逐渐被应用到企业的绩效管理领域当中，各种各样的绩效管理平台被开发出来，绩效管理信息系统能够解决绩效评价过程中的数据收集难、数据处理过程过于复杂以及绩效评价过程难于监控等问题。

客观绩效信息可以通过系统进行自动收集和汇总，并在企业内部广泛共享，从而形成了有效管理，能够节省绩效管理的大量时间。通过绩效信息系统设计，能够实现对绩效评价过程良好的控制与管理，能够发现绩效评价过程中存在的问题，从而为绩效体系的不断完善提供有效地支持。

2. 来自评价主体观察记录的绩效信息

在大部分组织中,直接上级作为员工管理的第一责任人通过对员工的观察,能够掌握员工的各项情况。因此,上级是组织中员工绩效信息的主要来源。除了员工的直接上级,还有其他的绩效信息的评价来源,包括同事、下级、员工本人以及客户,这些能够参与和影响绩效评价的人员被称为员工绩效评价的利益相关者。

绩效信息来源需要在绩效评价表格使用时做出详细说明。

(三)适用的评价对象

对于不同的人群,通常使用的评价工具有所不同。例如,高层管理者、中层管理者和基层员工通常绩效评价工具是不同的;对于销售类人员、研发类人员、职能类人员、生产类人员通常适用的评价表格也有所不同,因此,应当在绩效评价工具使用时应当加以明确说明。

关键词

相对评价　结果类绩效指标的评价方法　行为类绩效指标的评价方法　描述法　绩效评价工具

复习思考题

1. (判断)绩效评价工具的构成要素包括员工未来开发的需求、计划及目标。(　　)
2. (判断)绩效信息是做出绩效管理相关决策的基础。(　　)
3. (判断)在绩效信息收集工具的设计原则中,沟通性指的是绩效信息收集工具能够将要求、指标和标准完整准确地传达给相关人员。(　　)
4. (填空)关键事件包括_____行为和_____行为。
5. (填空)以_____为基础的绩效信息,其特点是相对客观,易于追踪测量。
6. (填空)绩效评价工具的内容都需要包含被评价员工、评价者以及评价者的上级领导的_____,以表明他们已经看过并讨论过工具中的相关内容。
7. (单选)确定员工某一个行为出现的频率,然后通过给某种行为出现的频率赋值,从而计算出得分指的是下列哪种绩效评价方法?(　　)
   A. 行为观察量表法　　　　　　B. 关键事件法
   C. 强制分配法　　　　　　　　D. 行为锚定法
8. (多选)绩效信息收集工具的构成要素包括以下哪些内容?(　　)
   A. 员工意见陈述　　　　　　　B. 胜任能力及其行为指标
   C. 职责、目标和标准　　　　　D. 员工的家庭联系方式

9. (多选)设计优秀的绩效评价工具的原则有(　　)。
   A. 简单性　　　B. 描述性　　　C. 适应性　　　D. 时间导向型
10. (简答)关键事件法在绩效管理中的作用体现在哪几个方面?
11. (简答)运用行为锚定法评价员工绩效的优点是什么?

案例分析

某企业老板正苦于挣钱少,在财务报表上做文章完毕,在无计可施下,便决定向管理要效益,其理解为向管理要效益就是将人要管好。恰好听闻在南山宾馆有一个绩效管理讲座,此位仁兄便欣喜若狂地上路了,在课堂上与老师深度切磋,数次打断老师的正常授课,令其他学员白眼翻来翻去。在老师的短暂的解释中,这位好学的仁兄似乎理解了不少,而且做了笔记,在满足中很惬意地离开了课堂,坐在宽大的办公室里,深思苦想了约40分钟,一拍大腿,于是一跃而起,打电话通知各部门主管5分钟内到达会议室开会。

3分钟后,这位仁兄到达了会议室,坐在高靠背的黑皮大椅里,他矮矮的身子整个都陷了进去,但洪亮的嗓音却是浑厚,明显底气很好,望着展开笔记本等待着记录最高指示的下属,很是开心,便开口道:"各位兄弟,咱们在一起共事都有七年了,一起在刀尖上走过,谢谢你们了,接下来,对不起啦,为了公司的后续发展,我决定要进行绩效管理,向管理要效益嘛,大家的工资要进行拆分,分为基本工资和绩效工资,每月进行5级评级。我这里有一张考核表(如下表),这是一个大学的教授设计的,很不错,很适合我们公司,我认为,接下来,大家一定要认真填表,先从公司的管理人员开始,然后再推广到全公司的员工,大家是否有意见?若有意见可以提出来,我们认真改,过了约一分钟,没人出声,便宣布散会。"

管理人员绩效评价表格

姓名:_____　　部门:_____　　岗位:_____　　评价日期:_____

评价因素	对评价期间工作成绩的评价要点				评价尺度				
					优	良	中	可	差
1. 工作业绩	评价项目	计划	实际完成	完成计划%					
	A. 总产值(万)				14	12	10	8	6
	B. 利润(万)				14	12	10	8	6
	C. 费用(万)				14	12	10	8	6
	D. 新增客户数				14	12	10	8	6

(续表)

评价因素	对评价期间工作成绩的评价要点	评价尺度				
		优	良	中	可	差
2. 业务活动	A. 正确理解工作指标和方针,制订适当的实施计划; B. 按照下属的能力和个性合理分配工作; C. 及时与有关部门进行必要的工作沟通; D. 在工作中始终保持团队精神,顺利推动工作。	14 14 14 14	12 12 12 12	10 10 10 10	8 8 8 8	6 6 6 6
3. 工作态度	A. 在人事关系方面下属没有不满或怨言; B. 善于放手让下属去工作,鼓励他们乐于协作的精神; C. 十分注意生产现场的安全卫生和整理整顿工作; D. 妥善处理工作中的失败和临时追加的工作任务。	14 14 14 14	12 12 12 12	10 10 10 10	8 8 8 8	6 6 6 6

经理签字:_____ 日期:_____年_____月_____日
总经理最终核准:_____
总经理签字:_____ 日期:_____年_____月_____日

就这样,这家公司的绩效管理在老板吹的号角中登台了,实施了两个月,有6名主要管理人员相继提出了离职,问什么原因,反正没人说。这时,该仁兄慌啦,搞绩效管理有错吗?为什么大家要走?原来好好的啊,在不安中,当初开会的自信早就飞得无影无踪了。

(1) 请结合案例,具体分析为什么这家公司的绩效管理会失败?

(2) 通过上面的这个表格,请结合绩效评价工具的构成要素具体分析这份绩效评价表格。

(3) 在设计绩效信息收集表格时,需要注意哪些原则?请根据这些设计原则分析该公司使用的这份绩效评价表格存在的缺陷。

【拓展阅读】

大数据与绩效管理

人力资源管理源于数据分析。20世纪初古典管理学家泰勒的计件(时)工资制研究,可以算作人力资源数据分析的先驱。1924年至1932年梅奥主持的霍桑实验,核心依然是数据的测量和分析。近一个世纪后的今天,各类数据、信息的迅速增长和各种技术、工具的爆破式繁荣,大数据时代的到来为人力资源管理的发展带来了新的契机。

1. 绩效管理中的大数据技术

大数据人力资源管理不同于传统的人力资源管理,尤其突出在信息的采集与分析方面。在数据采集方面,不再局限于人力资源部门掌握的人员基本信息和人力资源管理过程中产生的数据,而是转向组织在生产经营过程中累积的数据,还要关注大量来自外部社交媒体、招聘网站、劳动力市场、宏观经济统计数据等,因此具有广泛的数据接口和强大的数据采集能力,数据不仅"大"而且"厚",呈现泛互联网化特点。量化分析方面,不仅专注于数据的收集、存储和查询统计,而且运用数据挖掘算法、预测分析能力和可视化分析进一步发现数据的价值,做出综合研判。

目前,我国人力资源绩效评价的主观性强,决策者认识有误差;企业数据复合型人才缺乏,智能化程度低,管理者对数据的挖掘不够深入,绩效管理成果没有充分应用。因此,扩大数据收集来源,改进绩效评价方法,设计绩效评价指标体系及其标准来创新人力资源绩效管理迫在眉睫(黄新培,2015)。

基于大数据的绩效管理是大数据技术与绩效管理有效结合,利用大数据技术及大数据开放式平台对员工过程绩效与结果绩效进行详细跟踪记录,能够实时、动态掌握员工在工作期间的动向、工作时间、地点及任务完成情况,并要求员工将实时心态、问题等反馈到系统中,系统完成对员工行为数据进行统计、分析、反馈等。另外,系统对实时受到的各类数据,如图像、数字、文本等进行贮存,通过智能分析、综合各类信息,达到人机交互,从而深入挖掘数据信息,使其高度可视化,为管理决策提供依据(闫富美,2019)。

2. 基于大数据的绩效管理具备的特征

基于大数据的绩效管理的目标是使大数据能够服务于更加精确的绩效管理,提高绩效管理精确程度,从而提高绩效激励的针对性,提高员工工作动力,提高管理效益和效率。为了实现这一目标,除了绩效数据信息化和可反馈化,基于大数据的绩效管理还具有以下特征:

(1) 绩效数据开放化。基于大数据的绩效管理运用大数据技术,而现有大数据技术一般构架在开放平台上,因此能够更好地获取数据和共享数据,这样就更加容易实现绩效数据的开放化。绩效数据的开放化一方面是指绩效数据在平台上开放,能够将获得的数据集中起来以便综合分析。另一方面开放化也意味着集中在绩效数据管理平台上的数据,能够面向多用户,为各部口管理提供方便。这些数据能够向各个数据应用部门开放,做到数据透明,减少公司内部信息不对称;开放的数据能够使数据实时共享,减少数据的流通成本;数据开放化,数据面向员工、管理者,员工能够实时观察到自身绩效数据,并共享到其他员工的绩效数据,一方面能够起到自我检查监督的作用,另一方面,员工之间自行进行比较,及时找到差距,互相激励和学习,提高员工动力,提高数据透明度,便于使用人、维护人对其进行监管,提高数据的准确度。

(2) 绩效数据实时化和同步化。基于大数据的绩效管理在数据收集时,能够通过大数据技术对各个员工瞬间发生的动作、实时位置等进行记录。实时化的绩效数据能够保证绩效管理更加细化,对员工绩效起到更为准确、到位的监督和管理。基于大数据的绩效管理能够化绩效数据与个人信息同步,使绩效数据、行为数据等跟踪到个人,落实到时间、地点和事件。因此,对于基于大数据绩效管理来说,这些数据必须与个人信息是同步的。另外,基于大数据的绩效管理能够使绩效数据随时随地跟随员工移动,无论对员工如何派遣,其行为、结果都汇总在数据个人的专属文件夹中,不会产生资料不同步、换岗或者派遣资料不同步等问题。

(3) 绩效评价形象化、可视化。基于大数据的绩效管理能够使数据通过复杂的、综合的分析,找到相关联的数据和潜在相关关系,并通过人机交互,实现更为深入的绩效评价,从而呈现出更容易理解、更加容易应用的数据信息,甚至能够从海量数据中分析出行为绩效(过程绩效)与结果绩效的关系,不断找到提高绩效的关键节点,不断完善对绩效点的控制方法,提高工作效率。

(4)绩效管理精细化。基于大数据的绩效管理将对绩效数据统计得更加细致,通过分析比较员工行为及结果,对员工过程绩效的考察节点拆分得更加细致,不断将工作流程细分出详尽的关键工作节点或者关键动作,甚至可以借助科学管理思想,对关键节点和关键动作进行详细要求,通过大数据系统对这些节点和动作进行实时监督和控制,实时传输图像、声音、进度等各种信息,使绩效管理的颗粒度更细。另外,对于结果绩效,运用大数据技术能够使结果绩效统计得更加全面和精确,高效地完成多方面的数据的统计与核实,并能够利用大数据技术自行追踪和检错,提高绩效管理的精细化程度。

在大数据时代背景下,企业要有效利用大数据对企业人力资源绩效管理提供帮助,就必须建立适合本企业的计算机信息管理系统,培养计算机数据人才,并应用该系统服务企业绩效管理和控制,努力实现人才、计算机、系统三者的有效融合。

第五章　绩效计划

学习目标

1. 掌握绩效计划的管理属性、类型、内容、原则和作用；
2. 结合目标设定理论理解绩效目标制定的原理；
3. 掌握绩效目标制定的原则；
4. 了解绩效目标制定的注意事项；
5. 了解绩效计划制定的三个阶段，明确管理者在不同的阶段分别要做哪些准备。

导入案例

华为个人事业承诺（PBC）

华为技术有限公司（简称华为）是一家生产、销售通信设备的民营通信科技公司，于1987年正式注册成立，总部位于中国广东省深圳市龙岗区坂田华为基地。华为是全球领先的信息与通信技术（ICT）解决方案供应商，专注于ICT领域，坚持稳健经营、持续创新、开放合作，在电信运营商、企业、终端和云计算等领域构筑了端到端的解决方案优势，为运营商客户、企业客户和消费者提供有竞争力的ICT解决方案、产品和服务，并致力于实现未来信息社会、构建更美好的全连接世界。

华为能够取得如此巨大的成就，其内部的绩效管理是功不可没的。提及华为的绩效管理，就不得不提华为的PBC。PBC（Personal Business Commitment）中文名为个人业绩承诺或个人事业承诺，是由IBM发起的以战略和经营目标为基础而层层分解目标和工作的考核方式，其本质是一种围绕业务来进行的考核管理工具。华为在绩效管理的变革过程中就引进了PBC，在全集团范围内通过自上而下的将集团、部门的工作逐级分解到每一个员工的方式，由直线经理与员工确定PBC协议，以实现组织绩效和个人绩效的联结。

PBC的制定包括战略解码、目标分解和形成个人PBC三个步骤。首先公司根据愿景、使命来确定战略，通过对公司战略的层层分解，得到满足战略的关键指标及基本业务流程；然后运用平衡记分卡来解码财务、内部流程、学习与成长和客户四个维度的指标体系，对指标进行细化分解，形成KPI指标和部门工作重点；最终制定出个人PBC，包括结果目标承诺、执行措施承诺和团队合作承诺。在目标制定时，各事业部将下达的目标分解至部门、片区、办公室、科室,再通过与员工的沟通,将目标落实到具体岗位,使员工个人目标紧紧围绕组织目标。公司在制订绩效计划时,要严格依据 SMART 原则,即计划要具体、可衡量、可实现、与战略相关和有时间界限。PBC 形成的过程,就是传递华为期望和要求的过程,就是为了实现上下对齐,具体包括三个方面的对齐,即目标对齐、思路对齐和理念对齐。其具体来讲是指:要帮助下属聚焦正确的事情,使个人目标与组织目标一致;辅导下属将事情做正确,使其达到目标的思路与方式相贯通;激发下属主动设定有挑战性的目标。

第一节　绩效计划概述

一、绩效计划工作的管理属性

绩效计划(Performance Planning)是指当新的绩效周期开始的时候,管理者和下属共同确定组织、部门、个人的目标以及达成目标的行动方案的过程。

要深刻理解绩效计划工作的属性,我们首先需要了解管理的基本职能。管理者在组织中的基本职能可以概括为计划、组织、领导和控制,其中计划工作是管理的首要职能。有了预先的计划,主管人员才知道为此需要什么样的组织和合格的人选,按照什么方针来领导和指导下级,以及采取什么样的控制方法。计划工作对于管理工作的重要性,正如哈罗德.孔茨所言,"为了使在集体中工作的人们能够取得良好的工作成效,管理者最重要的任务就是让下属明确总目标和一定时期的目标以及实现目标的方法"。(哈罗德·孔茨等,1981.管理学:理论、科学和实务)

绩效计划工作突出体现了管理者行使计划职能的基本特点:

首先,绩效计划致力于实现总目标和一定时期的目标。在绩效计划阶段,就是要将组织的总体目标分解为组织、部门和个人层面的绩效目标,使每个员工的工作行为都能紧紧围绕既定目标展开,进而促进组织目标的实现。在不同的绩效周期,组织的总体目标可能发生变化,在这一过程中需要确保部门以及员工的绩效指标、目标与组织目标协调一致,确保组织目标的实现。如果出现与组织目标不一致的情况,在绩效计划阶段就要调整优化。通过明确绩效目标,使各级管理者注意力集中于绩效目标,避免迷失工作重点和方向。

其次,绩效计划领先于行动。实现目标的路径和方法通常不止一个,经过上下级充分的沟通和精心设计的行动方案,能够更好地指引行动,规避风险,实现目标。

第三,绩效计划工作是各层级管理者的基本工作职责。虽然绩效计划工作的特点和范围将随着各个主管人员职权的不同而不同,也会因为他们的上级为其制定的政策和计划的性质而有所不同,但绩效计划职能始终是各层级管理者必须行使的重要职能。

第四,绩效计划能够提高效率,促进合作。组织中的绩效目标构成了一个围绕总体目标的系统,每一个绩效计划及其派生计划都是旨在促进企业目的和各个目标的实现。这种以企业总体目标为核心的计划系统能够促进各部门、各岗位人员的合作,进而提高组织效率,降低因协调不善带来的内耗成本。

二、绩效计划的类型

明确绩效计划的分类是理解绩效计划概念外延的有效途径。根据不同的分类标准,我们可以将绩效计划分为不同的类型。根据绩效层次的差别,绩效计划可以被分为组织绩效计划、部门绩效计划、个人绩效计划;根据不同人员在组织内所处岗位层次的不同,绩效计划可以被分为高层管理者绩效计划、部门管理者或团队领导绩效计划、一般员工绩效计划;根据绩效周期的差别,绩效计划可以被分为任期绩效计划、年度绩效计划、半年绩效计划、季度绩效计划、月度绩效计划、周计划甚至日计划等。各类绩效计划并不是独立的,而是相互影响、相互渗透、相互融合的。绩效管理在实践中最普遍的分类方式仍然是组织绩效计划、部门绩效计划和个人绩效计划。

三、绩效计划的内容

制定绩效计划,主要包括明确绩效目标和衡量标准、关键任务分解、路径方法选择以及员工能力开发四个方面。

(一)明确绩效目标和衡量标准

绩效计划的主体内容是在充分沟通的基础上,管理者和下属确定在一个绩效周期内应该"做什么"的问题。"做什么"在绩效计划中具体体现为确定绩效目标、绩效指标和绩效评价标准。管理者应当首先传递组织的使命、愿景、战略和组织级目标;其次明确本部门的使命、愿景、战略和组织级目标,明确本部门在组织中的角色定位和价值创造;再次,应当充分沟通员工个人在组织中及本部门的角色定位,价值创造,在此基础上,对员工的绩效指标、目标、和标准进行讨论确认,确保组织战略目标能分解到部门和个人,最终实现组织战略目标在个人目标上的落地。

在绩效计划制定过程中,需要对每个绩效指标确定一个合适的绩效标准。绩效标准通常需要特别注意可行性,与整个绩效计划体系协调一致,并直接面向绩效管理各环节。某公司销售人员的绩效目标、绩效指标和绩效评价标准的示例如表5-1所示。

表5-1 某公司销售人员的绩效计划(示例)

绩效目标	绩效指标	类型	绩效评价标准
提高销售利润	年销售额	数量	年销售额达到80~100万
	税前利润百分比	数量	税前利润率控制在20%~22%
降低销售成本	实际成本与预算的变化	数量	实际费用与预算相差在4%以内
	⋯⋯	⋯⋯	⋯⋯

(二)关键任务分解

关键任务分解是对绩效目标的解构过程。每一项成果性绩效目标背后,都存在着数个动因性指标。例如,某销售人员的2022年度绩效目标是完成500万元销售额。销售额是成果性指标,500万元是绩效目标。上一年度该员工完成的销售额是300万元,那就意味着2022年绩效计划目标比上年度增加了200万元。如何完成500万元销售额?需要分解出一系列的动因性指标,例如,通过进一步挖掘老客户潜力,老客户销售额增加100万元;通过开发20个新客户,新客户销售额增加100万元。在这个案例中,挖掘老客户潜力和开发20个新客户,就属于关键任务分解。在绩效计划沟通中,不仅仅要明确绩效指标、目标和标准,作为上级主管人员,还应当与下属一起对绩效目标进行关键任务分解,进一步明确应该"做什么"的问题。

(三)路径方法选择

组织在制订绩效计划的过程中,确定了"做什么"之后,最重要的就是确定"如何做"的问题,即确定行动方案。在确定行动方案的过程中,组织应该着重关注行动方案是否能帮助管理者和下属都达到规定的绩效标准,并确保各类行动方案的配合和协同,从而达成组织的战略性目标。目前许多组织都在执行各种各样的行动方案,但不幸的是,很多组织的行动方案都与组织目前既定的战略目标关联不大,各种方案相互争夺有限的资源,消耗管理者和员工的时间和精力。因此,如何通过制订科学的绩效计划,实现行动方案与组织的绩效目标和指标无缝对接,让行动方案为达到绩效标准保驾护航,就成了具有高度创造性和挑战性的工作。管理者和下属充分探讨论证绩效目标实现的方法、路径选择,也是绩效计划的重要内容。

(四)员工能力开发

在绩效计划中包含员工能力开发计划。员工能力开发计划主要回答以下几个方面的问题:(1)我在下个年度怎样才能继续学习和成长?(2)而我在未来怎样才能做得更好?(3)我该怎样避免曾经出现的绩效问题?员工能力计划的总体目标是鼓励持续学习,改善绩效,以及实现个人成长。

表5-2为绩效计划内容示例。

表5-2 某企业员工绩效计划表

姓名	部门	现任职位	主管姓名

第1部分 业务目标【说明】:部门负责人的季度业务目标应聚焦主业务【除包括部门级KPI及部门业务提升目标外,还可以包括该主管作为责任人承担的公司级重点工作。】

目标1	目标权重	完成标准及交付件/关键里程碑	实际完成情况	自评	主管评分

关键举措

(续表)

重点工作	权重	完成标准/交付件/关键里程碑			
目标2	权重	完成标准及交付件/关键里程碑	实际完成情况	自评分	主管评分

关键举措

重点工作	权重	完成标准/交付件/关键里程碑

第2部分　领导力提升

维度	指标定义	自评分	主管评分
计划能力			
协调能力			

本人确认签字：　　　　　　日期：　　　　　　　主管确认签字：　　　　　　日期：

三、绩效计划工作的原则

（一）战略性原则

企业在制订绩效计划体系时，必须坚持战略性原则，即要求在组织使命、核心价值观和愿景的指引下，依据战略目标和经营计划制订组织绩效计划，然后通过目标的分解和承接，制订出部门绩效计划和个人绩效计划。

1. 协同性原则

绩效计划体系是以绩效目标为纽带而形成的全面协同系统。其在纵向上，要求依据战略目标和经营计划制订的组织绩效目标、部门绩效目标和个人绩效目标是一个协同的系统；在横向上，业务部门和支持部门的目标也需要相互协同，特别是支持系统需要为业务部门达成绩效目标提供全面的支持。

2. 员工参与原则

绩效计划的基本原则就是上下级共同制定绩效目标及行动方案，强调员工参与。目标设置理论（Goal-Setting Theory）指出，员工参与制订计划有助于提高员工的工作绩效。社会心理学家认为，人们对于自己亲自参与做出的选择投入程度更高，这样能提升目标的可执行性，有利于目标的实现。因此，管理者在制定绩效目标和绩效标准时，尽可能地让员工参与进来，制定具有挑战性的目标，通过员工目标的实现来实现组织目标。另外，绩效计划不仅要确定员工的绩效目标，更重要的是要让员工了解如何才能更好地实现目标，了解组织内的绩效信息沟通渠道，了解如何才能够得到来自管理者或相关人员的帮助等。从这个意义上讲，绩效计划面谈更离不开员工的参与。

传统的绩效计划制定过程通常是先由最高层管理者制定总体目标，然后根据组织架构层层分解到个人,是一个自上而下的单向的制定过程。美国管理学家德鲁克于20世纪50年代提出目标管理方法,强调员工参与目标制定的过程,有助于员工对目标做出发自内心的承诺。目标承诺是指个体被目标所吸引,认为目标重要并持之以恒地为实现目标而努力的程度,而产生对目标承诺的重要方式就是参与目标制定的过程。员工参与绩效计划,能够真正调动员工的主动性,确保绩效计划得以实现。

3. 双向沟通

绩效计划的制定应强调管理者与下属之间的双向沟通。组织要为绩效计划的双向沟通营造平等信任的气氛。管理者应当理解双向沟通的重要性,掌握绩效计划沟通的知识和技能,按照流程开展正式的绩效计划沟通,充分倾听员工的意见;员工则应当主动参与,充分表达。

4. 承诺性原则

绩效计划的制定应强调做出公开承诺。社会心理学家多伊奇(M. Deutsch)和杰勒德(H. B. Gerard)的研究表明,做出公开承诺或比较强的私下承诺的人非常倾向于坚持最初的意见。大量研究发现,人们坚持或改变某种态度的可能性主要取决于两种因素:一是他在形成这种态度时的卷入程度,即是否参与了态度形成的过程;二是他是否为此进行了公开表态,即是否做出了正式承诺。因此,人们对于自己亲自参与做出的选择投入程度更大,这增加了行动方案的可执行性和实现目标的可能性。在绩效计划阶段,通过沟通,管理者和下属对绩效目标达成共识,签订正式的绩效计划协议,就是为了让下属对自己的绩效计划内容做出很强的公开承诺,促使他们履行自己的工作计划;同时,管理者也通过向下属做出承诺,提供必要的支持、帮助和指导,从而实现管理者和下属上下一心,共同推动组织目标的达成。

5. 重视员工能力开发

绩效计划的制定也是为了促进员工开发。个人绩效计划应当包括员工开发计划,帮助员工明确需要改进的领域以及在该领域中需要达成的改进目标,鼓励持续学习、改善绩效以及实现个人成长。员工个人开发计划具体说明了为改善绩效而采取的行动方案是什么。如果员工能够实现自己的开发计划中设定的那些目标,他们就能够跟上自己所在专业领域中所发生的变化。这类开发计划揭示出一位员工具有的优势及其需要改进的领域,并为员工改善自己的不足以及进一步发挥自己的优势提供行动计划。

四、绩效计划的作用

(一)绩效计划具有战略方向引领作用

绩效计划衔接组织的战略目标和员工具体的工作行为。通过绩效计划,管理者把组织目标层层分解,落实到每一个岗位。管理者和员工双方就员工在随后的绩效周期内的绩效目标、实现目标的方式、过程和手段以及需组织提供的资源和支持等达成一致,这样员工在整个绩效管理过程中就有了明确的目标,管理者也可以根据双方签订的绩效计划协议对员工的工作进行有效监督和指导,保证个人和组织目标的顺利实现。

（二）绩效计划具有激励作用

绩效计划是一种重要的激励手段。根据期望理论,工作过程中每个人都是理性决策者,员工工作积极性的大小取决于员工在工作之前所进行的一系列决策与判断。员工首先判断在当前情况下努力工作能够获得理想的绩效结果的可能性有多大,因为绩效具有多因性,员工的工作绩效不仅取决于其工作积极性,还受其能力水平、工作条件等因素的影响。在现有条件下员工经过努力能够实现的目标是最具激励性的目标,过高或太低的目标都不利于员工积极性的发挥。因此,绩效计划过程中,通过上下级的充分沟通,根据员工的能力水平制定具有挑战性的工作目标,是对员工进行激励的一种重要手段。

（三）绩效计划具有预先控制作用

一方面管理者通过绩效计划可以预测绩效计划执行过程中可能存在的问题,并提前做出相应的对策,实现预先控制;另一方面,绩效计划也具有开放性。由于环境变化而导致绩效计划的变化,可以帮助管理者及时修正、弥补在执行过程中出现的错误,实现事中控制;绩效计划所确立的目标和衡量标准,构成了绩效评估的标准。因此,绩效计划也为事后控制提供了标准。

（四）绩效计划具有员工开发作用

在绩效计划中,实现目标的路径方法以员工能力开发为前提。绩效目标获得员工承诺的基础是组织目标与个人目标相融合,个人的能力提升始终是知识经济时代员工追求的个人目标,因此,个人绩效计划本身就包含个人能力提升计划,挑战性目标的达成必须以员工的能力提升为前提。上下级共同参与、双向沟通制定目标和实现路径的过程也是上级对下属进行理念传输、教练辅导的过程,有助于员工能力提升;正式的个人能力提升计划可以确保组织对员工能力提升目标的支持,因此,绩效计划本身就具有员工能力开发的作用。

第二节　绩效目标

绩效计划环节的首要任务是制定绩效目标。绩效目标的作用往往被忽视。绩效目标不仅是绩效评价的依据,还具有激励作用。通过上下级共同制定绩效目标可以促进达成一种绩效承诺,使员工朝着实现目标不断努力。此外,绩效目标的制定也应当遵循一定的原则。

一、绩效目标制定的原理

（一）目标设定理论

绩效计划是绩效管理流程的起点,而绩效目标的确定则是绩效计划的起点。关于目标,美国心理学家洛克(E. A. Locke)于1967年最先提出了"目标设定理论"(Goal-Setting Theory),他提出目标是一个人试图完成的行动的目的。目标是引起行为的最直接的动机,使人们的行为朝着一定的方向努力,并将自己的行为结果与既定的目标相对照,及时进行调整和修正,从而实现目标。此外,设置合适的目标会使人产生想实现该目标的成就需要,对人具有强烈的激励作用。因此,重视并尽可能设置合适的目标是激发员工工作动机的重要过程。一旦员工有了一个具有挑战性的目标,就会朝着目标努力,以实现工作绩效。

（二）目标的两个特征

目标设定理论认为,绩效受两个具体的目标特征影响——目标的明确度和难度。目标的明确度是指目标要清晰和准确。清晰和明确的目标可使人们更清楚要怎么做,付出多大的努力才能实现目标。目标设定得明确,也便于评价个体的能力。很事实上,明确的目标本身就具有激励作用,这是因为人们有希望了解自己行为的认知倾向。对行为目的和结果的了解能减少行为的盲目性,提高行为的自我控制水平。

目标难度是目标的挑战性和达成目标所需要的努力。目标的难度是十分重要的,如果人们需要通过工作来实现目标,那么困难的目标将需要员工更努力地工作。但是,目标并不应该是遥不可及的。目标应当是切合实际且有一定的难度。现有研究已经证明,将目标难度和明确度相结合,即当个体拥有明确的、有挑战性的目标时,绩效水平最佳。

二、绩效目标制定的基本原则

基于目标设定理论,在制订绩效目标时,管理者和员工双方都应遵循SMART原则。

（一）绩效目标应该是具体明确的(specific)

所谓明确具体,是指绩效目标应该及可能地具体化、明细化。由于每个员工的能力、经验、岗位职责等情况各不相同,所以绩效目标应该具体、明确地体现出管理者对每一名员工的绩效要求。只有将绩效目标要求尽可能表达得具体而明确,才能更好地激发员工为实现目标而努力,并引导员工全面实现管理者对他的绩效期望。例如,某食品企业产品研发经理的绩效目标为"一周内新产品上线",就是明确具体的,而"尽早上线新产品"就是模糊不具体的。

（二）绩效目标应该是可以衡量的(measurable)

目标要能够被准确衡量,能够提供一种可供比较的标准。设定绩效目标是为了激发每个人的潜力,使人们为实现组织目标而共同努力。因此,目标必须可以衡量,才能为人们的行为提供及时有效的反馈,并且在绩效评价的时候进行量化。

（三）绩效目标应该是可达到的(attainable)

在制定目标的时候,过高的目标会使员工失去信心和动力,目标太低则无法使员工发挥应有的水平。这就要求管理者和下属充分沟通，共同制定既具有挑战性又切实可行的绩效目标。挑战性的目标指的是为了充分发挥员工的积极性和主动性，组织通常选择比现有水平高一点的目标。所谓可达到，不仅强调不应该制定过高的不切实际的目标，还强调应该根据员工的工作潜力来制定具有一定挑战性且通过努力可以实现的目标。

（四）绩效目标应该是相互关联的（relevant）

绩效目标体系要与组织战略目标相关联，个人绩效目标要与组织绩效目标和部门绩效目标相关联。这一原则要求组织在制定绩效目标时，对组织战略有清晰明确的界定，同时在分解和承接过程中，避免错误推理以至于制定看似漂亮但对组织战略无贡献甚至适得其反的绩效目标。

（五）绩效目标应该是有时间限制的（time-based）

实现目标需要有时间限制。这种时间限制实际上是对目标实现方式的一种引导，要求根据工作任务的权重、事情的轻重缓急，确定实现绩效目标的最后期限，并确定项目进度安排，并据此对绩效目标进行有效的监控，以便在出现问题的时候，及时对下属进行绩效辅导。绩效目标的时间限制通常是与绩效周期联系在一起的，不同绩效目标的绩效周期不一样。在目标确定的情况下，管理者的要求和下属的工作能力等方面的情况是确定时间限制的最重要因素。对于授予权限较大的员工来说，制定绩效目标时的行为引导可能会少一些，但时间限制在任何情况下都是必不可少的。另外，根据需要制定分阶段的分目标，不论是整个绩效计划中的总目标还是分阶段的分目标，都应受到时间的限制。

第三节 绩效计划制定

绩效计划的制定可以细分为三个环节，即准备环节、沟通环节和审核签订环节。在明确绩效计划的概念以及如何制定绩效目标之后，应当对绩效计划环节有一个整体的认识，也就是说对于管理者来说应当正确认识如何制定绩效计划。在正式制定绩效计划之前，管理者首先应当需要准备相应的材料；其次，根据绩效管理周期的既定安排，进行及时有效的绩效计划沟通；最终按时完成绩效计划协议的签订。绩效协议的签订代表绩效计划阶段工作的完成。

一、绩效计划的准备

我们知道，绩效计划的制定是一个管理者与其下属双向沟通的过程，在绩效计划准备阶段的主要工作是交流信息与动员员工，为了使沟通取得预期的效果，双方事先必须准备好相应的信息。这些信息主要可以分为组织信息、部门信息与个人信息这三种类型。

(一)组织信息的准备

充分的组织信息的准备是绩效管理成功实施的重要保障,其核心是让组织内部所有人员熟悉组织的使命、核心价值观、愿景和战略,使其日常行为与组织战略保持一致。为了使员工的绩效计划能够与组织的目标结合在一起,管理人员与员工将在绩效计划沟通中就企业的战略目标、公司的年度经营计划进行沟通,并确保双方对此没有任何歧义。因此,在进行正式开始沟通之前,管理人员和员工都需要重新回顾组织目标,保证在绩效计划会议之前双方对组织目标都已熟悉。

(二)部门信息的准备

部门信息主要是指制定部门绩效计划所需的各种信息。首先,需要准备部门战略规划相关材料。部门战略需要反映组织的使命、核心价值观和愿景,对组织战略有直接的支撑作用,与组织文化保持一致。其次,需要准备部门职责相关材料。部门职责所规定的很多事项是部门执行战略所必需的,各部门在制定计划的时候必须通盘考虑这些问题。第三,需要准备部门上一绩效周期的绩效情况。绩效计划的制定是一个连续的循环过程,新绩效周期的计划都是在上一绩效周期完成情况的基础上制定的。最后,需要准备部门人力资源配置的基本情况。在制定部门绩效计划的时候,应该考虑到部门的分工,以便为每一个绩效目标的达成做好准备。

每个部门的目标是根据企业的整体目标逐渐分解而来的。不但经营的指标可以分解到生产、销售等业务部门,而且对于财务、人力资源部等业务支持性部门,其工作目标也与整个企业的经营目标紧密相连。

例如,公司的整体经营目标是:

开发新客户,将市场占有率扩展到60%;

大力推进新产品创新研发工作;

降低管理成本。

那么,人力资源部作为一个业务支持性部门,在上述整体经营目标之下,就可以将自己部门的工作目标设定为:

建立激励机制,鼓励开发新客户、创新、降低成本的行为;

在人员招聘方面,注重在开拓性、创新精神和关注成本方面的核心胜任素质;

组织开发客户、提高创造力、预算管理和成本控制方面的培训。

(三)个人信息的准备

员工个人信息的准备主要包括员工所任职位的岗位说明书以及上一个绩效周期的目标达成情况这两个方面的信息。从岗位说明书入手,可以使员工更好地了解自己所任的职位,明确自身职位在所在部门以及整个公司中的地位和作用,并将职位与部门目标和个人目标联系在一起。岗位说明书需要不断地修订。在设定绩效计划之前,管理者和下属均应对岗位说明书进行回顾,重新思考岗位存在的目的,并根据环境的变化调整岗位说明书的内容。

此外,上一个绩效周期的目标达成情况也是很重要的信息。在制定新的绩效计划的时候,管理者还需要与其下属明确上一绩效周期的绩效完成情况,包括能力提升计划的执行情况,对绩效不佳的原因进行深入分析,寻找绩效差距及其背后的深层原因。

二、绩效计划沟通

绩效计划沟通通常以面谈的形式开展。在这个阶段,管理人员与员工必须经过充分的交流,双方对在本次绩效期间内的工作目标和实现目标的路径方案达成共识。在沟通阶段,沟通双方需要明确各自需承担的责任及注意事项。

(一)绩效计划沟通双方应承担的责任

在绩效计划沟通阶段,上下级双方均需承担相应的责任。其中,管理者需要向员工说明:

① 组织的整体目标是什么?
② 为了完成组织目标,员工所在的部门目标是什么?
③ 为了实现这样的目标,对员工有什么期望?
④ 接下来的一个绩效周期内员工的能力开发计划。

同时,员工也要向其直线管理者说明:

① 自己对工作目标是什么以及如何完成工作目标的认识;
② 在工作中可能会遇到的问题;
③ 员工在接下来的一个周期内的个人发展计划;
③ 期望组织提供的帮助与支持;

(二)绩效计划沟通的注意事项

① 确定一个专门的时间用于绩效计划的沟通,并且要保证在沟通的时候最好不要有其他事情打扰;

② 管理者在沟通过程中应营造一种相对平等的关系。首先应强调绩效计划是上下级共同为绩效目标的完成而开展的活动;其次,管理者应该与员工一起做决定,而不是代替员工做决定。员工自己做决定的成分越多,绩效管理就越容易成功。

③ 管理者要充分倾听下属意见。员工是最了解自己所从事工作的人。在知识经济时代,员工本人通常是自己工作领域的专家,因此在制定工作计划和衡量标准时应更多地发挥员工的主动性,更多地听取员工的意见。

④ 注意使员工个人工作目标与整体业务单元乃至整个组织的目标结合在一起,同时考虑如何与其他人员或其他业务单位中的人进行协调配合。

(三)沟通双方应达成的共识

在绩效计划面谈过程结束时,管理人员和员工应该能以同样的答案回答几个问题,以确认双方是否达成了共识：

① 员工在本绩效期内的工作职责是什么？
② 员工在本绩效期内所要完成的工作目标是什么？
③ 员工实现绩效目标的路径和方法是什么？
④ 如何判断员工的工作目标完成得怎么样？
⑤ 各项工作职责以及工作目标的权重如何？哪些是最重要的，哪些是其次重要的，哪些是次要的？
⑥ 员工的工作绩效好坏对整个企业或特定的部门有什么影响？
⑦ 员工在完成工作时可以拥有哪些权利？可以得到哪些资源？
⑧ 员工在实现目标的过程中会遇到哪些困难和障碍。
⑨ 管理人员会为员工提供哪些支持和帮助？
⑩ 员工在绩效周期内会得到哪些培训？
⑪ 员工在完成工作的过程中，如何去获得有关他们工作情况的信息？
⑫ 在绩效周期内，管理人员将如何与员工进行沟通？

绩效计划面谈是绩效计划制订过程中进行沟通的一种普遍方式。以上是绩效计划面谈的典型问题描述。但是绩效计划的沟通过程并不是千篇一律的，在进行绩效计划沟通时，要根据公司和员工的具体情况进行修改。

三、绩效计划的审核与签订

在制订绩效计划的过程中，对计划的审核和确认是最后一个步骤。

（一）对绩效计划的审核包括以下几个方面

① 员工清楚地知道自己的工作目标与企业的整体目标之间的关系；
② 管理人员和员工对员工的主要工作任务、各项工作任务的重要程度、完成任务的标准、员工在完成任务过程中享有的权限都已经达成了共识；
③ 管理人员和员工都十分清楚在完成工作目标的过程中可能遇到的困难和障碍，并且明确管理人员所能提供的支持和帮助；
④ 员工的工作职责和描述已经按照现有的企业环境进行了修改，可以反映本绩效期内主要的工作内容；

（二）绩效计划的签订

绩效计划是各部门、各岗位考核人与被考核人之间就需完成的目标，完成目标的形式、标准形成的约定。绩效计划最终呈现为一个经过双方协商讨论的绩效协议文档，该文档中包括员工的工作目标、实现工作目标的主要工作结果、衡量工作结果的指标和标准、各项工作所占的权重。需要特别注意的是，管理人员和员工双方要在该文档上签字确认，并报人力资源部门存档。

绩效计划的最终表现形式是签订绩效协议。绩效协议就是一份关于工作目标和标准的契约。直线管理者与下属经过充分沟通,就绩效协议的内容达成一致,经双方确认后签订协议,标志绩效计划工作的完成。签订协议也意味着管理者与员工双方在进行双向沟通后,员工对绩效计划的内容做出了承诺,促使其履行自己的工作计划。同时,管理者也需要对下属做出承诺,即在执行任务的过程中为下属提供必要的帮助和支持,有利于共同推进组织目标的达成。

在绩效计划沟通结束后,即当绩效计划会议所有的议题都圆满解决之后,要注意结束会议也是非常重要的。这时管理人员需要感谢员工的参与,再次说明会议的重要性和作用,对会议的重点进行简单的总结,同时安排制作相关的文档和计划解决遗留问题的后续步骤。有时,在绩效计划会议之后还要有一个后续的会议,如需同其他员工进行沟通协调,这些事情最好是在绩效计划会议后去做。举行后续会议的另一个重要的原因是在绩效计划会议之后,受初次沟通的启发后,也许会出现一些新的想法或新的问题,这时就必须通过后续的会议来解决。

关键词

绩效计划　目标　绩效目标　目标设定　绩效计划沟通

复习思考题

1. 在管理者与员工进行绩效计划面谈的过程中,管理者需要向员工说明(　　)。
① 组织的整体目标是什么　② 为了完成组织目标,员工所在的部门目标是什么　③ 在整个绩效周期内,对员工的工作应该制定什么样的标准　④ 为了达成目标,对员工有什么期望　⑤ 对工作目标是什么以及如何完成工作目标的认识

  A. ②③④⑤ B. ①②③⑤ C. ①③④ D. ①②③④

2. 绩效计划的目的是_____和_____。

  A. 制定薪酬 B. 实现组织战略目标 C. 促进员工开发 D. 提拔员工

3. 绩效计划面谈是绩效计划的重要环节,强调管理者与下属的双向沟通。在此过程中员工需要向上级说明(　　)。

  A. 自己对部门目标的理解
  B. 自己对工作目标是什么以及如何完成工作目标的理解
  C. 在工作中可能会遇到的问题
  D. 期望组织提供的帮助与支持。

4. 绩效计划要求在明_____、_____、_____和_____的基础上,制定出组织、部门和个人三个层次的绩效计划,形成一套具有_____、_____和_____的绩效计划体系。

5. 请简述绩效目标的设定应该遵循原则。

案例分析

绩效计划制订中的沟通示例

张总:前几天,在总经理办公会上制定了今年下半年的绩效目标,因此接下来这几天我会分别与你们这几位部门经理进行一次交流,落实我们市场部下半年的工作目标。

今年上半年成立客户部主要是为了能有一批人专门为大客户服务,因为大客户是我们公司重要的资源,这从销售额上也可以体现出来。目标的大客户有……

陈:13个。

张:但这13个大客户的销售额占了整个公司销售额的20%,而且今后的比例还会更高。这半年来,你们工作有什么问题吗?

陈:我觉得目前的工作还有很多问题。比如说,现在对大客户进行管理的规范还不是很明确,有些工作到底是由我们部门还是由企划部门做还不够准确,于是就出现了有的大客户有事情不知道到底应该找谁这样的情况。

张:这些情况我也有所了解。所以,下一步就想以你为主完善《大客户管理规范》,有了这个规范,大家就有了共同的行事规则,你看,对这方面你有什么想法?

陈:我认为《大客户管理规范》中不仅对责任的划分不够明确,流程上也有混乱的地方,比如说,现在的付款问题,手续复杂,客户觉得很麻烦,我们完全有必要从客户的角度出发简化程序。

张:那好,我看你对这方面有很多想法。你看多长时间能把新的《大客户管理规范》做出来?

陈:如果从现在就着手做,我想8月下旬差不多。

张:好,8月20日的时候把初稿交给我,到8月底最后定稿,你看有问题吗?

陈:目前没有问题。另外,我觉得如果按照下半年的销售目标,我这里的人手比较紧缺,最好能尽快招聘一些人员。

张:这个问题我是这样想的,应该招人的时候我们肯定去招,但你有没有考虑过现在人员的能力是否得到了充分的发挥?每个人都不可能完美无缺,但组成团队就不一样了,在一个团队中大家可以更好地取长补短,每个人的优势充分发挥出来,加在一起就是1+1>2,你说呢?

陈:这也正是我所考虑的,对大客户的销售我们是否可以采用销售小组的形式,因为毕竟一个人势单力薄,以团队的形式能够更好地保持住大客户。

张:那你不妨把客户部的内部结构重组一下,形成若干个项目小组,把人员按照各自的优势和特点组合起来,接下去再考虑补充人员的问题。而且随着工作重心向大客户这边转移,其他部门也会有一些员工转到你这个部门中。

陈:那好吧,我现在就着手进行部门重组,争取在9月初的时候能够按照项目组的方式运作。另外我觉得客户越来越多,必须有相应的管理手段,比如说建立客户数据库。

张:关于建立数据库,我有几点想法,一是一定要注意数据库与公司管理信息系统的接口,以前曾经开发过数据库,但接口不好,很多时候要进行数据的重复录入,非常浪费人力、物力;二是要注意数据库的安全性,要进行权限设置,因为这些数据都是公司的核心机密;三是要设计一些进行深入统计分析的功能模块,以适应对业务进行深入分析的要求。你还有什么想法吗?

陈:我认为,这套数据库应该是一套使用便捷的系统,可以成为业务人员工作中的一个得力的帮手,因为业务人员普遍不喜欢比较复杂的操作系统,而且他们的业务也比较多,在数据管理方面应该考虑他们的需要。

张:你说得对,就按照我们的想法去做吧,企划部会拿出整体方案,具体的协调工作由你们双方来做。

陈:好,我们会全力配合。

张:那么,按照今天我们讨论的结果,你自己先做个计划,本周交到我这里来,好吗?

案例来源:http://www.docin.com/p-11 20591036.html

思考:

1. 结合本章所学内容,谈谈作为一个管理者应该如何进行有效的绩效计划沟通?
2. 绩效目标的制定应当遵循哪些基本原则以及注意事项。

第六章　绩效执行

学习目标

1. 掌握绩效执行的概念，明确员工和管理者分别需要承担哪些责任；
2. 了解绩效信息收集的方法；
3. 掌握绩效辅导的概念、作用及主要内容；
4. 了解进行绩效辅导的时机选择技巧；
5. 了解管理者绩效辅导的风格；
6. 理解教练的概念，管理者担任绩效教练的作用；
7. 理解 GROW 模型，学会如何依据 GROW 模型进行绩效辅导。

导入案例

B 公司的绩效辅导

B 公司是一个大型的医药企业，主要生产和销售医药用品、医学设备、实验室仪器、抗体、试剂和诊断设备，其客户主要包括医疗卫生组织、临床试验室、私营企业和社会大众。为了提升员工的绩效，B 公司大力推行绩效辅导，鼓励管理者及时发现员工在绩效执行环节中发现的问题，并改善绩效。

B 公司的绩效辅导文化包括以下几个方面的要点：

1. 管理者要担当起绩效辅导教练的角色，并且能以身作则地向大家说明绩效辅导是提高绩效的有效且迅速的方式。

2. 各级管理者不仅能够对他人提供接受辅导，而且也要乐于接受别人对自己的绩效辅导。

3. 要将绩效辅导当作一种规范，管理者必须将绩效辅导视为他们工作的关键职责和重要成果之一。

同时，为了让管理者与员工对绩效辅导这一项技能更加熟练，公司还开发了许多培训项目。公司的培训项目有这样一部分内容，即通过同级之间的教练辅导来开发技能以及通过同级之间的互动、支持和指导来培养一种管理技能。这些培训课程强调的几种技能包括倾听、提出有促进作用的开放式问题、经验分享、对假设提出挑战以及讨论一些在教练看来可能并不是有效的行动。培训内容还包括对个人的优缺点进行自我评价，同时还会为员工提供一种能够扮演管理者角色的情境，然后让他们识别哪些是在这个情境中能够有效协助领导者的行为。总之，B公司充分利用培训项目来发展和强化他们的绩效辅导，创造了一种让领导者在不断变化的企业环境中向其他人提供指导的氛围。

资料来源：赫尔曼·阿吉斯《绩效管理》

第一节　绩效执行

绩效执行是绩效管理的第二个环节，是连接绩效计划和绩效评价的中间环节，也是耗时最长的环节。在绩效执行阶段，员工需要通过不断的努力实现绩效目标，管理者则需要通过给员工提供持续的绩效辅导帮助员工改善绩效。作为一名管理者，首先要明确什么是绩效执行，在这个阶段管理者与员工分别需要承担什么责任，才能在绩效执行阶段充分发挥管理职能。

一、绩效执行的概念

绩效执行（Performance Execution）是指在整个绩效期间内上级和下属通过持续的沟通，预防或解决员工实现绩效时可能发生的各种问题的过程。在这个过程中员工努力的完成绩效计划，并且积极向主管寻求反馈。同时，管理者需要主动承担三项任务：一是收集信息，记录工作过程中的关键事件或绩效数据，为绩效评价提供信息和依据；二是对员工进行绩效辅导，给予员工相应的支持并修正工作任务与目标之间的偏差；三是为员工的开发计划提供依据。

对绩效执行概念的把握需要注意以下几个方面：

第一，绩效执行的重点内容是绩效计划实施情况。在绩效执行环节，管理者要全面把控下属的工作行为及结果，确保个人、部门和组织绩效的顺利达成。除了绩效计划实施情况外，组织协同、关键流程等方面也应纳入绩效执行的内容。

第二，绩效执行是一个持续沟通的过程。绩效执行是管理者为掌握下属的绩效而进行的一系列沟通活动。一个优秀的管理者必须善于与下属持续沟通，以便观察、预防和解决绩效周期内可能存在的问题，从而更好地完成绩效计划。管理者在绩效执行环节要通过持续的绩效沟通，及时发现绩效计划执行过程中出现的问题并及时加以调整。

第三，绩效执行环节的主要任务是收集绩效信息并提供绩效辅导。有效的绩效评价需要建立在准确的绩效信息之上，因此，准确记录并定期汇总员工工作中的关键事件和绩效数据是绩效执行环节的主要任务之一。此外，绩效执行环节的工作重点是在发现问题或潜在危机之后，提供及时的绩效辅导，清楚绩效计划执行过程中可能出现的障碍。

二、绩效执行阶段需承担的责任

(一)员工需要承担的责任

在绩效执行阶段,员工需要采取行动努力实现绩效,所以说员工是主要的责任承担者。这个阶段员工主要承担的工作内容有:

(1)员工必须采取实际行动完成绩效目标。上一章已经提到,管理者需要与员工共同制定绩效目标,并签订绩效计划协议。一旦绩效计划开始执行,员工就必须努力去取得结果,并且展现出之前签订的绩效计划协议中约定的行为,满足开发计划提出的各项要求。

(2)主动与上级交流,向上级寻求持续性的反馈和指导。管理人员总是忙于应付各种事务。因此,员工有责任主动与自己的上级进行坦率而经常性的沟通,主动向自己的上级汇报关于绩效目标实现程度的最新进展情况。此外,员工不一定非要等到绩效评价结束时才能获得绩效反馈,同时,也不能等到出现严重问题时才去寻求上级的指导。员工应当积极地向其上级寻求绩效反馈和指导。

(3)通过持续的自我评价及时纠偏。员工不应该一直等到绩效周期结束时才准备绩效评价。相反,员工在工作过程中应该坚持做出持续性的、现实性的自我评价,以在必要时及时采取相关的纠正行动。通过从同事和客户那里收集一些非正式绩效信息,员工自我评价的有效性可以得到加强。

(二)管理者需要承担的责任

虽然员工对绩效执行负有主要责任,但是上级管理者也需要履行自己的职责。事实上,管理者需要对员工的绩效执行情况进行持续的监督和指导。作为上级管理者,应当在以下几个方面承担主要的责任:

(1)观察并记录员工的绩效。上级管理者必须定期观察和记录员工的绩效。保持对员工的优良绩效和不良绩效事例的记录是一件非常重要的事情。

(2)给员工提供指导。上级管理者必须在绩效周期结束之前,经常向员工提供他们在实现目标方面取得的进展状况的反馈。此外,上级还应当针对员工的不良绩效提供反馈,让他们知道应当如何改进已经发现的这些问题。然而,仅有观察和沟通是不够的。一旦发现有绩效问题存在,就必须及早进行诊断,并采取适当的措施及时解决,给他们提供绩效改进方面的指导。

(3)为员工提供资源。上级管理者应当向员工提供各种资源以及参加开发活动的机会。因此,他们应当鼓励员工参与培训、观看培训课程以及参加一些特殊的工作安排。总的来说,管理者有责任确保员工获得有助于他们完成工作的各种支持性资源以及资金。

第二节 绩效信息收集

一、绩效信息收集的内容

在收集绩效信息时,首先要明确我们应该收集哪些信息,收集这些信息的依据是什么?绩效信息收集的主要是与绩效目标达成密切相关的关键绩效信息,而不是对绩效信息的全面记录。绩效信息收集要求既重结果又重过程,要求对重要的过程信息和结果信息进行全面完整的记录。收集绩效信息是一项非常重要的工作,数据收集需要时间、精力和金钱,企业不可能对所有员工的绩效表现都做记录,因此必须有选择地收集。通常来说,收集的绩效信息的内容主要包括以下方面。

(一)和关键绩效指标密切相关的信息

① 确定绩效好坏的事实依据。例如,每个工人生产的产品数量、废品数量、工作效率、客户不满的情况和客户表扬的情况。

② 绩效问题的产生原因,如员工能力问题、态度问题、生产流程问题或组织没有提供足够的支持等。

③ 绩效优异的产生原因,如优秀员工的工作方法、工作思路、工作流程、工作经验和先进技术等。

④ 为确定员工是否达到了工作目标和标准提供的依据。

⑤ 目标和标准达到或未达到的情况。

⑥ 员工因工作或其他行为受到的表扬和批评情况。

⑦ 证明工作绩效突出或低下所需要的具体证据。

⑧ 对管理者和员工找到问题(或成绩)原因有帮助的其他数据。

⑨ 同员工就绩效问题进行谈话的记录,问题严重时还应该让员工签字。

(二)绩效实施过程中发生的关键事件、业绩信息和第三方信息

绩效信息一般分为关键事件、业绩信息和第三方信息。在收集的信息中,有相当一部分是属于"关键事件"的信息。关键事件是观察、书面记录员工有关工作成败的"关键性"事实。关键事件在某种程度上能够说明员工的工作为什么达到了目标或者为什么没有达到目标,其主要原则是认定员工与职务有关的行为,并选择其中最重要、最关键的部分来评定其结果,即用关键事件来描述"特别好"或"特别坏"的职务绩效。对每一事件的描述内容,包括导致事件发生的原因和背景、员工的特别有效或无效的行为、关键行为的后果、员工自己能否支配或控制上述后果等。在大量收集这些关键事件的信息以后,管理者可以对它们进行分类,并总结出职务的关键特征和行为要求。

业绩信息是指完成绩效计划或工作任务时的各种业务记录,特别需要注意收集绩效

突出和有绩效问题的相关信息。业绩信息收集的过程也是对绩效相关的数据、观察结果、沟通结果和决策情况等的记录过程，主要确定需要做什么、为谁做、什么时候做，从而帮助员工创造好的绩效。员工是绩效的主要责任者，让员工参与收集信息同时也是使员工参与绩效管理过程的好方法。通过收集信息，员工不再将绩效管理看成监督和检查的工具，而是把绩效管理看成发现和解决问题的工具。

第三方信息是指让客户等帮助收集的信息。内部记录的绩效信息不可能涉及绩效评价的方方面面，管理者也不可能了解员工的每个工作细节，例如，管理者不可能总是盯着电话是不是在响了十几声之后才被接听，也不可能总是观察员工接听电话的内容和态度，所以有必要借助第三方来收集信息。

二、绩效信息收集的方法

绩效执行阶段管理者需要持续性地收集绩效信息，观察员工的绩效执行情况，为后续的绩效辅导提供依据。不同的绩效信息需要通过合适的方法进行收集，目前主要的绩效信息收集方法有如下几种。

（一）工作记录法

对需要详细工作记录的工作进行监管的时候，就需要使用工作记录法收集相应的绩效信息。例如，对于财务、生产、销售、服务有关方面的数量、质量、时限等指标，就需要使用工作记录法，规定相关人员填写原始记录单，并定期进行统计和汇总。工作记录法要求使用规范的信息收集表格，在条件允许的情况下，也可以使用电子表格或绩效信息系统进行收集，以便于信息的存储、统计、汇总和分析。

（二）观察法

观察法是管理者直接观察下属的工作表现。在各种渠道中，观察一般是最可靠的。观察是一种收集信息的特定方式，通常是由管理者亲眼所见，亲耳所闻，而不是从别人那里得知。管理者常常采用走动式管理的方式，对工作现场进行不定时的考察，从而获取第一手绩效信息。

（三）抽查或检查法

这种办法常常与工作记录法配合使用，是为了核对相关绩效信息的真实性而采用的一种信息收集方法。管理者或专门的部门可以对绩效信息进行抽查或检查，确保原始信息的真实性。

（四）关键事件法

这种方法要求在绩效执行过程中，特别对突出或异常失误的关键事件进行记录，为管理者对突出业绩进行及时奖励和对重大问题进行及时辅导或纠偏做准备，并为绩效考核和绩效改进收集基础信息。

（五）他人反馈法

员工的某些工作绩效不是管理者可以直接观察到的，也缺乏日常的工作记录，这种情况下就可以采用他人反馈的信息。一般来说，当员工的工作是为他人提供服务或工作过程中与他人发生关系时，就可以从员工提供服务的对象或发生关系的对象那里得到有关的信息。例如，对于从事客户服务工作的员工，管理人员可以通过客户满意度调查表或与客户进行电话访谈或座谈会的方式获得员工的绩效信息；对于公司内部的行政后勤等服务性部门的人员，可以从接受其提供服务的其他人员那里了解信息。

三、绩效信息收集的意义

绩效信息是做出绩效管理相关决策的基础，绩效信息收集的质量在一定程度上决定了绩效管理的成败。因此，收集员工的绩效信息是组织绩效管理的重要内容，具体而言，绩效信息收集对组织具有以下意义：

（1）为绩效管理全过程提供信息基础。绩效管理是有据可依的管理活动，绩效信息便是管理者实施绩效管理的依据。

（2）为绩效评价提供依据。员工的绩效信息是员工生产过程中产生的能够记录和反映员工行为与产出的信息，因此管理者通常根据绩效信息评价员工在某一阶段的表现。

（3）为绩效咨询和诊断奠定基础。绩效信息通常能够反映员工过去的表现，因此管理者能够根据绩效信息，评价员工上一阶段的表现与组织期望之间的差距，诊断员工的行为表现，指导员工进行绩效改进。

（4）强化员工的自我认知与自我开发。绩效信息收集的另外一个重要意义便是员工开发，员工开发是很多组织也越来越重视的一个方面。员工开发体现了组织面向未来的管理哲学，员工开发需要管理者在绩效信息评价的基础上，根据组织发展需要与员工提升需要制定员工下阶段的开发目标和具体措施。

四、收集绩效信息的注意事项

（一）绩效目标决定绩效信息收集的范围

所有与实现各层次绩效目标相关的重要绩效信息都需要收集、记录和保存下来，其中与组织战略目标相关的绩效信息是相关工作需要特别关注的领域。

（二）信息收集的内容需要面向绩效评价

绩效评价与绩效执行的信息在内容上是一致的，绩效评价需要的信息就是绩效执行中的重要内容。绩效评价是一项鉴定活动，是依据绩效信息对绩效计划执行情况的评判。在绩效执行过程中，需要对绩效信息进行全面的收集和整理，为绩效工作提供有力的佐证，从而确保绩效评价的公正性和准确性，并保障员工对绩效评价结果的认可。

(三) 让员工参与收集信息的过程

作为管理者,不可能每天不停地盯着一个员工观察,因此管理者通过观察得到的信息可能不完全或者具有偶然性。因此,让员工自己做工作记录则是解决这一问题的一个比较好的方法。需要反复强调的是,绩效管理是管理者和员工双方共同的责任。因此,员工参与到绩效数据收集的过程中来就是体现员工责任的一个方面。而且,员工自己记录的绩效信息比较全面,管理者拿着员工自己收集的绩效信息与他们进行沟通的时候,员工更容易接受这些事实。

值得注意的是,员工在做工作记录或收集绩效信息时往往存在着有选择性地记录或收集的情况。有的员工倾向于报喜不报忧,有的员工则喜欢强调工作中的困难,甚至夸大工作中的困难。所以,当管理者要求员工收集工作信息时,一定要非常明确地告诉员工收集哪些信息,最好采用结构化的方式,将员工选择性收集信息的程度降到最小。

(四) 有目的地收集信息

收集绩效信息之前,一定要弄清楚为什么要收集这些信息。如果收集来的信息最后发现并没有什么用途,将是对人力、物力和时间的一大浪费。

(五) 可以采用抽样等科学、先进的方法收集信息

因为不可能整天一动不动地监控员工的工作,所以不妨采用抽样的方式。所谓抽样,就是从一个员工全部的工作行为中抽取一部分工作行为做出记录。这些抽取出来的工作行为就被称为一个样本。抽样关键是要注意样本的代表性。常用的抽样方法有固定间隔抽样法、随机抽样法、分层抽样法等。科学、先进的信息收集方法可以大大提高信息收集的质量和效率。

(六) 要把事实与推测区分开来,收集的是事实而不是判断

应该收集那些围绕绩效行为和结果的事实作为绩效信息,而不应该收集对事实的主观判断和推测。可靠的绩效信息是那些可以被观察或测量的客观行为和结果,而行为背后的动机或情感则是信息收集者的主观推测。管理者与员工进行绩效沟通的时候,也是基于事实而不是基于推测。

第三节 绩效辅导

管理者在绩效执行环节中的一项重要任务就是当员工在实施绩效计划过程中出现问题或障碍时,能够通过有效的方式帮助员工及时提供相应的指导,帮助员工改善绩效。所以作为一名管理者,为员工提供有效的绩效辅导是一项十分重要的管理技能,也是确保绩效计划顺利完成的必要手段。

一、绩效辅导的概念及作用

绩效辅导(Performance Coaching)是管理者与下属员工共同参与的一个持续性互动过程,在此过程中,管理者与员工建立起一种相互信任的关系。绩效辅导是一种日常性活动,其内容主要包括对员工的绩效进行观察,对做得好的工作提出表扬,帮助没有达到绩效期望或绩效标准的员工改进绩效。在绩效辅导的沟通过程中,管理者考虑的不仅是对员工工作结果的反馈,还应当关注员工的长期绩效以及未来的员工开发。因此,通过绩效辅导可以确保开发计划得到落实。

绩效辅导具有以下几种作用:

(1)向员工提供建议,以帮助他们改进绩效。换句话说,绩效辅导不仅涉及向员工描述清楚需要做什么,而且需要告诉他们应当怎样做。绩效辅导既关注结果,也关注行为。

(2)为员工给予指导,从而使他们能够合理地开发自己的知识和技能。绩效辅导需要提供两方面的信息:一是正确地完成工作需要具备哪些方面的知识和技能;二是员工如何才能获得这些知识和技能。因此,通过绩效辅导,管理者可以帮助员工明晰今后的工作中需要掌握的知识和技能,并且指导员工努力获取这些知识和技能。

(3)为员工提供支持。绩效辅导要求管理者在员工需要其帮助时及时出现,但它同时也要求管理者不要每时每刻都监督和控制员工的活动。归根结底,绩效辅导是一种为员工提供便利的活动。改进绩效的责任最终还是要落在员工个人身上。

(4)使员工获得信心,让他们确信自己有能力持续提升个人的绩效,同时增强他们对管理个人绩效的责任感。绩效辅导不仅涉及向员工提供积极的反馈,让员工对自己所做的工作充满信心,还涉及向他们提供其他使他们知道在哪些方面还需要有所改善的反馈。

(5)帮助员工提升胜任能力,指导他们获得更丰富的知识和更娴熟的技能,从而帮助他们完成更加复杂的任务,同时能够承担更高级别的工作。绩效辅导需要综合考虑短期目标和长期目标两个方面,其中包括员工如何才能从获得新知识和新技能中获益,在他们未来从事新的工作职位或承担新的工作任务时,这些新知识和新技能将会派上用场。

二、绩效辅导的主要内容

(一)有效沟通

管理者与员工之间应当针对员工的绩效状况组织定期的绩效沟通,我们既要关注员工在绩效执行期间的工作结果,也要关注他们的工作行为。管理者与员工沟通的内容包括对既定绩效目标的反馈并且及时偏正、修订,也包括对未来员工发展的规划,辅助员工开发。

在沟通开始之前,管理者和员工都需要反思一下相关的问题。

管理者需要反思的问题是:

① 我必须从员工那里得到哪些信息?

② 我必须提供给员工哪些信息和资源以帮助员工完成工作目标?

员工需要反思的问题是：
① 我必须从管理者那里得到哪些信息和资源？
② 我必须向管理者提供哪些信息以保证工作目标顺利完成？

此外，管理者也需要向员工沟通清楚以下几个方面的问题：
① 员工工作的进展怎样？
② 员工的工作状态如何？
③ 工作中哪些方面取得进展比较顺利？为什么？
④ 工作中哪些方面存在困难或者障碍？为什么？
⑤ 绩效目标和计划是否需要修正？如果需要，怎样修正？
⑥ 员工需要获得哪些帮助和支持？
⑦ 为支持员工，管理者能够提供哪些资源和信息、采取哪些行动？

（二）激励员工

管理者必须对绩效表现优秀的员工提供相应的报酬。当员工得到报酬时，他们就会受到在未来工作中继续保持同等优秀绩效水平的激励，并且在未来的工作中持续地保持较好的工作状态，争取获得更高的绩效水平。

（三）记录绩效

管理者要观察员工的行为和结果，并收集与员工的优良绩效和不良绩效有关的证据。通过观察员工的绩效水平，管理者可以充分掌握员工在绩效执行阶段的工作状态，在与员工进行绩效辅导时，这也是重要的依据。

（四）提供反馈

管理者要衡量员工的绩效和实现绩效目标的进度。他们要对员工的优良绩效提出表扬，并指出员工还没有达到哪些方面的绩效标准要求。管理者还要帮助员工避免在以后的工作中出现不良绩效。

（五）诊断绩效问题

管理者要倾听员工的意见，通过收集信息判断员工的绩效问题究竟是知识、技能以及能力不足造成的，还是缺乏足够的激励造成的，或是一些员工个人不能控制的因素导致的。对绩效问题的诊断非常关键，这是因为它决定了管理者需要采取什么样的行动。例如，是需要为员工提供资源以使其获得更多的知识和技能，还是应当设法解决员工控制不了的那些情境因素。

（六）制定开发目标并且提供相应支持

管理者应当同员工一起制定开发计划及其所要达成的具体目标，同时为员工的开发提供财力支持和其他资源方面的支持（例如，出资让他们接受培训，允许他们脱产从事一些开发活动),其中包括帮助员工设计未来的开发计划和交给员工一些具有挑战性的工作任务,以迫使他们去学习新的东西。

三、绩效辅导的时机和指导原理

(一)绩效辅导的时机

为了对员工进行有效的辅导,帮助员工发现问题、解决问题,更好地实现绩效目标,管理者必须掌握进行辅导的时机,确保及时、有效地对员工进行指导。通常来说,在以下时机对员工进行辅导会取得较好的效果:

(1)当员工通过培训掌握了新技能时。如果管理者希望将新技能在工作中加以运用时,就可以辅导员工使用这种技能。

(2)当管理者发现可以改进绩效的机会时。管理者发现某项工作可以用另一种方式做得更快更好时,就可以辅导员工采用这样的方法。

(3)当面临新的职业发展机会时。如果管理者希望能够将新技能运用于工作中,就可以辅导他使用这种技能。

(4)当员工工作绩效出现问题时。员工工作绩效行为或结果不符合标准而其自身尚未发觉,管理者就应及时给予提示和指导以纠正其不当行为或观念。

(5)当员工希望解决某个问题时。员工在工作中遇到障碍或者难以解决的问题希望得到帮助时,管理者可以传授给员工一些解决问题的技巧。

(6)当员工需要征求意见时。当员工向管理者请教问题或者有了新想法想征求看法时,管理者可以在这个时候不失时机地对员工进行辅导。

(二)绩效辅导的指导原理

1. 良好的绩效辅导关系是基础

为了使绩效辅导发挥作用,非常必要的一点是在提供辅导的管理者和员工之间建立起信任与合作的关系。法尔和雅各布斯(Farr & Jacobs)认为,所有参与这一过程的利益相关者之间的"合作式信任"很有必要。为了建立这种关系,管理者首先要认真倾听,从而充分理解员工。换句话说,管理者要站在员工的立场,从员工的角度来看待工作和组织。第二,管理者要善于寻找员工积极的一面,因为这样更容易被员工理解和接受。第三,管理者要认识到,绩效辅导不是要对员工做什么,而是要与员工在一起做些什么。总之,管理者在进行绩效辅导时要善于换位思考,并有同情心。这种辅导方式有助于与员工建立起良好的关系。除此之外,这也给管理者本人带来一种好处,即这种同情式的辅导可能成为很多管理者用来释放长期面临的心理压力的良药。

2. 员工是自我变革的源头和主导者

管理者必须认识到,员工是自我变革和自我成长的源头。毕竟,绩效辅导的目的是改变员工的行为以及为员工在未来表现出不同的绩效指引方向。如果员工不能对自己进行规划和指引,这种改变就不会发生。因此,管理者应该为员工制定日程表、目标和方向提供便利条件。

3. 员工是完整而又独特的

管理者必须认识到,每一位员工都是独特的个体,都有与工作相关的身份或无关的身份(如计算机网络系统专家、父亲、滑雪爱好者)以及独特的个人经历。管理者必须尝试着建立起对员工的整体性、全面性和丰富性的认识。如果管理者能够了解员工的生活,并帮助员工以更有意义的方式构建个人生活与工作体验之间的联系,那将会非常有好处。

4. 管理者是员工成长的助推器

管理者的主要角色其实是一种助推器。管理者要指导员工成长,并对其成长的具体内容(如开发计划)提供帮助,但又不包办这些事项。管理者需要维持员工乐于探索的态度,帮助员工更好地了解自己的优势、资源和挑战,并且帮助员工制定目标。

四、管理者绩效辅导的风格

对于管理者来说,不仅需要准确判断员工在什么时候需要进行绩效辅导,还需要判断应该对员工进行什么形式的辅导,以什么样的风格进行绩效辅导。换句话说,为了提高绩效辅导的有效性,管理者而需要针对不同的情景选择不同的领导风格,从而使绩效辅导更有针对性和有效性。

(一)基于下属成熟程度选择绩效辅导风格

保罗·赫西(Paul Hersey)和肯·布兰查德(Ke Blanchard)在1969年提出的领导情境理论,又称作领导生命周期理论,为管理者做出正确的判断、选择正确的绩效辅导风格提供了理论指导。该理论将领导划分为任务行为和关系行为两个维度,并根据两个维度组合成命令、推荐、参与和授权等四种不同的领导风格。

(1) S1 命令:高任务——低关系领导风格;
(2) S2 推荐:高任务——高关系领导风格;
(3) S3 参与:低任务——高关系领导风格;
(4) S4 授权:低任务——低关系领导风格。

该理论还比较重视下属的成熟度,这实际上隐含了一个假设:领导者的领导力大小实际上取决于下属的接纳程度和能力水平的高低。而根据下属的成熟度,也就是下属完成任务的能力和意愿程度,可以将下属分成以下四种类型。

(1) R1:下属既无能力又不愿意完成某项任务,这时是低度成熟阶段;
(2) R2:下属缺乏完成某项任务的能力,但是愿意从事这项任务;
(3) R3:下属有能力但不愿意从事某项任务;
(4) R4:下属既有能力又愿意完成某项任务,这时是高度成熟阶段;

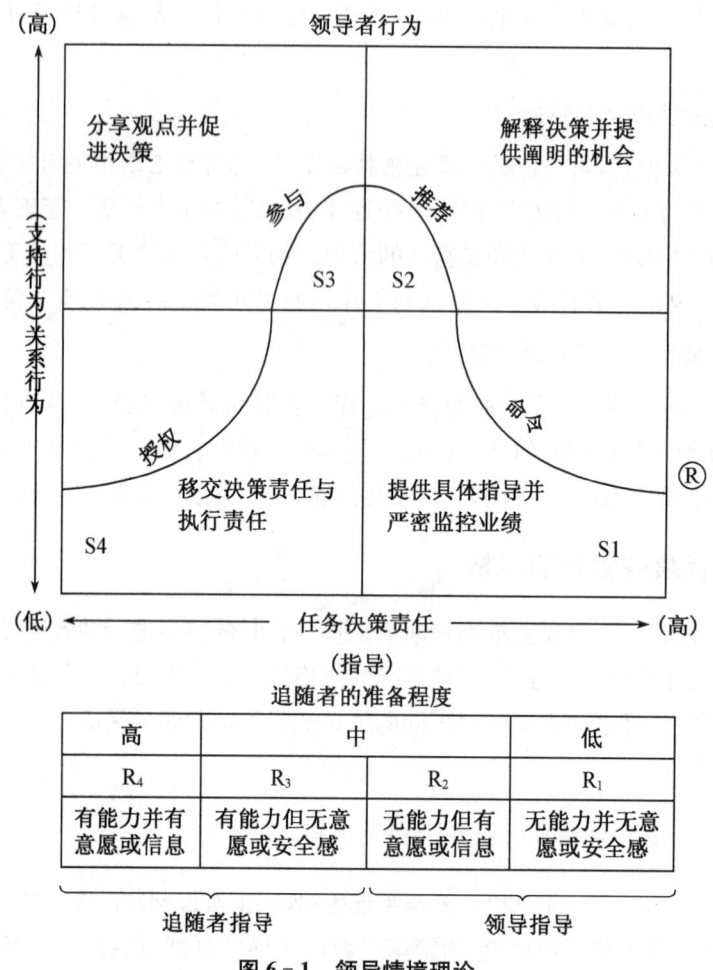

```
                        (高)        领导者行为

            分享观点并促              解释决策并提
            进决策                   供阐明的机会
        （
        支                参与        推荐
        持
        行           S3          S2
        为
        ）
        关
        系                          命
        行          授权              令
        为
                    移交决策责任与    提供具体指导并
                    执行责任         严密监控业绩
                 S4                        S1
        (低)  ←————————— 任务决策责任 —————————→ (高)
                            (指导)
```

追随者的准备程度

高	中		低
R₄	R₃	R₂	R₁
有能力并有意愿或信息	有能力但无意愿或安全感	无能力但有意愿或信息	无能力并无意愿或安全感

追随者指导　　　　　　领导指导

图 6-1　领导情境理论

（二）基于环境和下属的权变因素选择绩效辅导风格

管理者在帮助员工实现其绩效目标的过程中，需要充分考虑下属自身的特点和环境的限制因素，然后提供有针对性的绩效辅导。罗伯特·豪斯（Robert House）提出的路径—目标理论为管理者提供了相关的理论指导。

路径—目标理论同时提出了两种权变因素作为领导者行为与绩效结果之间的中间变量。一种是下属控制范围之外的环境，包括任务结构、正式权力系统、工作群体等。另一种是下属个性特点中的一部分，如控制点、经验、能力、受教育程度等。

豪斯指出，领导者的选用没有固定不变的公式，应当根据领导方式与权变因素的恰当配合来考虑。但是与菲德勒（Fiedler）不同，豪斯认为领导者是弹性灵活的，同一领导者可以根据不同的情境因素选择不同的领导风格。由路径—目标理论还可推导出一些观点，这些观点对于领导行为的指导同样具有很重要的意义。

① 当面对结构模糊的任务或压力较大时，指示型领导会带来更高的满意度。
② 当任务结构化的时候，支持型领导会得到比较高的绩效和满意度。

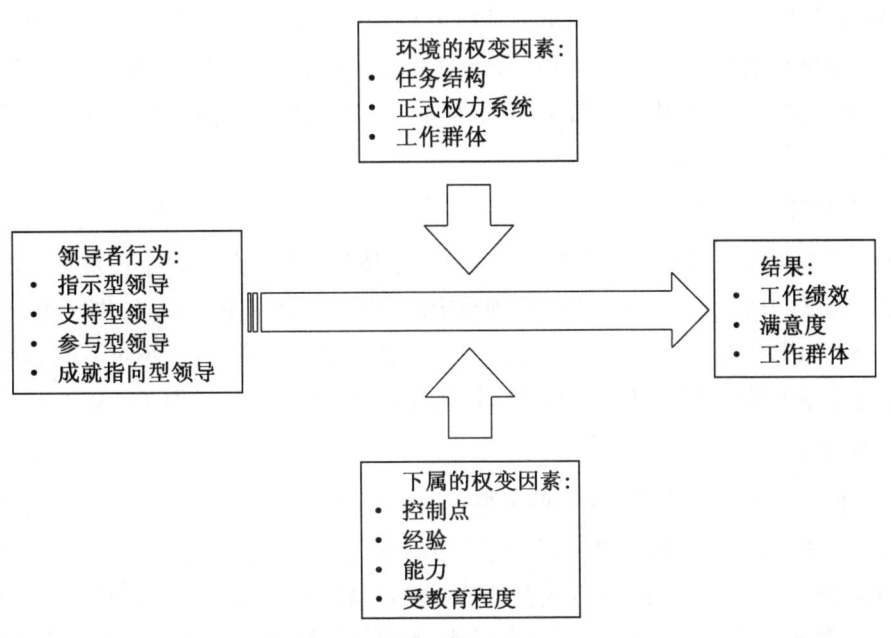

```
┌─────────────────┐
│ 环境的权变因素：  │
│ • 任务结构       │
│ • 正式权力系统   │
│ • 工作群体       │
└─────────────────┘
         ↓
┌─────────────┐              ┌─────────────┐
│ 领导者行为：│              │ 结果：      │
│ • 指示型领导│   ═══════▶   │ • 工作绩效  │
│ • 支持型领导│              │ • 满意度    │
│ • 参与型领导│              │ • 工作群体  │
│ • 成就指向型│              └─────────────┘
│   领导      │
└─────────────┘
         ↑
┌─────────────────┐
│ 下属的权变因素：  │
│ • 控制点         │
│ • 经验           │
│ • 能力           │
│ • 受教育程度     │
└─────────────────┘
```

图 6-2 路径-目标理论模型

③ 对能力强或经验丰富的下属而言，指示型领导被视为累赘。

④ 组织正式权力系统越完善、越官僚化，领导者越采用支持型风格，而减少指示行为。

⑤ 当工作群体内部有激烈冲突时，指示型领导会产生较高的下属满意度。

⑥ 内控型下属更适合接受参与型领导。

⑦ 外控型下属则对指示型领导更满意。

路径—目标理论虽然受到中间变量过少的限制，但无论是理论本身还是由之推导出的观点，都得到了不同程度的验证，为领导者选择领导行为奠定了理论基础，这些管理的箴言也符合许多高级管理者的行为理念。

从路径—目标理论可以看出，管理者在选择绩效辅导风格的时候，需要根据下属的全部因素和环境的全面因素等两方面的管理情境，决定在指示型领导、支持型领导、参与型领导以及成就指向型领导等辅导风格中做出具体的选择，从而确保通过有效的绩效辅导来弥补下属的不足，以更好地实现绩效目标。为了实现绩效目标，管理者需要及时、系统地找出并消除绩效障碍，同时，管理者角色也发生了改变，其基本角色不再是法官，更多的情况下是伙伴、教练或者导师。

（三）基于领导个性特征和行为偏好选择绩效辅导风格

基于管理者的个性特征和行为偏好，绩效辅导的风格也有所不同。一共有四种主要的绩效辅导风格：推动者、说服者、温和者和分析者。

1. 推动者

管理者采用推动型的绩效辅导方法，会直截了当地告诉被辅导的员工应该去做什么。

例如,辅导教练可能需要指导一位员工怎样去和客户打交道,在这种情况下,这位推动者倾向于对被辅导的员工这样说:"你必须用这种方式和客户说话。"这种教练往往极其自信,说话时语速很快并且语气非常坚决,常常是只讨论工作任务和事实,不太善于表达,很少流露出自己的个人感受。

2. 说服者

绩效教练可以采用劝说的方法来说服员工按他的想法去做。在上面那种情况下,这位说服者会尽力向员工解释,如果用某种特定的方式去和客户进行沟通,则对组织以及员工本人都会有哪些方面的好处。与推动者类似,说服者也非常自信,不过,说服者往往倾向于使用丰富的肢体语言,更多地谈论人际关系,同时会流露出丰富的个人感受。

3. 温和者

绩效教练会采取一种比较温和的风格,他们希望每一个人都很快乐。这种教练的主观性很可能多于客观性,他们之所以会指导员工用某种方式去和客户交流,只是因为从"感觉上来说"这样做应该是对的,或者是员工觉得这样做是对的。这种教练不是那么自信,说话的时候语气也比较柔和,会经常停顿,他们很少打断别人的谈话,并且喜欢做很多有条件的陈述。

4. 分析者

这种教练喜欢用一种系统的、逻辑性较强的方式对绩效进行分析,在提出建议时往往会依据相关的规则和流程。同样是上面的那个例子,在告诉员工应该如何与客户进行交流时,分析者会这样说:"手册里就是这么说的啊。"总之,分析者不是很自信,但与推动者相似的是,他们会更多地谈论工作任务和事实而不是个人感受。

第四节 教练式绩效辅导

一、教练及教练式领导

在绩效辅导环节,管理者通常担任"教练"的角色,指导员工改进他们的绩效。所以,我们需要了解什么是教练以及教练型领导,管理者担任教练具备哪些优势条件,尤为重要的是,我们要理解作为一名管理者应该通过什么样的方式对员工进行绩效辅导。

(一)教练的定义

教练(coaching)通常被描述为促进个体学习和行为改变的一对一的方法以及帮助个体识别机会以提升他们的绩效和能力的日常的实践过程。在教练研究领域,至今仍没有公认的统一的定义,许多学者从不同角度对教练进行了定义,如:

- Fournies(1987)将教练定义为通过纠正工作中的问题而提升绩效的过程。
- Peterson(1996)认为教练是使被教练者拥有相应的工具、知识及所需要的机会来进行自我开发,使员工更加有效地实现绩效的过程。
- Kampa-Kokesch 和 Anderson（2001）把教练定义为以提高专业技能、个人意识及个人效率为目的的系统反馈形式。
- Bacon 和 Spear（2003）认为教练可以被定义为为了促进新技能、提高可能性、洞悉个人学习兴趣以及促进组织进步而开展的一种非正式的对话。
- 国际教练联盟 International Coaching Federation（ICF）（2003）提出职业教练是帮助被教练者在其生活和职业生涯中、商业或组织中产生非凡的结果的一种持续职业关系。通过教练过程,被教练者加深学习,提高绩效,改善生活质量。
- Noer, Leupold 和 Valle（2007）将教练定义为以客户为中心的,为了使个人和组织都获益的一种帮助关系。

虽然各位学者的论述不同,但是其本质是相同的,即将教练视为一种发现个体潜在能力、改变他们的行为、提高自我意识和促进学习,进而达成个人目标和组织目标的帮助性的过程。教练可以为员工、管理者带来多方面的积极影响。在员工层面,教练可以快速激发员工的工作意愿和能力,让员工实现从不愿意到愿意、从不会到会的转变。提升员工的工作绩效并为其企业培养人才,从而提升人力资源的竞争力。在管理者层面,教练可以通过提升自身管理能力使自己成为教练型领导,从而促进团队协作,打造高绩效团队。

（二）教练式领导

在传统组织中,管理者往往扮演领导者、决策者和监督者的角色,对下属的工作内容了如指掌。而如今的管理者却遭遇了一个难题,那些掌握了专业技能的员工都是各自领域的专家,原来的示范和监督作用似乎难以发挥。担任着"领导"头衔的管理者该何去何从?

事实上,合格的管理者并不一定是该领域的专家。在绩效辅导过程中,管理者应当担当"教练"的角色,其作用在于发掘员工的能力,给员工提供帮助而非教训。在绩效执行的过程中对员工进行辅导,作为教练的管理者应关注的基本问题是帮助员工学会发展自己,即通过绩效辅导发现问题,并做及时的修正,以系统的培养带动技能和能力的提升。作为一名优秀的"教练",管理者应该发挥三层作用:

（1）与员工建立一对一的密切联系,帮助他们制定具有挑战性的目标和任务,并提供支持;

（2）营造一种鼓励承担风险、勇于创新的氛围,使员工能够从过去的经验和教训中学习;

（3）提供学习机会,把员工与能够帮助其发展的人联系在一起,为其提供挑战性工作,进而为目标实现和能力提升提供机会。

二、基于 GROW 模型的教练式绩效辅导

GROW 模型是 20 世纪 80~90 年代教练技术的权威约翰·惠特莫尔（John Whitemore）、格拉汉姆·亚历山大（Gralham Alexander）和艾伦·范恩（AlanFine）等人在

总结教练技术鼻祖蒂莫西·葛维(Timothy Gallwey)的经验基础上提出来的。最开始这套模型用于教练对运动员的训练,1992年约翰·惠特莫尔将GROW模型带入了企业管理实践,在第一版《绩效辅导:成就人员、绩效和目标的方法》一书中阐述了该模型对绩效辅导的指导价值。自此,GROW模型在公司战略、绩效管理、销售等各个领域得以广泛应用,并得到了管理学理论界和实践界的普遍认同。GROW模型的理论基础源于决策阶段理论,即"诊断问题—明确目标—拟订方案—筛选方案—执行方案",同时又吸收了目标管理理论和目标设定理论的思想,形成了通过有效沟通解决目标管理问题的核心理念,分为目标设定(Goal)、现状分析(Reality)、方案选择(Option)和行动计划(Will)四个阶段,在绩效辅导中对应为设定绩效目标、绩效诊断、方案选择和实施绩效改进四个循环相扣的环节,具体见图7-3。

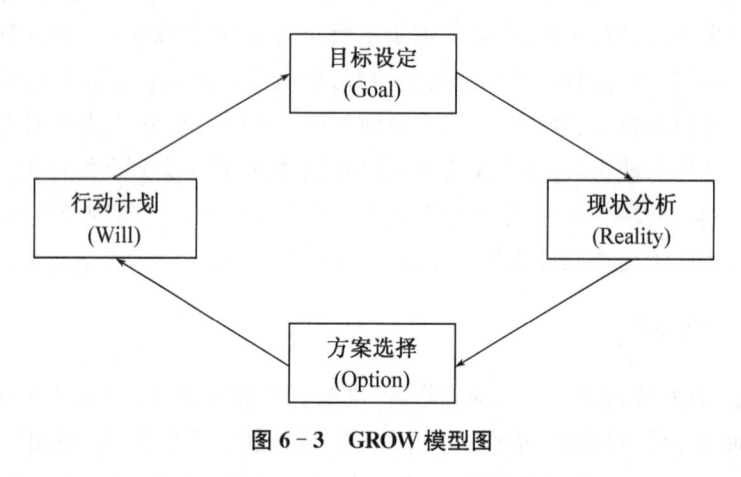

图6-3 GROW模型图

1. 目标设定(Goal)

关于目标设定在之前的章节中已有详细的描述。总而言之,目标设定阶段的核心就是员工要自己选择设定目标,而不是单纯地由管理者来确定。管理者要"掌握"目标的设定,通过一系列启发式的提问,帮助员工找到自己真正期望的目标。在这个过程中一般要遵循SMART原则。

2. 现状分析(Reality)

现状分析的关键就是要客观真实地了解实施和现状,明确自己"已经有什么",包括已经取得的绩效情况、影响绩效的因素、绩效改进要点等,明白现有行为和工作绩效与目标之间的差距。这个过程需要管理者帮助员工拓展思维,找到目前自己所能看到的内容和维度,发现更多的可能性,为拟定多种方案打下坚实的基础。值得注意的是,如果现状分析的结果显示与绩效目标的偏差较大甚至不能达成目标,则需要返回上一步来调整目标。

3. 方案选择(Option)

通过现状分析,教练可以了解到员工存在的差距在哪里,接下来就是帮助员工找到弥补差距的方法。但是,这并不代表教练直接将方案告知员工,而是通过沟通的方式让员工自己找到可能的行动方案,教练可以给员工提供一些必要的指导意见。在选择阶段,要注重兼顾方案的数量及质量。避免负面评价的同时开阔思维,引导员工以积极的心态列举尽可能多的、符合绩效目标的方案,以此来激发员工的创造力,扩大可选择的范围,同时使得有价值的方案不被遗漏。

4. 行动计划（Will）

方案确定之后,下一步就是敲定行动计划,也就是说教练要跟员工一起来商讨什么时间（when）、什么地点（where）、做什么事情（what）,以及做得怎么样（how）的行动计划。在这个阶段员工的意愿和决心特别重要。意愿代表员工究竟愿不愿意去实现目标,决心代表员工愿意为实现目标付出多大努力,二者结合起来会影响绩效目标的实现程度。因此,管理者要发挥积极的引导作用,引导员工制定详细的计划,落实意愿和决心,接着马上开始实施改进。在实施改进过程中也需要管理者采取多种方法使员工充满热情并采取积极的行动,适时地予以支持和检查,再进行阶段性的辅导,直至实现绩效目标。

三、绩效辅导的注意事项

进行辅导时,首先要对员工的工作方法、工作结果进行及时的评价。这种评价是非正式的,主要是通过描述具体的行为、数据来对照目标进行反馈,提出这些行为、数据可能的影响与后果,在此基础上进行辅导。对于基层员工来说,这种辅导更多的是管理者亲自演示与传授,而对于高层员工而言,这种辅导一般是提出建设性的建议。

辅导员工时管理者应注意以下问题：

（1）对员工充分信任。

（2）对员工的辅导应该是经常性的,而不是出了问题才进行辅导。

（3）当员工绩效表现出色时也应该进行辅导。一方面认可员工的表现；另一方面要鼓励员工以后做得更好,以更大的工作热忱回应管理者。

（4）将传授和启发相结合。管理者不应总是直接告诉员工该怎么做,还应该启发员工自己思考和探索解决问题的方法。

（5）给员工独立工作的机会。管理者应该让员工大胆尝试,而且对一些过程中的错误应表示宽容。

（6）注重提升员工的能力。辅导不应仅仅停留在一些具体问题的解决上,而是应该以提高员工的自身能力为目标。这样,如果员工以后遇到类似问题或新问题,就有能力独立应对。

关 键 词

绩效执行　绩效辅导　领导者风格　教练　GROW模型

复习思考题

1. 信息收集的方法主要有_____、_____、_____、_____和_____等。

2. 绩效辅导中的（   ）会采用较为温和的方式进行辅导，并且希望每个员工都能快乐。

    A. 说服者   B. 分析者   C. 温和者   D. 推动者

3. 在绩效执行阶段，管理者应该做到（   ）。
① 观察并记录信息　② 激励员工　③ 提供绩效辅导　④ 开发员工

    A. ③④   B. ②④   C. ②③④   D. ①④

4. 绩效辅导的主要内容包括（   ）。

    A. 提供建议   B. 提供建议   C. 提供支持   D. 赋予信心

    E. 提升胜任能力

5. 请谈谈你对绩效辅导的概念以及作用的理解。

案例分析

2010年年底的一个周三下午，安徽合肥高新区某IT公司销售部员工张三被其主管销售部赵经理请到了二楼会议室。张三进门时，看见赵经理正站在窗户边打手机，脸色不大好看。

约五分钟后，赵经理匆匆挂了电话说："刚接到公司一个客户的电话，前天人力资源部长找我谈了谈，希望我们销售部能带头实施面谈。我本打算提前通知你，好让你有个思想准备。不过我这几天事情比较多，而且我们平时也常沟通，所以就临时决定今天下午和你聊聊。"

等张三坐下后，赵经理接着说："其实刚才是蚌埠的李总打来电话，说我们的设备出问题了。他给你打过电话，是吧？"

张三一听，顿时紧张起来："经理，我接到电话后认为他们自己能够解决这个问题的，就没放在心上。"

张三心想：这李总肯定向赵经理说我的坏话了！于是变得愈加紧张，脸色也变得很难看。

"不解决客户的问题怎么行呢？现在市场竞争这么激烈，你可不能犯这种低级错误呀！这件事等明天你把它处理好，现在先不谈了。"

说着赵经理拿出一张纸，上面有几行手写的字，张三坐在对面没看清楚。赵经理接着说："这次的绩效考评结果我想你也早就猜到了，根据你的销售业绩，你今年业绩最差。小张呀，做市场是需要头脑的，不是每天都出去跑就能跑到业务的。你看和你一起进公司的小李，那小伙子多能干，你要向他多学着点儿！"

张三从赵经理的目光中先是看到了批评与冷漠，接着又看到了他对小李的欣赏，张三心里感到了刺痛。"经理，我今年的业绩不佳，那是有客观原因的。蚌埠、淮南等城市经济落后，产品市场还不成熟，跟江浙地区不能比。为了开拓市场，我可费了很多心血才有这些成绩的。再说了，小李业绩好那是因为……"张三似乎有满肚子委屈，他还想往下讲却被赵经理打断了。

"小张,你说的客观原因我也能理解,可是我也无能为力,帮不了你啊!再说,你来得比他们晚,他们在江浙那边已经打下了一片市场,有了良好的基础,我总不能把别人做的市场平白无故地交给你啊。你说呢?"赵经理无奈地看着张三说。"经理,这么说我今年的奖金倒数了?"张三变得沮丧起来。正在这时销售部的小吴匆匆跑来,让赵经理去办公室接一个电话。

赵经理匆匆离去,让张三稍等片刻。于是,张三坐在会议室里,心情忐忑地回味着经理刚才讲过的话。

大约过了三分钟,赵经理匆匆回到了会议室坐下来。

"我们刚才谈到哪儿了?"赵经理显然把话头丢了。

张三只得提醒他说到自己今年的奖金了。

"小张,眼光要放长远,不能只盯着一时的利益得失。今年业绩不好,以后会好起来的。你还年轻,很有潜力,好好干会干出成绩来的。"赵经理试图鼓励张三。

"我该怎么才能把销售业绩做得更好呢?希望经理你能多帮帮我呀!"张三流露出恳切的眼神。

"做销售要对自己有信心,还要有耐心,慢慢来。想当年我开辟南京市场时,也是花了近一年的时间才有了些成效。那个时候公司规模小,总经理整天带着我们跑市场。现在我们已经有了一定的市场占有率了,公司知名度也有所提高,应该讲现在比我们那时候打市场要容易些了。"

张三本正打算就几个具体的问题请教赵经理时,赵经理的手机突然响了,他看了一眼号码,匆忙对张三说:"我要下班接儿子去了,今天的面谈就到这里吧,以后好好干!"说罢匆匆地离开了会议室,身后留下了一脸困惑的张三。

(根据 https://doc.mbalib.com/view/7acf2c7a03445ffe1bb503f8b7bff365.html 案例改编)

思考:结合本章内容,你认为赵经理的绩效辅导存在哪些问题?试结合 GROW 模型为赵经理制定合理的绩效辅导方案。

第七章 绩效评价

学习目标

1. 理解绩效评价的概念；
2. 掌握绩效评价结果对员工的作用；
3. 理解公平在绩效评价中的重要作用；
4. 掌握绩效评价的主体以及不同评价主体的优缺点；
5. 掌握绩效评价常见的偏差；
6. 了解避免绩效评价偏差的培训方法；
7. 了解绩效评价的方法。

导入案例

科龙的绩效评价案例

对几乎所有的公司来说，岁末年初，绩效评价总是备受关注。科龙公司也不例外。科龙公司对具体员工的绩效评价，最重要的当然是其直接上司；直接上司的意见，是该员工绩效评价报告中最关键的内容。此外，在有些部门中，对员工进行绩效评价的时候，还会考虑其他人的意见。这些人可能是该员工的同级，或者下级，或者间接上级，或者是其内部顾客(即该员工工作成果的使用者或合作者)。员工的自我评价，也是绩效评价的一个重要方面。科龙的绩效评价工作，自上而下，分为三个层面：

首先，公司对部长的绩效评价主要是季度考评。在每个季度结束后，各部部长(业务部门叫总监)就填写一份《科龙干部绩效季度评估表》。表中内容主要包括季度业绩回顾、综合素质评价、综合得分和评语这四个部分。填写时，先由部长对上述四部分内容一一做出自我评价，然后再由其直接领导(总裁或副总裁)也对上述内容做出评价，最后由领导填写评语。

其次，部门对科长或分公司经理的绩效评价一直是科龙公司绩效评价工作的重点和难点。不同的部门，职责不同，而且涉及人数和范围都很广，有时还会有交叉考核或共同考核的情形。比如，在全国的30个分公司中，冰箱分公司经理和业务代表由冰箱营销本部考核，而分公司的财务经理则同时由财务部和冰箱营销本部考核。部门对科室或分公司进行绩效评价的频率,基本上每月一次,而每季、每半年和每年的绩效评价,也会与当月的月度评估同时进行。但根据部门特色,各部门评估方法和评估指标各有不同。

科室或分公司对其员工的绩效评价一般也是每月一次,但评估指标就简单得多。他只对与其职责相关的指标负责。在总部,这项评估工作的执行者就是科长,而在分公司,执行者则是分公司经理。

（根据 http://www.renrenjixiao.com/detuils/173 案例改编）

第一节 绩效评价

绩效评价(Performance Assessment)不仅评估当前的绩效表现,还评估当前状态与理想状态的差距,以及发展的潜力。管理者不是单纯地为了评判员工的好坏来实施它,而是为了完成这一完整的管理活动,从而促进员工、团队和组织的共同提升。此外,绩效评价对组织以及员工而言都具有非常重要的作用。绩效评价可以推动组织战略的实现,也可以促进员工绩效水平的提升,绩效评价的结果还可以作为员工薪酬、培训等一系列人力资源管理活动的依据。

一、绩效评价的定义

绩效评价是指根据绩效目标协议书所约定的评价周期和评价标准,由绩效管理主管部门选定的评价主体采用有效的评价方法,对组织、部门及个人的绩效目标实现情况进行评价的过程。不论是组织绩效、部门绩效还是个人绩效,都要以绩效计划阶段设定的相关目标、行动方案等内容为依据。

绩效评价作为组织的一项制度,通常应定期进行,组织每月、每季度或每年对员工进行正式的绩效评价。组织中还可能存在着非正式的绩效评价,如来自上级的口头表扬或批评,这种非正式的绩效评价也对员工的工作改进或提高起着一定的作用,但远远不如正式的、采用科学方法和程序的绩效评价对企业带来的影响大。实施有效的绩效评价是组织管理过程中必不可少的工作,具有非常重要的意义。

第一,绩效评价能够助推组织战略的实现。绩效评价的内容具有行为导向作用,能够使个体行为聚焦于组织战略。组织想要实现既定战略,必须界定清楚组织的战略目标是什么,通过员工什么样的行为和结果能够达成战略目标,然后将战略目标转化为绩效评价的内容传递给组织内所有成员。换句话说,评价内容直接由组织战略决定。绩效评价时使用哪些指标、如何定义这些指标都是向组织成员传达的组织重视什么方面的表现、要求员工具备哪些能力和什么样的工作态度等信息。绩效评价这种引导和传递的作用能够让组织成员的工作行为和结果指向组织战略,从而有利于组织战略的实现。

第二,绩效评价能够促进绩效水平的提升。绩效评价依据每种工作的具体要求来对照员工的实际工作绩效,找出其中的差距和不足,同时分析导致绩效不佳原因,究竟是因为员工个人哪方面不合格,还是因为工作本身的要求。管理者通过对组织绩效、部门绩效和个人绩效的评价,及时发现存在的绩效问题,通过及时的沟通和反馈,分析个人层面、部门层面和组织层面绩效不佳的原因,制定并切实执行绩效改进计划,从而提高各层面的绩效水平。

二、绩效评价的理论基础及原则

(一)绩效评价的理论基础

公平理论是由美国心理学家和行为科学家约翰·亚当斯于1965提出的,该理论认为员工的激励程度乃至由此产生的幸福感来源于对自己和参照对象的报酬和贡献之比的主观感受,从而来判断组织或社会的分配是否公平,并决定下一步的行为。组织公平的维度问题一直都是研究人员的研究焦点之一,至今还存在着许多争议。目前,最常见的一种看法是将公平分为三个维度,即分配公平、程序公平和互动公平。

最早的公平研究主要集中在分配公平。顾名思义,分配公平指的是个体对组织决策结果的公平感知。当个体在判断得到结果是否公平时,首先会衡量自身付出与回报的比率,同时通过与他人做比较来评价自己所得。如果个体感知到不公平,就会调整自己的付出与回报以达到公平的状态(Greenberg,1984)。但是,分配公平忽略了分配结果之前的分配程序,所以程序公平的概念应运而生。

程序公平指的是员工在多大程度上感到组织制定决策的程序是公平的、一致的、无偏的和符合道德规范的。也就是说决定是否公平的要素并不是最终得到的结果的多少,而是计划和执行决策的过程。只要员工有控制过程的权利,不论最终决策是否对自己有利,人们的公平感都会得到显著增加。互动公平在程序公平的基础上提出,即个体在实施程序过程中在人际方面感到待遇好坏的敏感程度,应包含合理化、坦诚、尊重、恰当四部分。后来,互动公平被分为两个部分:人际公平与信息公平(Greenberg,1984)。其中,人际公平主要指在执行程序或决策时,员工是否感受到礼貌对待、尊重、关心;信息公平主要指员工是否被传达了应有的信息,是否得到合情合理的解释。

综上所述,三种类型的公平各有侧重点。分配公平主要讨论分配结果的合理性,程序公平集中讨论公平实施过程中的合理性,互动公平则从人际交流方面切入。此外,绩效评价的结果通常是管理者为员工发放薪酬、制定开发计划等的基础。因此,如果员工感知到分配公平、程序公平和互动公平,也就更容易接受绩效评价的结果。具体来说,分配公平体现在给员工发放的薪酬的合理性,应该根据员工绩效考核结果的真实结果,有理有据地确定薪酬;程序公平体现在确定及发放薪酬过程的体系化、制度化;而互动公平则侧重进行绩效评价时信息的公开透明及上级与员工之间的有效沟通。基于此,下面我们将结合公平理论讨论绩效评价的原则。

(二)基于公平理论的绩效评价的原则

1. 公平性原则

基于分配公平,要确保绩效评价结果的公正。主要是指绩效评价过程中对被考评对象的分析要从多方收集信息,全面看待被考评对象,确保绩效评价的结果不受个人特质(包括评价者和被评价者)的影响,避免产生差别待遇的不公平现象。

2. 制度化原则

在绩效评价环节,绩效评价的结果受到相应程序的约束。在绩效管理中,绩效管理制度的公平往往比合理更重要。只要通过明确绩效评价的制度,对所有的员工一视同仁,就更能让员工接受绩效评价的结果。制度的合理性可以根据需要通过不断的改进而获得,但制度执行的公正性一定要自始至终坚持下去。此外,还应该强调绩效评价过程中员工的过程控制作用。也就是说,应该通过制定相应的制度鼓励员工自觉参与绩效评价,保证评价过程的顺利进行。通过将绩效评价制度化,企业可以发现员工工作中的问题以及组织中的一些潜在问题,同时挖掘员工个人的潜力和组织的潜在优势,提高组织的竞争力。

3. 公开性原则

基于互动公平,绩效评价的过程要对员工公开。每一次的考评结果,企业都应该及时、准确地反馈给员工,双方在此基础上形成改进方案,以达到绩效评价的最终目的。管理者在绩效评价过程中应当积极向员工传达相应的信息,让员工了解绩效评价的过程,并且应该对绩效评价的准确性负责,能够对评价结果给出合理的解释。

三、绩效评价的结果应用

绩效评价结果能够为各项人力资源管理决策提供依据。绩效评价的结果常常能够反映企业人力资源管理系统中的潜在问题以及可能的新的增长点,是组织制定薪酬决策、晋升决策、培训与开发决策的依据,只有将绩效评价的结果与人力资源管理的相关决策紧密联系起来,才能对所有成员起到激励和引导的作用,同时也能增强各项人力资源管理决策的可接受程度。

1. 绩效评价的结果为员工的薪酬发放提供基础

绩效评价结果最直接的应用就是为企业制定员工的薪酬方案提供客观依据。每一个绩效周期的绩效评价都是对这一周期内的员工工作绩效的评判,企业以此为依据进行薪酬的发放调整,这样才能真正反映员工对企业的贡献和取得回报的对应关系,起到奖惩和激励的作用。

2. 绩效评价的结果可以为员工职业发展提供依据

对绩效评价结果的分析讨论过程可以帮助管理者发现员工的工作兴趣方向和工作潜力,管理者通过合理的安排和适当的指导,使员工按照一定的职业发展道路顺利前进,满足员工自身兴趣爱好的同时促使其为企业做出更大的贡献。同时,绩效评价的结果能够客观地区分出优秀的员工以及一般的员工,组织往往会将绩效评价的结果作为员工未来晋升的依据。

3. 绩效评价的结果是对员工进行培训与开发的依据

绩效评价的结果反映了企业人员的基本工作状况,如能否胜任某一项工作,工作熟练程度如何,以及应在哪些方面加以改进和如何改进等,这类信息正是企业进行员工培训和发展所需要掌握的内容。企业通过对绩效评价的过程和结果讨论,确定出员工培训和发展的方向和目标,同时以员工和上级主管共同商讨的方式制定出切合实际的具体培训方案,使企业人力资源培训取得良好的效果。

第二节 绩效评价主体的确定

绩效评价既可以由单一的主体(通常指直接上级)直接对员工进行绩效评价,也可以通过上级、同事、本人、下级、客户等多种评价主体共同对员工的绩效进行评价。但这并不意味评价主体越多越好,选择评价主体要遵循一定的原则,且不同的评价主体有一定的优缺点。绩效评价主体的选择应当结合部门的实际情况。

一、选择评价主体的原则

评价主体指的是对评价对象做出评价的人。绩效评价阶段,在考虑选取哪些评价主体时一定要注意评价主体与评价内容的匹配问题。选择什么样的评价主体在很大程度上与所要评价的内容相关。评价主体选择的一般原则有以下两个。

(一) 知情原则

知情原则指的是评价主体对所评价的内容和所评价职位的工作要有所了解。一方面,评价内容必须是评价主体可以掌握的情况。如果要求评价主体对其无法了解的情况做出评价,这种评价一定是不准确的,必将对整个绩效评价工作的准确性和公正性产生不良的影响;另一方面,评价主体要对被评价职位的工作有一定的了解。评价对象的任何职务行为都是基于实现一定职责任务目的的,并不是孤立的行为。缺乏对职位的了解,往往会做出以偏概全的判断。

(二) 多元化原则

单一的评价主体容易产生误差与偏颇。采用多元化的评价主体既可以对评价结果相互印证,又能够相互补充,体现评价的准确性。另外,扩大评价主体的范围也能够体现出评价的民主性与公平性。因此,对评价内容与评价对象的评价可以从多角度、多层面进行,既可以包括评价对象的上级、同事、本人、下级,也可以向组织外延伸,将利益相关者(如客户、供应商等)纳入评价主体的范畴。需要特别指出的是,评价主体的多元化并不意味着评价主体越多越好,而是应在评价主体了解评价对象和评价内容的基础上,扩大评价主体的范围,使绩效评价的结果更加全面准确。

二、不同评价主体的优缺点

（一）上级评价

在大多数组织中，直接上级是绩效评价过程中最常用的评价主体，对下属的工作进行评价并向其提供绩效反馈信息。直接上级通常是最重要的信息来源，因为他们了解公司的战略目标，清楚绩效要求，并且通常负责管理员工绩效。上级通常是最熟悉下属工作情况的人，而且比较熟悉绩效评价的内容。同时，对于直接上级而言，绩效评价作为绩效管理的一个重要环节，为他们提供了一种监督和引导下属行为的手段，可以帮助他们促进部门或团队工作的顺利开展。此外，通过上级评价，有利于保证上级管理的权威性，如果直接上级没有绩效评价的权力，将会削弱他们对其下属的控制力。

但是，直接上级对员工的绩效评价未必是全面和客观的，上级评价的结果可能会受时间以及上级领导主观偏见的影响。首先，上级领导往往没有足够的时间全面观察员工的工作情况，评价信息来源单一。直接上级可能会强调员工工作结果的某一方面而忽视其他方面。其次，基于利己的动机，为了完成部门的绩效目标，上级对员工进行绩效评价的依据很可能是员工对上级认为重要的那些目标做出贡献的程度，而不是员工对整个组织重视的那些目标做出贡献的程度。上级主管也可能因为自身的主观偏见对员工做出错误的评价。

因此，尽管直接上级通常是最重要的绩效信息来源，有时甚至是唯一的绩效信息来源，但是，也应当考虑到其他一些绩效信息来源。例如，员工的自我评价是一个非常重要的部分。除员工的自我评价和上级评价之外，我们还可以从员工的同事、客户以及下级（如果有）那里收集绩效信息。

（二）本人评价

员工的自我评价是绩效评价的一个重要组成部分。员工自我评价一般会通过自评会展开，其主要内容是员工对自己的绩效状况做出评价。这次会议实质上是一次报告会，在这种场合，上级不会对员工的自我绩效评价情况做出评判。这次会议只不过是为员工提供一个机会，让他们自己描述一下对个人在绩效评价周期内的绩效有何看法。在述职的基础上，通常让员工填写绩效的自我评价表格，随后让他们的上级用同样的表格即用相同的绩效维度对员工的绩效进行评价，这种做法是非常有用的。

由于员工本人对自己的绩效表现有一定的评价和看法，为了体现员工参与、授权、民主等观念，员工本人也开始被纳入评价主体。当员工有机会参与绩效管理过程时，他们对最终结果的接受程度可能会提高，而他们在评价面谈阶段的防御心理则会受到弱化。自我评价的另一个优点是：员工是在整个评价周期内追踪本人工作活动的最佳人选，而一位管理者则可能需要同时关注几位员工的绩效表现。

但是，大量的研究表明，员工对他们自己的工作绩效所做出的评价，往往会比他们的主管人员或同事所做出的评价等级要高。而那些总是将自己列入高绩效等级的员工在很多情况下则往往是低于一般绩效水平的。此外，当自我评价的结果与其他主体的评价结果相差较大时,很容易激发矛盾。

(三)同事评价

同事评价是由被评价者的同级同事对其进行评价。这里的同级不仅包括被评价者所在团队或部门的成员,还包括其他部门的成员。这些人员一般与被评价者处于同一管理层级,并且与被评价者有经常的工作联系。研究表明,同事评价的信度和效度都很高,同时,同事评价还是工作绩效预测的有效因子。这是由于同事经常以一种与上级不同的眼光来看待他人的工作绩效,例如,他们会更加注重相互之间在工作中的合作情况。另外,上级与员工接触的时间毕竟有限,员工总是会在上级面前把他最优秀的方面表现出来,而他的同事却总能看到他的真实表现,这是同级评价最有价值之处。此外,使用同事作为评价主体来补充上级评价,有助于形成关于个人绩效的一致性意见,并帮助人们消除偏见,促进被评价者更好地接受评价结果。

虽然同事评价有一定的优势,但是,同事评价也存在一定的局限性。例如,当绩效评价结果被应用于薪酬和晋升等利益相关事宜时,可能会引发同事间的竞争关系,进而影响人际关系以及工作氛围。此外,同事评价也会受到主观因素的影响。例如,在对与其私交较差的同事进行评价时,往往会不考虑其绩效而给其较低的评价。同事之间也可能会"串通一气",相互给对方较高的绩效评价分数,从而使评价结果失去意义。

(四)下级评价

下级评价使用得当会对提高管理质量、培养组织氛围大有好处,可以使企业的高层管理者对企业的管理风格进行诊断,因此,越来越多的企业让员工以不署名的方式参与对上级的评价,特别是对员工进行广泛的问卷调查,这种方式通常被称为自下而上的反馈。由于下级最了解上级的管理能力,因此下级评价给管理者提供了一个了解员工对其管理方式和风格看法的机会;由于下属的视角独特,因此这种自下而上的反馈更多侧重于对管理者管理技能的评判,而不是对其实际工作业绩的评价。

下级从未做过管理者从事的工作,很有可能想当然地对其行为加以判断,因此对下级评价结果要在合理的分析之后再做应用。管理者也有可能担心由于某些必要的管理行为(如批评、惩罚等)触动了员工的利益而在评价时遭到报复。这会导致管理者更重视员工的满意度而不是工作效率,这样或多或少地会削弱上级的管理权威,造成上级对下级的迁就。下级也可能会顾及上级的反应,担心对上级做出诚实的评价后可能会遭到上级的报复,不敢真实的反应情况。因此,下级评价应采用匿名提交的方式,而且要保证有足够的下级数量,以提高评价者的安全性和评价结果的公正性。由于下级评价与传统的自上而下的管理方式相悖,因此该方法的使用要格外谨慎。

(五)客户或供应商评价

以上四个绩效信息来源——上级、下级、本人和同级都是组织内部的成员。实际上,在组织外部还有一些群体能够提供有价值的绩效信息,如客户和供应商等利益相关者。

这种评价方法主要是为了了解只有特定外部人员才能感知的绩效情况,或通过引入特殊的评价主体引导评价对象的行为。例如,在服务行业中,以客户为评价主体对直接面对客户的服务人员进行评价,可以更多地了解他们在实际工作中的表现。更重要的是,由于客户满意度成为组织成功的关键影响因素,这类组织将客户作为评价主体来引导员工行为,可以促进其更好地为客户提供服务。但是,客户往往更关注员工的工作结果,不利于对员工进行全面的评估,而且由于某些职位的客户比较模糊,因此并不是所有类型的组织都适合使用客户评价的方式。

第三节 绩效评价常见的偏差

无论由谁来进行绩效评价,评价者都有可能受到一些偏见的影响,从而造成最终评价结果的歪曲。绩效评价结果被歪曲或者变得不准确,既有可能是评价者故意所为,也有可能是在无意中造成的。然而无论如何,一旦这些现象发生,都有可能导致组织做出错误的决策,员工可能会感觉他们没有得到公平的对待,组织也可能会被起诉。为了防止这些负面影响的出现,我们就需要理解为什么评价者会提供歪曲的评价。评价者在绩效评价中产生的偏差可能是为了满足自身的利益故意做出错误的评价,也可能是因为自身的直觉偏差"无意"中做出错误的评价。

一、评价者动机导致的偏差

评价者的评价行为会受到两种动机的影响:一是提供准确的绩效评价信息的动机;二是提供歪曲的绩效评价信息的动机。评价者提供准确的绩效评价信息的动机也受两方面因素的影响:一是评价者认为提供准确的绩效评价信息到底是会给自己带来正面影响还是负面影响;二是如果提供了准确的绩效评价信息,自己获得报酬或受到惩罚的概率是高还是低。类似地,提供歪曲的绩效评价信息的动机也受两方面因素的影响:一是评价者认为提供歪曲的绩效评价信息将会给自己带来正面影响还是负面影响;二是如果提供了歪曲的绩效评价信息,那些正面影响或负面影响出现的概率到底有多大。一般来说,主管人员在给员工提供准确的绩效评价的动机一般受以下几个因素的影响:

(1) 如果他提供了准确的绩效评价信息,他能够得到什么收益?他会失去什么?

(2) 如果他真的提供了准确的绩效评价信息,他本人的绩效等级会被评得更高吗?他会得到报酬吗?

(3) 如果他真的提供了准确的绩效评价信息,他同自己下属之间的关系将会变糟吗?

类似地,管理人员提供歪曲的绩效评价信息也受到以下几个因素的影响:

(1) 如果管理人员提供歪曲的绩效评价信息会带来相关的正面影响或负面影响吗?

(2) 这种正面影响或负面影响发生的概率到底有多大?

这些问题的答案将决定这位主管人员提供歪曲的绩效评价信息的动机。

此外,有许多方面会影响评价者产生提供准确绩效评价信息的动机性障碍,进而提供歪曲的绩效评价信息或者人为抬高或压低绩效评价分数。主管人员可能会为了达到以下目的产生宽大化倾向,人为抬高绩效评价分数。例如:

(1) 为了激励员工。当主管人员认为如果给他的下属较高的绩效评价时,在下个绩效周期就会更能努力工作,就会给予员工较高的绩效评价。

(2) 让自己的上级领导以为自己的领导能力较好。主管人员可能认为,如果自己手下的每一位员工都得到了较高的绩效评价分数,那么本人的上级主管人员可能会认为自己是一位有效的领导者。而且,如果主管人员本人的绩效评价分数和下属员工的绩效有关,主管人员就很有可能夸大下属人员的绩效评价分数。

(3) 避免员工对评估结果不满而产生的抱怨情绪。当绩效结果公布时,员工可能会对自己的绩效结果不满,因此会产生抱怨的情绪。为了避免与员工产生对抗,主管人员就可能会决定采取受到员工抵制的可能性比较小的做法,即人为抬高员工的绩效评价分数。

(4) 为了维系与下属间的良好关系。管理者可能因为想维持和下属的友好关系给下属较高的绩效评价。例如,主管人员可能会因为想给下属创造获得更高报酬的机会而给员工较高的绩效评价分数。

通过对评价者的动机进行分析,我们就可以很好地理解主管人员决定抬高绩效评价分数的每一条原因。例如,使自己在上级主管人员眼中变得更好或者避免同员工之间产生对抗都可以被视为抬高下属员工的绩效评价分数可能带来的一个积极后果。因此,如果主管人员预见到了这些积极后果,他就可能会选择提供歪曲的绩效评价信息。

当然,主管人员也可能为了达到以下目的产生严格化倾向,人为降低绩效评价的分数。例如:

(1) 担心下属会超越自己。一个部门之间也存在竞争,主管人员可能会担心自己的下属太过优秀而威胁到自身的地位而给下属较低的绩效评价分数,让下属不那么脱颖而出。

(2) 教训不听话的员工。主管人员可能想惩罚某位员工,或者是强迫某位员工与自己合作,而他们认为这样做的最好方式就是人为地压低员工的绩效评价分数。

(3) 为了警醒员工。主管人员可能会认为,对员工实施一种"休克疗法"即故意压低员工的绩效评价分数,对员工来说可能是一次打击,这样就可以让他们意识到自己存在问题,进而采取行动改善自己的绩效。

(4) 暗示员工主动离职。一位缺乏沟通能力的主管人员可能希望向一位员工传达这样一层意思,即你应该考虑离开本部门或者本组织了。而人为压低绩效评价分数的做法可能会被主管人员视为传达这种信息的一种方式。

此外主管人员也可能为了达到以下的目的产生中心化倾向,给每一个员工的评价结果都相差不多,或者都集中在评价尺度的中心附近,导致成绩拉不开差距。

(1) 不愿意做出"极好""极差"之类的极端评价。

(2) 对员工不够了解,难以做出准确的评价。

(3) 对评价工作缺乏自信心。

(4) 有些组织要求主管人员对过高或过低的评价写书面鉴定,以免引起争议。

总的来说,绩效评价过程中可能会掺杂很多情感因素,同时绩效评价还会受到评价者本人的目标和动机推动的其他一些隐含因素的影响。如果评价者没有受到提供准确绩效评价信息的激励，则他们很可能会利用绩效管理体系来达成个人的政治目标和其他目标，而不是把它作为改善员工绩效，从而最终提升组织总体绩效的一种工具。

二、知觉偏差

知觉指的是，个体为了对自己所在的环境赋予意义而组织和解释他们感觉印象的过程。当个体看到一个目标并且试图解释自己看到的东西时，这种解释就会受到知觉者个人特点的影响。影响知觉的个人因素有许多，包含态度、人格、动机、兴趣、过去经验和期望等。在判断他认识往往会产生选择性知觉的现象，也就是说我们不能观察到所有的信息，只能接受零零散散的信息。但这些零散的信息不是随机选择的，而是评价者根据自己的兴趣、背景经验、态度等进行的选择。在绩效评价中评估者会产生的知觉偏差主要有晕轮效应、逻辑误差、近因效应、首因效应、刻板印象、溢出效应等。

（一）晕轮效应

当我们以个体的某一种特征（如智力、社会活动、外貌）为基础，从而形成对一个人的总体印象时，就会受到晕轮效应的影响。在实际的绩效评价过程中，十分容易产生晕轮效应的现象，尤其是对那些没有标准化的因素（如主动性、工作态度、人际关系、工作质量）实行考核时，晕轮效应会表现得更加明显。例如，主管人员对一个员工的沟通能力比较看重，那么他可能会给在绩效评价阶段给那个员工较高的分数，而对于沟通能力较为一般的员工则可能打较低的分数。因为晕轮效应的错误在于不能确认员工的具体优点和缺点，管理者在无意识之间就给出了存在偏差的绩效评价分数，所以它是准确地考核员工绩效的一个障碍。

（二）逻辑误差

逻辑误差指的是评价者在对某些有逻辑关系的评价要素进行评价时，使用简单的推理造成的误差。在绩效评价过程中产生逻辑误差的原因是两个评价要素之间的高相关性。例如，很多人认为"社交能力与谈判能力之间有很密切的逻辑关系"，于是，评价者在进行绩效评价时，往往会依据"既然社交能力强，谈判能力当然也强"而对评价对象做出这样的评价。

逻辑误差与晕轮效应的本质区别在于：晕轮效应只在同一个人的各个特点之间发生作用，在绩效评价过程中是在对同一个人的各个评价指标进行评价时出现的；逻辑误差与评价对象的个人因素无关，它是由于评价者认为评价要素之间存在一致的逻辑关系而产生的。

（三）近因效应

评价者仅凭员工的近期（绩效评价期间的最后阶段）行为表现进行评价，即员工在绩效评价期间的最后绩效表现的好坏，导致评价者对其在整个评价期间的业绩表现得出相同的结论。尤其对被考核者在近期取得令人瞩目的成绩或犯下过错产生比较深刻的印象时，考核者便无法全面考察被考核者在较长时期内的行为表现和工作业绩。从心理角度来说，人们对近期发生的事情印象比较深刻，而对远期发生的事情比较淡漠。因此，如果绩效考核的周期较长，加上主管未对员工平时的表现做经常性的观察和记录，那么，在对被考核者某一时期的工作进行评估时，考核者则会只看该员工近期的表现和成绩，以记忆和印象来代替被考核者在整个考核周期的表现，使考核出现误差。

每个组织的绩效评价周期不同，许多组织以一年或者半年为周期对员工评估一次。此时，当评估者评估员工的某一具体特点的时候，往往不能回想起在整个评估阶段中员工的所有的工作行为，这种现象称为绩效考核中的记忆衰退，它通常会导致近因效应的发生。因此，绩效评价的结果很容易受到评估者容易记住的近期的重大事件的影响。例如，在绩效周期结束前一个月某员工在工作中出现了错误表现不佳，即使在这之前该名员工的表现都十分有效，评价者还是可能会给他较低的评价。所以，为了尽量避免这样的现象出现，管理者必须十分注意对绩效信息的收集与记录。

（四）首因效应

员工在绩效评价初期的绩效表现对评价者评价其以后的绩效表现会产生延续性影响，也就是说会受到第一印象的持续影响。评价者在一开始对一位员工做出了好或不好的判断之后，就会忽略随后那些并不支持评价者早期做出的这种判断的信息。例如，如果主管人员对某个员工的第一印象就比较负面，那么在绩效评价阶段管理者往往会根据对该员工的第一印象做出负面评价。首因效应会给评价工作带来消极影响，使评价结果不能正确地反应评价对象的真实情况。

（五）刻板印象

刻板印象误差发生在主管人员简单地基于员工所属群体的总体特征来对员工进行评价的时候。非常有代表性的一个例子就是性别歧视。例如，管理人员认为女性员工的体力和精力没男员工好，比较适合从事文职类工作，并不适合从事体力劳动。那么，当某位女员工承担的是与管理人员的刻板印象并不相符的职位（例如汽车零件组装），而且该名员工的表现非常优秀的情况下，主管人员可能会因为刻板印象导致绩效考核偏见，这种评价误差会导致对某些群体成员的长期绩效做出较低的评价。例如，国外的一项研究要求黑人主管和白人主管分别对同一组白人工人和黑人工人进行评价，结果发现，与黑人主管相比，白人主管打出的白人工人的评价分数和黑人工人的评价分数之间的差距更大。也就是说，主管人员个人所属的族裔就会影响到评价结果。

（六）溢出效应

溢出效应是指因评价对象在评价期之外的绩效失误而降低其评价等级。例如，一名操作人员在评价周期之前出现了生产事故，影响了他上一个周期的工作绩效。在本评价期内他并没有再犯类似的错误，但评价者可能会由于他在上一评价期间的表现不佳而在本期的评价中给出较低的绩效评价。

三、避免偏差的培训方法

（一）评价者误差培训

通过使管理者们意识到评价误差的存在，帮助他们制定将这些评价误差控制在最低水平上的战略。在这种培训课程中，往往还会让受训者看一些常见的绩效评价误差案例，同时为他们提供一些关于如何避免发生这些误差的建议。在具体的操作中，可以先向受训者放一段关于绩效评价过程中可能会产生评价误差的一段录像，培训者可以要求受训者根据进行绩效评价并与正确的绩效评价加以比较并讨论。之后培训者会解释受训者为什么会出现误差，具体出现了哪个方面的误差，以及今后应当采取哪些措施消除这些误差。但是，又有证据表明，减少评价误差的同时也会降低评价的准确性。

（二）参照框架培训

参照框架培训主要通过让评价者彻底熟悉需要评价的各种绩效维度来提高评价者做出评价的准确性。具体的做法是对每一种绩效维度都提供各种范例，然后再来讨论这些范例所代表的实际绩效水平或者"正确的"绩效水平。

（三）行为观察培训

行为观察培训是一种为了使无意的误差最小化而实施的培训。行为观察培训关注的是评价者如何观察、存储、回忆以及运用绩效信息的问题。总的来说，这种类型的培训会提高评价者观察绩效的技能。

（四）自我领导力培训

自我领导力培训的目标是强化评价者对自己的绩效管理能力所具有的信心。自我领导力培训包括积极的自我言语、心理意象以及积极的信念和思维模式。这种培训的一个基本假设是，如果评价者的自我指导性、自我激励性以及自信心有所增强，则评价的准确性就会提高。

关 键 词

绩效评价　评价主体　评价者动机　知觉偏差　评价者培训　绩效评价方法

复习思考题

1. （填空）绩效评价是指根据_____所约定的_____和_____，由绩效管理主管部门选定的评价主体采用有效的评价方法，对_____、_____及_____的绩效目标实现情况进行评价的过程。

2. (填空)关键事件包括_____行为和_____行为。

3. (判断)刻板印象是指评估者以个体的某一种特征(如智力、社会活动、外貌)为基础,从而形成对一个人的总体印象。(　　)

3. (单选)某公司的生产部门主管认为女性员工的体力和精力没有男性员工充足,所以在绩效评价过程中,给女性员工的评估分数普遍低于男性员工,这名主管犯了哪个绩效评价误区(　　)。

  A. 晕轮效应　　　　B. 近因效应　　　　C. 刻板印象　　　　D. 首因效应

4. (多选)在绩效评价中,选择上级作为评价主体的优点是(　　)

  A. 上级最了解员工的工作情况

  B. 评估信息来源丰富,可以进行全方面评估

  C. 有助于实现管理的目的,保证管理的权威

  D. 有助于员工接受考核结果

  E. 有助于员工更加关注自己的工作结果,提高工作的质量

5. (简答)请简述选择员工本人作为评价主体的优缺点。

案例分析

绩效评价真的有必要么

  最近,AL公司的王主任情绪很不好,全公司25个办事处,除了自己负责的C办事处外,其他办事处的销售业绩都有所增长,而自己的办事处非但没有增长,反而有所下降。在公司里,王主任是公认的销售状元,进入公司5年,业绩可谓"攻无不克,战无不胜",从一般的销售工程师,晋升到C办事处外主任。王先生当了主任后,深感责任重大,把最困难的工作留给自己,并经常给下属传授经验,但业绩却令人失望。临近年末,除了要做销售冲刺外,还要完成公司推行的"绩效管理"。王先生自语道:"天天讲管理,市场还做不做? 管理是为市场服务的,不以市场为中心,管理有什么意义? 又是规范化,又是考核,办事处哪还有时间抓市场。人力资源部的人多了,就要找点事儿做。"

  好在绩效管理已是轻车熟路,通过公司内部网,王主任给每个员工发了考核表,要求他们尽快完成自评。同时自己根据一年来员工的总体表现进行了排序。但因时间相隔较长,平时又没有很好地做记录,谁表现好坏已经难以区分。好在公司没什么特别的比例控制。最后,王主任选了6名下属进行了5~10分钟的沟通,一切OK,整个C办事处的绩效管理工作总算是"搞完"了。

  思考:

  1. 您认同王主任对绩效评价的看法吗? 您认为王主任的推行的这套绩效评价方法是否合理?

  2. 如果你是王主任,你会怎样开展绩效评价?

    资料来源:赵曙明《绩效考核与管理——理论、方法与实务》

第八章　绩效反馈

学习目标

1. 理解反馈在绩效管理流程中的重要性；
2. 掌握绩效反馈的概念及其分类；
3. 掌握正面反馈的概念及其沟通技巧，结合实际案例思考如何正面反馈；
4. 掌握负面反馈的概念及其沟通技巧，结合实际案例思考如何负面反馈；
5. 了解绩效反馈面谈的基本步骤；
6. 理解360度反馈体系的作用及其特点；
7. 理解360度反馈的反馈源以及选择信息反馈源时需要注意的问题；
8. 了解组织实施360度反馈体系存在的风险以及常见的误区；

导入案例

IBM 的绩效反馈沟通

IBM 的文化中特别强调双向沟通，不存在单向的命令和无处申述的情况，即如果员工自我感觉非常良好，但次年初反馈回来的绩效考核结果并不理想时，IBM 至少提供了四条制度化的通道给员工提供申述的机会。

第一条通道是与高层管理人员面谈（Executive Interview）。员工可以借助"与高层管理人员面谈"制度，与高层经理进行正式的谈话。这个高层经理的职位通常会比该员工的直属经理的职位高。面谈的内容可以包括自己所关心的问题及个人对问题的倾向性意见等。所面谈的问题、反映的情况公司将直接交有关部门分类集中处理，且不暴露面谈者身份。

第二条通道是员工意见调查（Employee Opinion Survey）。该路径不是直接面对员工的绩效问题。IBM 通过对员工征询，可以了解员工对公司管理阶层、福利待遇、工资待遇等方面有价值的意见，使之协助公司营造一个更加完美的工作环境。

第三条通道是直言不讳（Speak up）。在 IBM，一个普通员工的意见完全有可能会送到总裁的信箱里。"Speak up"就是一条直通通道，可以使员工在毫不牵涉其直属经理的情况下获得高层领导对员工关心的问题的答复。没有经过员工同意，"Speak up"的员工的身份只有一个人知道,那就是负责整个"Speak up"的协调员知道,所以员工不会担心畅所欲言过后会带来的风险。

第四条通道是申诉(Open-door),IBM 称其为"门户开放"政策。这是一个非常悠久的 IBM 民主制度,员工如果有关于工作或公司方面的意见,应该首先与自己的直属经理面谈。与自己的经理面谈是解决问题的捷径,如果有解决不了的问题,或者你认为你的绩效考评问题不便于和直属经理讨论,你可以通过 Open-door 向各事业单位主管、公司的人事经理、总经理或任何总部代表申述,你的申述会得到上级的调查和执行。

什么是绩效反馈,作为一个管理者应当如何正确地给员工进行绩效反馈呢?通过本章学习你将会得到答案。

第一节　反馈的基本原理

一、反馈的概念

反馈的概念最早可以追溯到控制论,指的是在一个复杂的系统中,将系统的输出重新返回到输入,这对输入端产生影响又进而影响了整个系统。随后,反馈被广泛地应用到教育学、心理学和管理学等领域。由于研究领域和视角的差异,学者对反馈进行不同的阐释。在管理学领域中,学者主要基于三个视角对反馈进行定义。

从内容的视角出发,反馈的定义是接收者的行为结果或过程在多大程度上满足工作要求的相关信息(Greller & Herold, 1975)。

从过程的视角出发,反馈的定义是一种特殊的沟通过程,发送者(后面称之为反馈源)向接收者传递与接收者相关的一些信息(如绩效水平),接收者对反馈的感知以及作出的反应取决于接收者本身的个人特征,信息的本质以及反馈来源的特征(Ilgen, 1979)。

从功能的视角出发,反馈指的是为了提高和改善个体的绩效状况,外部动因有目的、有意识地向个体提供与其行为和绩效相关的信息,以期激发个体的内在动机,从而改善个体的绩效。

第三种观点认为反馈是对绩效提高和改善的探索。反馈向接收者提供的不仅是与其行为绩效结果相关的信息,而且还包括有利于改变其动机和能力的有效信息(如高效的工作方式)。不仅明确了反馈的目的,而且还广义地揭示了反馈信息的本质(Kluger & DeNisi, 1996)。因此,本书采用 Kluger & DeNisi(1996)的反馈概念。

二、反馈的分类

1. 按照反馈方式分类

反馈一般通过语言沟通、暗示及奖励等方式进行。语言沟通是指考核人将绩效考核通过口头或书面的形式反馈给被考核者,对其良好的绩效加以肯定,对其不良业绩予以批评;暗示方式是指考核者以间接的形式(如上级对下级的亲疏)对被考核者的绩效予以肯定或否定;奖惩方式是指通过货币(如加薪、奖金或罚款)及非货币(如提升、嘉奖或降级)形式对被考核者的绩效进行反馈。

2. 按照反馈中被考核者的参与程度分类

反馈根据被考核者的参与程度分为三种:指令式、指导式、授权式。指令式是最接近传统的反馈模式,对大多数管理者来说,他们最习惯这种方式。其主要特点是管理者只告诉员工,他们所做的哪些是对的,哪些是错的;他们应该做什么,下次应该做什么;他们为什么应该这样做,而不应该那样做。在这种方式下,员工的任务是听、学,然后按管理者的要求去做事情。一般而言,人们很容易对指令式持否定态度,因为它以管理者为中心而不是以员工为中心。指导式以教与问相结合为特点,这种方式同时以管理者和员工为中心,管理者对所反馈的内容更感兴趣。用指导式反馈同样的信息时,主管会不断地问员工:为什么认为事情做错了?是否知道怎样做更好?在各种方法中,你认为哪种最好,为什么?假如出现问题怎么办等。这样,员工就能在对某事取得一致意见之前,与管理者一起探讨各自的方法。授权式的特点是以问为主、以教为辅,完全以员工为中心。管理者主要对员工回答的内容感兴趣,较少发表自己的观点,而且注重帮助员工独立地找到解决问题的办法。通过不断提出问题,帮助员工进行探索和发现,这些问题与指导式所问的问题类似,但问题的内容更广泛、更深刻,也很少讲授。

3. 按照反馈的内容效价分类

按照内容效价,将反馈分为正面反馈和负面反馈。正面反馈是指当员工的绩效结果高于组织标准或者行为表现符合组织规范时,反馈源向其提供的肯定评价。正面反馈具有各种表现形式,如赞美、表扬和奖励等。负面反馈是指当员工的绩效结果低于组织标准或者行为表现违反了组织规范时,反馈源向其提供的否定评价。同样的,负面反馈也具有种种表现形式,如警告、批评和惩罚等。下文将重点探讨正面反馈以及负面反馈的面谈技巧。

第二节 绩效反馈

绩效反馈(Performance Feedback)是绩效管理过程中的一个重要环节。它主要通过评价者与被评价者之间的沟通,就被评价者在评价周期内的绩效情况进行面谈,在肯定其成绩的同时,找出其工作中的不足并加以改进。绩效反馈的目的是为了让员工了解自己在本绩效周期内的业绩是否达到既定的目标,行为态度是否合格,让管理者和员工双方达成对评估结果的一致看法;双方共同探讨绩效未合格的原因并制订绩效改进计划,同时,管理者要向员工传达组织的期望,双方对绩效周期的目标进行探讨,最终形成一个绩效协议。由于绩效反馈在绩效考核结束后实施,而且是考核者和被考核者之间的直接对话,因此,有效的绩效反馈对绩效管理起着至关重要的作用。

一旦预期的绩效已经被界定清楚,并且对员工的实际绩效也进行了评价,接下来就需要将绩效信息反馈给员工,帮助他们纠正自己的绩效不足。但是绩效反馈过程是非常复杂的,并且对于管理者和员工双方来说都是非常不舒服的。一想到要指出别人的弱点,很多人都会觉得非常尴尬。然而,如果说向别人发出负面反馈信息是令人痛苦的,那么得到这种信息的人更是极度痛苦的——虽然如此,绩效反馈过程也是不能省略的,依然是非常重要的。

一、绩效反馈的作用

绩效反馈是绩效管理过程的最后一步,是由员工和管理人员一起回顾和讨论绩效评价的结果,如果管理人员不将评价结果反馈给被评价的员工,绩效管理将失去极为重要的激励、奖惩和培训的功能。因此,有效的绩效反馈对绩效管理起着至关重要的作用。

1. 有效的绩效反馈对员工有重要作用

有效的绩效反馈可以帮助员工树立信心。对员工的优良绩效提出表扬有助于员工树立对未来绩效的信心,同时让员工知道管理者是关心他们的。此外,管理者清晰地告知员工在哪些方面做得不错以及如何把工作做好,能够帮助员工更加胜任工作并改善绩效。另外,清楚地告诉员工在哪些方面做得不好,也会为员工提供非常有用的信息,可以帮助他们不再重复犯错。

对于员工而言,通过绩效反馈能够得到上级的反馈,同时能与上级共同讨论绩效问题,有利于员工理解自己在本部门乃至整个组织中扮演的角色,而这反过来又会促使员工更积极地参与到本部门和本组织的各项工作中去。

2. 有效的绩效反馈对组织绩效管理也有重要作用

绩效反馈有助于保证绩效评价结果的公正。绩效反馈让员工成为主动一方,而且赋予其一定的权力,使其不仅具有知情权,更有发言权;同时,通过程序化的绩效申诉,有效地降低了评价过程中不公正因素带来的负面效应,在评价双方之间找到了平衡点、结合点,对整个绩效管理体系的完善起到了积极作用。绩效评价结束后,管理者应就评估的全过程,特别是员工的绩效情况进行详细介绍,指出员工的优缺点,特别是对未来的绩效改进计划达成一致。

组织的未来期望及愿景目标是要通过管理者传递给员工的,在绩效反馈时进行传递是一个合适的时机选择。在与员工讨论工作目标时,就可以将组织期望与愿景贯穿其中,让员工感觉到组织期望不是一种无形的愿景,而是与自己密切联系的,这样更有利于员工将其落实到具体的工作之中。

二、绩效反馈的原则

如果员工没有途径意识到他们的工作绩效没有达到预计的结果,那么他们的绩效几乎不可能有所改善,甚至会产生更严重的后果。因此,有效的管理者应该通过一种能够诱发积极行动反应的方式来向员工提供明确的绩效反馈。这种形式的绩效反馈有以下几个原则。

1. 反馈应当是经常性的

反馈应当是经常性的，而不是一年一次。其原因有两点。首先，管理者一旦意识到在员工的绩效中存在缺陷，就有责任立即去纠正它。如果员工的绩效在1月时就低于标准要求，而管理人员却非要等到12月再去对其绩效进行评价，那么这就意味着企业要蒙受11个月的生产损失。其次，绩效反馈过程的有效性的一个重要决定因素是下属员工对于评价结果的重视程度。因此，一个很容易发现的规则就是，管理者应当向员工提供经常性的绩效反馈，从而使他们甚至在正式的评价过程结束之前就基本能够知道自己的绩效评价结果。

2. 为绩效讨论提供一种好的环境

反馈应当在合适的时间和合适的地点进行，从而避免使当事人面临任何可能的尴尬。管理者本人的办公室通常并不是进行建设性绩效反馈的最佳地点，这是因为员工往往会把办公室与令人不愉快的谈话联系在一起。管理者应当把绩效反馈面谈描绘成讨论员工的角色、管理者的角色以及二者之间关系的一个机会。管理者还必须表明，绩效反馈面谈应当是一种开诚布公的对话。

3. 在反馈面谈之前让员工本人先对个人的绩效进行自我评价

让员工在参加绩效反馈面谈之前先完成自我评价的做法是有意义的。它要求员工认真思考一下自己在本次评价周期内所达到的绩效，并鼓励他们寻找自己的不足。一方面，用于管理目的的自我评价往往会被评价者人为夸大；而另一方面，员工在用于开发目的的自我评价中又往往比监督者对自己所做出的评价要低。自我评价具有效力的另一个原因是，它可以通过将面谈的重点放在上下级之间存在分歧的问题上而使得反馈过程得以更快地进行，而这会提高绩效反馈的效率。最后，对自己过去的绩效进行过认真思考的员工更有能力完全参与到反馈过程的讨论中。

4. 鼓励员工积极参与绩效反馈过程

在绩效反馈的过程中，管理者可以采取以下任一种方法：第一种方法是"讲述—推销法"，即管理者告诉员工自己对他们做出了怎样的评价，然后再让他们接受自己对他们做出这种评价的理由；第二种方法是"讲述—倾听法"，即管理者告诉员工自己对他们做出了怎样的评价，然后再让他们谈一谈对这种评价持怎样的看法；第三种方法是"解决问题法"，即管理者和员工在一种相互尊重和相互鼓励的氛围中讨论如何解决员工绩效中所存在的问题。尽管研究已经证明了"解决问题法"的效果是最突出的，但是大多数的管理者却仍然依赖"讲述—推销法"。

当员工参与到绩效反馈过程中时，他们通常都会对这一过程感到满意。参与的形式包括让员工发表他们对于绩效评价的看法以及参与制定绩效目标的讨论。一项研究发现，参与除了会促使下属员工提高对上级的满意度外，还是预示员工对于绩效反馈过程满意程度高低的一个最重要的因素。

5. 通过赞扬肯定员工的绩效

人们通常认为,绩效反馈过程的焦点应当集中在找出员工绩效中所存在的问题,然而事实却并非如此。绩效反馈的目的是提供准确的绩效反馈,这其中既包括帮助员工查明不良绩效,同时也包括对有效绩效的认可。赞扬员工的有效绩效会有助于强化员工的相应行为。此外,它通过清楚地表明管理者并不仅仅是在寻找员工绩效的不足而增加了绩效反馈的可信程度。

6. 把重点放在解决问题上

管理者在绩效反馈方面通常会犯的一个错误是,他们往往把绩效反馈看成是一个对绩效不良的员工进行惩罚的机会,因而总是告诉这些员工他们的绩效是如何的糟糕。而这种做法只会伤害员工的自尊以及强化他们的抵触情绪,不利于员工的绩效改善。

为了改善不良的绩效,管理者首先必须努力找出造成不良绩效产生的原因。这包括与员工一起找出导致不良绩效的实际原因,然后就如何解决这些问题达成共识。例如,一位销售人员之所以没有能够完成预期的销售目标,可能是由于他本人缺乏推销技巧,也可能是由于他的销售额被其他销售人员窃取等。而每一种原因都要求管理者采取不同的解决方法。然而,如果不采用这种解决问题法来进行绩效反馈,那么纠正不良绩效的方法可能永远都不会被找到。

7. 将绩效反馈集中在行为上或结果上而不是人的身上

管理者在进行负面反馈时需要做的非常重要的一件事是要避免对员工作为一个人而存在的价值提出疑问。而要做到这一点,最好的办法就是把绩效反馈的重点放在员工的行为或者结果上,而不是直接放在人身上。例如,管理者应当对员工说:"你之所以没能完成既定的目标,可能是因为你没能均衡分配自己的时间,放在这个项目上的时间较少。"而不是:"你根本就没用心做这个项目,你看看你弄得一团糟!"

8. 尽量少批评

显然,如果一位员工的绩效低于规定的标准,那么必然要对其进行某种批评。然而,一位优秀的管理者应当抵挡住抽出"进攻之剑"的诱惑。当一位员工面对个人所存在的绩效问题时,他往往是同意自己应当在某些方面有所变化的。因此,如果这时管理者仍然是一而再再而三地举出其绩效不良的例子,那么员工无疑会产生一种防卫心理。

9. 制定具体的绩效改善目标,然后确定检查改善进度的日期

制定目标的重要性不能被过于夸大,它只是绩效最有效的激励因素之一。研究表明,目标的制定有利于提高员工的满意度,激发员工改善绩效的动力以及实现绩效的真正改善。但是,除了确定目标以外,管理者还应当确定对员工实现目标绩效要求的进展情况进行审查的具体时间。这就提供了另一种激励措施来使员工严肃认真地对待目标,并且为实现这一目标而努力工作。

三、正面反馈与负面反馈的注意事项

在绩效反馈中,管理者为反馈源,员工为反馈接受者,而整个绩效周期内的工作绩效

和绩效评价结果就是反馈信息。由于在反馈中主要针对员工实际的与工作相关的行为进行反馈，根据员工的行为表现，一般可分为错误行为、中立行为和正确行为三类。对于错误的行为应给予建设性反馈，正确行为则应给予正面反馈，而那些中立行为可以允许员工自主决定。接下来主要从正面反馈和负面反馈两方面，谈谈在实施中应注意的问题。

（一）正面反馈

管理者往往容易忽视对正确行为的反馈，可能是由于他们对于所谓的"正确行为"理解不全面而无法确认，也可能是没能掌握好对正确行为进行反馈的方式。在实际工作中，对正确行为的反馈具体表现为管理者对员工的表扬和称赞。表扬是一种积极的鼓励、促进和引导，表扬员工不仅仅能够实现对员工优秀绩效的反馈，也是激发员工工作热情、提高积极性的重要手段，因此也是管理者应当掌握的重要沟通技巧。在具体做法上应当遵循如下原则。

1. 表扬必须是针对具体的行为或结果

既然是表扬，就应注意以事论理、以理服众。如需公开表扬，一定要在员工取得公认的成绩时再采取这种方式，以免让其他员工感到管理者偏心、不公正，从而产生逆反心理。在表扬中要尊重客观事实，尽可能多地引用受表扬者的有关实例与数据，用事实来化解某些人的消极逆反心理。另外，为了让员工明白他们需要在以后的工作中继续重复这种行为，最好注意表扬的特定时机。

2. 表扬时采用肯定、热情的方式

一方面，在提出表扬时避免用一些否定之否定的说法，相反，在表扬时一定要强调积极的方面。另一方面，为了表达自己的表扬的真诚，管理人员必须愿意为表扬花费一定的时间，并且表现得非常高兴，而不是匆匆忙忙地说两句，让人觉得很尴尬。

3. 表扬的同时进行经验传授

管理者在表扬员工时，不应仅仅简单地说一句"干得不错"，而应善于借表扬将成功者的经验与方法传授给更多的员工，以实现以点带面与资源共享。优秀员工应该成为学习和模仿的榜样，其经验是难得的资源。作为管理者在对受表扬者进行表扬之前，就应进行深入细致的调查分析，归纳总结其成功的经验和有效的方法，不仅要让表扬对优秀员工本人实现激励，更要使大家能从受表扬者的经验与方法中有所得益。

4. 善于寄期望于表扬之中

当一个人因工作上的成绩受到表扬时，就会产生一种成就感、荣誉感和自豪感，这种积极的心理反应不仅会使其感到心情愉快，还能使其自信心大增。在这种状态下，如果对其提出带有希望性的要求与建议，不仅不会引发其反感，而且会使其真正从中感悟到上级的关心与爱护，这是员工最易接受上级期望的绝妙时机。因此，表扬不能满足于对成绩的肯定，而应注意趁热打铁，在表扬中提出有针对性的期望，给受表扬者以新的目标。如对工作中成绩一向突出、积极向上的员工进行表扬时，要不断提出新的期望目标，促使其更加发奋努力，更好地发挥自己的优势，再接再厉争取取得更大的成绩。

（二）负面反馈

负面反馈是指对错误行为的反馈，也就是人们通常说的批评。在管理实践中，管理者由于害怕员工做出负面的反应，影响与员工之间的工作关系或者友谊，或者由于负面反馈对信息的不可辩驳性要求更高，管理者不愿意做这些麻烦的事情。事实上，批评不一定就是消极的，批评也可以是积极的和具有建设性的。所谓建设性反馈就是指出员工的错误行为，并且提出改进的意见供对方参考，而不是横加指责和批评。越来越多的管理者已经认识到对员工的错误行为进行建设性反馈的重要性，掌握相关的技能也是管理者的必需技能。心理学家发现，以下七个要素对建设性反馈很有意义。

1. 建设性反馈是计划性的

建设性反馈的战略性是指应当有计划地对错误的行为进行反馈。有时管理者和员工由于受到当时谈话气氛的影响而对自己的言行失去控制，这种在情绪失控下进行的反馈不但毫无意义，并且会产生负面影响。事前充分明确反馈的目的、组织好思路和情绪并选择恰当的语言，可以有效地避免这种情况发生。

2. 建设性反馈应维护对方自尊

自尊是每个人在进行人际交往时都要试图保有的，管理者在绩效反馈时应当考虑到员工自尊。消极的批评容易伤害人、打击对方的自尊心，对人际关系具有破坏性。要做到这一点，最简单的方法就是在与对方进行反馈之前进行换位思考。

3. 建设性反馈要注意恰当的环境

绩效反馈应当选择合适的环境因素，充分考虑沟通的时间、地点以及周围环境，寻找最佳时机，以保证良好的反馈效果，尤其是在对员工错误行为进行反馈的时候。通常，人们主张单独与犯错误的员工进行交流，这种方式能够最大限度地维护员工的自尊心。但这并不是绝对的。例如，在团队的工作环境中，如果管理者只是进行私下的批评往往会得不到充分的信息或帮助，不利于员工最大限度地改进绩效。

4. 建设性反馈是以进步为导向的

绩效反馈应该着眼于未来，而不应该抓住过去的错误不放。强调错误的批评方式会使员工产生抵触心理，这将对绩效反馈的效果起到消极作用。只有以进步为导向的批评，才能够真正达到绩效反馈的最终目的，也就是提高员工的未来绩效。

5. 建设性反馈是互动式的

批评往往是单向传递信息，这种方式会由于管理者单方的操纵和控制而引起员工的反感和抵触，从而产生排斥心理。建设性反馈主张让员工参与到整个绩效反馈过程中，也就是所谓的互动式绩效反馈。管理者应当通过有效的引导让员工提出自己的看法和建议。

6. 建设性反馈是灵活的

灵活性要求管理者在反馈中应当根据不同的对象和不同情况采取不同的方式，并在反馈的过程中根据对方的反应进行方式上的调整。

7. 建设性反馈是对员工的指导

建设性反馈不仅仅是单纯的好、坏、对、错这类信息的传递,更应当为员工提供明确的、具体的建议,以表明自己帮助他们的意愿。管理者应该让员工感受到对他们的关注以及信心,并使员工相信自己能够得到来自管理者的充分帮助。这种信息的传递不仅有助于改善绩效,也有助于改善管理者与员工的关系,提高相互之间的信任感。

第三节 绩效反馈面谈

绩效反馈面谈是一种相对正式的绩效沟通方式,通过面谈管理者可以将员工的绩效评价结果反馈给员工,并告知员工存在的问题以及改进的方向。但是这一环节往往被人们所忽视,人们往往将绩效评价的分数直接告知员工,缺少了将管理者的期望同时也传递给员工的环节。所以,管理者首选要明确绩效反馈面谈的目的及意义,并且学会如何与员工进行有效的绩效反馈面谈,才能使绩效反馈发挥应有的作用。

一、绩效反馈面谈的目的

绩效面谈是管理者就上一绩效周期中员工的表现和绩效评价结果与员工进行的正式面谈,管理者要对员工的绩效表现进行打分,确定员工本周期的绩效表现,然后根据结果,与员工做一对一、面对面的绩效沟通,将员工的绩效表现通过正式的渠道反馈给他们,让员工全面地认识自己表现好的方面和不好的方面,使员工在下一个绩效周期做得更好,达到改善绩效的目的。绩效反馈面谈可以帮助员工检讨过去、把握现在、展望未来。它主要包括以下五个目的:

1. 总结并交流员工的绩效表现

在一个绩效周期结束后,员工应该及时了解自己在整个绩效周期过程中的表现,以及管理者和其他同事对自己的看法。根据这些反馈信息,员工可以进一步总结经验和教训,以便在下一个绩效周期中不断改进并提高自己的绩效水平。另外,员工也需要就工作中的一些问题、想法与管理者充分交流,绩效反馈的过程其实也为双方提供了这样一种交流的机会。

2. 评价者与被评价者对绩效评价结果达成共识

由于评价者和被评价者所处的角度不同,双方的认知能力、理解能力及价值观等不同,评价者与被评价者对评价结果会存在一些分歧。因此,绩效反馈面谈的一个重要目的是通过沟通达成对评价结果的一致看法,这也是绩效反馈面谈能够继续进行的前提。

3. 制订绩效改进计划

在管理者和员工就绩效结果达成一致意见之后,双方应该针对面谈中提出的各种绩效问题制订一个详细的绩效改进计划。一方面,被评价者可以通过这一点意识到自己还是为企业所用,不至于灰心;另一方面,评价者也可以借此考查被评价者在工作中是否有自己相应的工作安排。在制订绩效改进计划时,评价者可以主动向被评价者提供企业可以提供的资源和支持,被评价者也可以积极提出自己的要求和建议。

4. 明确下一阶段绩效目标和计划

绩效计划制订的过程和绩效反馈面谈的过程是不可分割的。一个绩效周期的结束恰恰是下一个绩效周期的开始。绩效反馈所确认的评价结果和改进计划为下一个绩效周期的绩效目标和绩效计划的制订提供了依据,也为员工有的放矢地实施绩效改进提供了具体的目标和方向。

5. 为员工的个人发展提供信息

员工的职业规划和个人发展是建立绩效管理体系的目的之一,因此,在绩效反馈阶段管理者应当鼓励员工讨论并提出个人发展的需要,以便建立起有利于实现这些发展的目标和路径。双方共同探讨员工进一步发展所需要的技能、在哪些方面需要培训和学习,管理者应当在今后提供一定的机会和资源,对员工的个人发展提供支持。这种讨论也有助于上级主管人员和员工之间建立起良好的关系。

二、绩效反馈面谈的内容

基于上述的5个目的,绩效反馈面谈的内容应包括员工在这一个周期的工作绩效、被评价者的行为表现、下一个周期的绩效改进措施以及新的绩效目标这4个方面:

1. 谈工作业绩

工作业绩的综合完成情况是管理者进行绩效面谈时最重要的内容,在面谈时管理者应将评估结果及时反馈给员工。如果员工对绩效评价的结果有异议,就需要管理者和员工一起回顾上一绩效周期的绩效计划协议,并详细地向员工介绍绩效评价的理由。通过对绩效结果的反馈,员工结合绩效达成的经验,找出绩效未能有效达成的原因,为以后更好地完成工作打下基础。

2. 谈行为表现

除了绩效结果以外,管理者还应关注员工的行为表现,比如工作态度、工作能力等,对工作态度和工作能力的关注可以帮助员工更好地完善自己,提高员工的技能,也有助于帮助员工进行职业生涯的规划。

3. 谈改进措施

绩效管理的最终目的是改善绩效。在面谈的过程中,针对员工未能有效完成的绩效计划,管理者应该和其一起分析绩效不佳的原因,并提出具体的绩效改进措施。

4. 谈新的目标

绩效面谈作为绩效管理流程中的最后环节,管理者应在这个环节结合上一绩效周期的绩效计划完成情况,以及员工新的工作任务,和其一起提出下一绩效周期中的新的工作目标和工作标准。这实际上是帮助员工一起制订新的绩效计划。

三、绩效反馈面谈的基本步骤

无论绩效会议的具体类型是什么,在开会之前都必须遵循几个操作步骤。首先是应该至少提前两周通知员工关于召开会议的消息,告诉他们此次会议的主题,同时让他们提前做好准备。其次,应当为绩效会议留出足够的时间,同时安排一个比较私密的、不易被打扰的会议地点。采取这些做法就会向员工传递此次会议很重要这样一种信息,当然,这也表明了绩效管理很重要。

我们在前面提到,大多数组织都会把几个绩效会议合并为一个"绩效反馈面谈"来召开。在这种绩效会议上需要完成的任务可以根据先后顺序描述如下:

1. 阐明召开绩效反馈面谈的目的

第一步是向员工阐述召开绩效反馈面谈的目的和接下来将要讨论的主题。

2. 员工自评

第二步是请员工总结自己在上一个绩效周期中取得的工作成果。在会议的这一部分中,实际上是让员工对他们本人的绩效状况发表自己的看法。而主管人员此时应该做的就是聆听员工想要说什么,同时对听到的内容进行总结。但是,值得注意的是这并不是上级主管人员对员工的看法表示不同意见的恰当时机。

3. 告知员工评价结果并说明理由

上级主管人员需要告知员工,自己对他们的每一个绩效维度进行评价的结果,并且解释得出每个绩效分数的理由是什么。在这方面,首先讨论员工的自评结果和上级的评价结果比较一致的那些绩效维度会更好一些。这样做有助于缓解员工的紧张感,同时能向员工证明,双方之间还是有很多共同认识的,这种绩效反馈面谈也并不是对抗性的。此外,在进行绩效讨论时,最好是从得分最高的绩效维度入手,然后一步一步地转到得分较低的绩效维度上来。对于那些上级的评价结果和员工的自评结果不一致的绩效维度,上级主管人员必须非常小心地详细解释为什么自己给出了这样一个分数,还应该举出具体的事例和证据来支持自己的这种评价结果。在这个时候,上级主管人员需要努力消除双方之间在看法上存在的分歧,在一些比较敏感的领域倍加小心。同时,应当给员工提供机会,让他们充分地阐释自己的观点。这种讨论有助于管理者向员工澄清自己对他们的绩效期望。对于员工的得分比较低的一些绩效维度,应当着重讨论导致不良绩效产生的可能原因是什么。

4. 讨论开发问题

一旦上级主管人员和员工对于员工在每一个绩效维度上的得分达成了共识,他们就应当开始讨论开发计划了。在这个时候,上级主管人员和员工应当就能够改善员工未来工作绩效的开发计划的每一个步骤进行讨论并达成共识。

5. 员工总结

员工应当用自己的语言对面谈的主要结论加以总结:自己在哪些绩效维度上的表现

是令人满意的,在哪些绩效维度上还需要有所提高以及怎样提高。这是绩效反馈面谈的一个重要组成部分,因为这为上级主管人员了解自己和员工的想法是否一致提供了一个很好的机会。

6. 讨论薪酬问题

在绩效反馈面谈过程中,这个步骤所要讨论的是绩效与任何报酬分配之间的关系。这时,上级主管人员要向员工解释报酬分配的基本规则是什么,以及员工的报酬水平将会怎样随着员工未来绩效的提升而达到一个更高的水平。

7. 确定跟进会议

在绩效反馈面谈结束之前还有一项很重要的任务,就是要确定下一次举行正式绩效反馈面谈的时间。这一点之所以重要,是因为需要让员工看到,上级主管人员在未来还会对绩效改善情况进行正式的跟进,绩效管理并不是每年仅仅和自己的上级主管人员谈一次话这么简单,通常情况下,紧接着的下一次绩效会议往往会在几周之后就举行,以确认员工的开发计划是否得到了有效执行。

8. 认可评价结果及讨论申诉程序

经过充分的沟通交流之后,上级主管人员要请员工在相关表格上签字,以证明绩效评价结果已经和员工本人进行了讨论。这个环节也为员工提供了一个机会,让他们给出自己的评论,同时附上他们希望能在表格中体现的其他任何信息。另外,如果员工和自己的上级在绩效评价结果方面的分歧无法得到解决,上级主管人员应当告知员工绩效申诉程序是什么。

9. 最终总结

最后,上级应该用"过去—现在—未来"这样的句式做一个小结。换言之,主管人员应当首先回顾一下在上一个绩效周期中,员工在各个绩效维度上得到的评价结果,然后讨论基于这样的绩效水平,员工的报酬可能会发生怎样的变化,最后再总结说明,为了在来年继续保持和提升绩效,员工还需要做些什么。

四、绩效反馈面谈的沟通技巧

(一)绩效反馈面谈的注意事项

绩效反馈面谈是一个双向沟通的过程。管理者只有掌握了一定的沟通技巧,获得员工的认可与信任,才能达成共识。管理者在绩效反馈面谈中应该注意以下问题。

1. 重视面谈的开始

许多管理者并没有认识到面谈开始的重要性,往往急于切入主题而忽略开始的方式。实际上,最初的几分钟谈话往往决定了面谈的成功与否。因此,开场白的设计至关重要,管理者要予以足够的重视。

2. 及时调整反馈的方式

管理者在与面谈对象沟通的过程中要根据实际情况的变化及时调整反馈方式。

3. 强调下属的进步与优点

绩效反馈面谈不受欢迎的一个重要原因在于，面谈中难免要谈论下属上一阶段工作中的失误，管理者如果没有掌握沟通技巧，很容易因对下属进行批评和指责造成下属的抵触和反感。鼓励与表扬是赢得下属合作的好方法。只有充分地激励下属，才能真正达到绩效反馈的目的。下属做得好的地方不能一带而过，应当花一些时间进行讨论。赞扬不仅可以使下属保持好的工作作风，还可以激励下属。对于绩效不良的方面，管理者也不能一味批评，而应当肯定下属的努力和贡献。

4. 注意倾听下属的想法

绩效反馈面谈是一个双向沟通的过程，真正有效的沟通不能忽略倾听的重要性，来自下属的信息是十分重要的。倾听有助于全面了解情况，印证或改变管理者自己的想法。平衡讲述与倾听之间的关系是进行反馈面谈的要义，而衡量这种平衡最好的标准是看管理者是否调动了下属的积极性，是否赢得了下属的合作。管理人员在面谈时要学会倾听，鼓励面谈对象大胆说出自己的想法，在倾听中予以积极回应，不要轻易打断下属，更不要急于反驳。

5. 坦诚与平等应该贯穿面谈的始终

绩效评价结果可能涉及薪酬、晋升等比较敏感的问题，管理者在与下属面谈的过程中要有所顾忌，有时甚至要回避问题与矛盾。但是，这种隐瞒的方式并不能解决任何问题，最好的方式其实是坦诚相见，直接向下属展示评价表格。同时，管理者应当清楚自己和下属对于错误负有同等的责任，自己的判断与实际情况会出现偏差。当发现问题或认识到出现偏差时，管理者应当坦率地承认，这种态度有助于与下属进行进一步的沟通，并解决问题。

6. 避免冲突与对抗

冲突与对抗可能会彻底摧毁下属对主管的信任，导致下属对领导产生抵触情绪。双方一旦产生隔阂，问题就不仅仅是一次面谈的失败，很可能影响今后的合作。因此，面谈中出现不同意见时，管理者不能用领导的权威对面谈对象进行压制，而应就不同见解与面谈对象进行耐心的沟通，争取得到理解，同时要站在对方的立场，设身处地为其着想，争取在平和的氛围中就争议问题达成共识。

7. 形成书面记录

人力资源管理部门提供的各类计划和表格并不一定涵盖面谈涉及的全部问题。面谈中双方可能谈到工作中的许多问题，因此需要记录面谈的过程并形成书面文字，这一方面便于组织对正式文件的管理，另一方面能让下属感到面谈很正式且很重要。

（二）反馈面谈常见问题及改进技巧

然而，在实际绩效反馈过程中，员工对绩效反馈面谈可能会有一种防御心理，而很多管理者又不知道应该怎样来应对员工的这种心理，因为他们缺乏主持有效的绩效反馈面谈的基本技能。那么,我们怎样才能辨别出员工是否持有一种防御心理呢?通常情况下,下面这两种典型行为模式都能表明员工持一种防御心理。第一,员工可能会做出一些具有攻击性的反应。比如,辩称是他人造成了自己的绩效不佳,一言不发地盯着上级主管人员看,还有其他一些更具有攻击性的反应,比如提高嗓音,甚至是拍桌子。第二,员工可能会做出一些逃避性的反应。其中包括眼睛看着其他地方,将身子转过去,有气无力地说话,不断地变换谈话主题,或者是对涉及的问题不做全面深入的思考或讨论,就立即对上级主管人员说的话表示同意。当员工在绩效反馈面谈中出现攻击性反应或逃避性反应时,这种面谈就不太可能会使员工在未来实现绩效的改善。那么,上级主管人员应当怎样做才能避免员工出现防御心理呢?参考人员在与员工进行沟通时可以参考以下技巧:

1. 建立并维持相互信任的关系。让绩效反馈面谈在一种良好的氛围下进行是非常重要的。正如此前提到过的那样,为了做到这一点,应当注意选择私密性的、不会被打扰的场所进行面谈。此外,上级主管人员还要强调沟通的双向性,并且能够使员工尽快放松下来。为达此目的,主管人员可以坐在员工的旁边,而不是隔着办公桌坐在员工的正对面,可以直呼其名,对员工的到来表示感谢,在开始的时候聊一些轻松的话题,这些都能缓解员工最初可能产生的紧张感。

2. 换位思考。上级主管人员设身处地地从员工的角度来思考问题是非常重要的。上级主管人员应当尽量去理解员工为什么在上一个绩效周期中处于当前这种绩效水平。这包括不要简单将员工的成功归因于外部因素(比如经济形势很好等),同时也不要简单地将员工的失败归因于员工的个人因素(比如员工的能力不足等)。

3. 开放的心态。如果员工提出了不同的观点,上级就要保持开放的心态,对此进行直接而公开的讨论。有可能员工提出的信息确实是相关的,并且是上级没有意识到的。如果是这种情况,就应当让员工提供明确的证据。

4. 留意员工的语言信号和非语言信号。上级主管人员应当能够读懂员工传递出来的语言信号和非语言信号,从而确定是否有必要做进一步的确认。上级应当注意员工的情绪并及时做出反应。比如,如果员工表现出防御心理,上级主管人员就应当停止讲话,让员工表达他们自己对正在讨论的问题有何看法。

5. 使对员工的威胁最小化。绩效反馈面谈应当被界定为一种使员工受益的会议,而不是一种惩罚员工的会议。

6. 鼓励员工参与。应当为员工提供开口说话和表达自己观点的机会。上级主管人员不应该主导整个面谈过程;相反,他们不应当打断员工的谈话,应认真倾听,避免产生冲突和争论。

尽管我们提出了上述这些建议,在某些情况下,员工仍然会产生防御心理。在这种情况下,上级主管人员就需要承认,员工存在防御心理是不可避免的,应当允许他们有这种心态存在。但是,管理者却不能对这种现象视而不见,而需要采取行动应对这种情况。首先应当让员工发泄出来,并且尽量去理解员工的感受,这一点是很重要的。为此,上级可以先停下来,接受员工的感受。然后进一步询问员工,让他们提供更多的信息并加以澄清。如果事情已经发展到双方无法再继续交谈下去的地步,上级管理者可以提议暂停面谈,稍后再找时间重新进行面谈。

第四节　360度反馈体系

在绩效反馈阶段,还需要考虑如何选择合理有效的方式将员工的绩效信息反馈给员工,让员工清楚自己所在的绩效水平,为员工进一步提升自己提供依据。在本书中,我们选择360度绩效反馈体系来完成这一重要的工作。经过多年的发展,360度反馈体系已经成为一种帮助员工——特别是那些承担监督管理类责任的员工——通过从各个不同侧面收集意见,从而改进自己工作绩效的首选工具。

一、360度反馈体系的概念与特点

(一) 360度反馈体系的概念

360度反馈体系,顾名思义指的是从员工周围方方面面的人那里收集信息。具体地说,该体系从员工的上级主管人员、同事、客户以及下属那里收集信息,以此了解员工在哪些绩效维度上需要有所改进。同时,员工本人也会根据各个不同绩效维度来进行自评,并将自评结果与其他人对自己的评价信息加以比较。为了考察员工本人对自己的看法和他人对员工的看法在哪些方面存在明显的不一致,还需要再进行差距分析。另外,在360度反馈体系的报告中,通常还包括在员工本人和他人之间能够达成共识的、大家都认为需要进一步进行开发的绩效领域有哪些。然后,这些信息会用于制定开发计划。

为了快速响应变化的市场环境,企业加快了战略变革的速度,组织结构也越发扁平,员工的工作因此变得日趋复杂化和模糊化。在此情形下,"反馈"作为一种能让员工及时了解其实际工作表现进而调整工作行为的传统手段显得尤为重要。为此,通过360度反馈体系主动寻求反馈,明晰工作规范以及组织与他人对自己的期望成了员工应对复杂工作的常见手段。

(二) 360度反馈体系的特点

作为一个常见的绩效反馈工具,良好的360度反馈体系应当具备以下特点:

1. 匿名进行

在运行良好的360度反馈体系中,反馈都是匿名的和保密的。只有在这种情况下,评价者才更有可能提供与被评价者有关的真实绩效信息——尤其是在下级提供关于上级的绩效信息时。

2. 观察员工绩效

只有那些对被评价者非常了解并且掌握了第一手资料的人才应该参与反馈过程,让

那些没有能力观察被评价者绩效的人提供绩效反馈显然是毫无意义的。

3. 对反馈进行解释

良好的360度反馈体系允许被评价者与对其开发问题感兴趣的人共同讨论得到的反馈结果。在大多数情况下,被评价者都是与其直接上级讨论反馈结果的。而在另一些情况下,参与讨论的可能是一位来自人力资源部的代表或者是非评价者直接上级的另一位管理人员。

4. 及时跟进

如果仅仅是收集到了信息却没有及时采取跟进行动,这种反馈就不会有太大的价值。一旦被评价者得到了反馈,就必须制定相应的开发计划来改进绩效。

5. 仅用于开发目的

当绩效反馈体系应用于像晋升和薪酬等管理目的时,评价者很有可能会歪曲他们提供的反馈信息。因此,最好是明确告诉组织成员,360度反馈体系将会用于开发目的,而且仅仅用于开发目的,通过绩效反馈体系收集上来的信息不会用于报酬分配或任何其他管理方面的决策。

6. 避免出现调查疲劳

只要不要求一个人在同一时间里对过多的员工进行评价就可以避免产生调查疲劳。例如,可以分阶段进行信息收集工作,这样就不会将所有的调查问卷在同一时间内下发。

7. 只强调行为

虽然绩效反馈体系不仅包括对行为的反馈,而且包括对结果的反馈,但是最好只强调行为。只关注行为的做法有助于明确被评价者应当采取哪些具体的行动来改进其绩效。

8. 评价者不仅仅做评价

除了为各个维度打分之外,评价者还应当提供一些书面的描述性反馈信息,通过详细的和建设性的评论使被评价者知道自己应该如何改进绩效。如果评价者在这些反馈信息中还能再提供一些具体的事例,对给出的评价结果和提出的建议提供一些事实支撑,就会非常有用。

9. 培训评价者

如果是为了管理目的而进行评价,就必须对评价者进行培训。培训的主要目的是帮助评价者掌握区分优良绩效和不良绩效的技能以及如何以一种建设性的方法来提供反馈的技能。

二、360度反馈体系的作用

(一)对员工的积极作用

1. 更加了解他人的期望

员工会更加了解他人对自己的绩效期望。其中不仅包括直接上级的期望,而且包括其他管理者、同事以及客户对自己的期望。

2. 增强对绩效改进的承诺

员工会更加了解其他人对自己绩效的看法，而这会增强他们对于改进自己绩效的承诺，因为员工意识到自己绩效的信息已经不再是一件私事了。

3. 改进对绩效的个人感知

在获得了其他人对自己的绩效信息反馈之后，员工很可能会改变对自己的绩效存在的错误感知。换言之，在有令人信服的证据证明员工对自己绩效的看法是不正确的情况下，员工很难再继续对自己的绩效持一种错误的认识。

4. 促进绩效改进

虽然仅仅获得关于个人绩效的信息还不足以导致绩效的改进，但这显然是非常关键的一步。因此，一旦能够获得关于某人绩效的信息，同时再配以良好的开发计划，就很有可能带来绩效的改进。

（二）对组织的积极作用

1. 减少员工绩效"无法讨论"的情况

组织如果实施单一来源的绩效评价，评价者可能在提供负面反馈时会感到心里不舒服，而360度反馈体系会使提供这样的反馈变得非常容易。360度反馈体系为员工的同事、上级和下级提供了一个非常好的机会，让他们能够在匿名的、不存在威胁的情况下提供绩效信息。

2. 帮助员工开发关键领域

以管理为目的的绩效管理往往只关注员工过去的表现。360度反馈体系能够帮助组织获取被评价员工的详细、建设性的反馈信息，了解员工在各个领域的优势和不足，确定员工的关键开发领域，组织能够根据360度反馈的结果为员工提供开发要点以及详细的开发建议。

三、360度反馈体系与员工开发

360度反馈体系能够帮助员工收集来自周围方方面面的人的评价信息，以此了解员工在哪些绩效维度上需要有所改进。

随着信息技术的发展，许多企业利用科技手段减少文案工作的数量以及在收集数据方面花费的时间，互联网已经成为管理360度反馈体系的一个常用媒介。企业人力资源部门或者外部咨询公司通过评价系统向每位要接受评价的员工发一份评价工作指南和具体的时间安排表。在此之后，员工就可以去访问企业绩效管理系统或者是外部网站，这些绩效管理平台上面已经设置好评价者需要评价的人员名单。一旦所有评价者的信息都提供完毕，就很容易汇总、整理出最终的反馈结果，并通过电子邮件将反馈报告发送给被评价的员工。

在反馈报告中可以包括一些图表，以显示在哪些领域员工对自己的看法与其他评价者对他们的看法存在显著差异。这些图还可以显示平均分和绩效评价信息的来源，这样就可以很清楚地看到员工在哪些领域需要有所改善。最终的反馈报告会自动通过电子邮件发送给员工和他的直接上级，这样，在进行绩效面谈从而创建开发计划之前，双方都有机会事先审视一下反馈结果。

（一）反馈信息来源

360度反馈体系是指针对特定的个人，以及包含被评者在内的多位评价者来进行评定。也就是根据被评价人员的特定行为表现或者能力，由员工自己、直接上级、直接下级、同事以及客户进行全方位的评定，并在评价之后给予反馈。需要注意的是，360度反馈是选择多源评价主体，希望解决单一评价主体的偏差问题。许多组织在实施过程中，为了实现360度反馈，盲目地扩大了评价主体，迷信多源反馈的准确性。事实上，在选择评价主体时需要注意以下两点：

1. 选择了解情况的评价主体

进行多源反馈的前提在于充分了解被评价对象的工作（过程或结果），并且要能做出客观真实的评价。如果不能充分了解被评价对象的工作，宁可舍弃这一评价主体，采用180度或者270度考核，也不能为了追求360度反馈的一致性而增加评价主体。

2. 选择真实评价的评价主体

并非所有主体都能做出客观真实的评价，例如，有些员工认为上级会依照所谓"圈内人和圈外人"进行区别对待，因而上级考评不准确。而事实上，通常情况下直接上级仍是最准确的评价主体。下属评价和同事评价出于人际关系的考虑会有失公允，自我评价出于利益的考虑也会只高不低，而利益相关者的评价也可能会受诸多因素的左右。

因此在应用360度反馈的过程中，切忌迷信多源反馈的准确性，要根据不同的考核指标以及考核的不同目的，恰当地选择考核的主体。

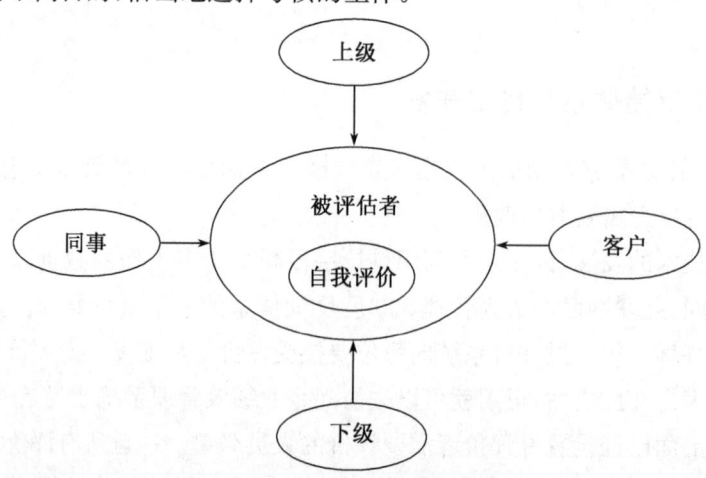

图8-1　360度反馈信息来源

（二）分析评价信息

360度反馈体系中的分析评价信息指的是对不同来源的评价信息进行差距分析，找出员工需要改善的领域以及能力，为绩效改进与员工开发提供指导和方向。

以某咨询公司为处于监督管理职位的人员设计的360度反馈体系为例，其中评价维度涉及以下这些胜任能力：

(1) 沟通：倾听他人；处理信息；有效沟通；
(2) 领导力：建立信任；提供指导；分配责任；
(3) 适应性：适应环境；创造性思考；
(4) 人际关系：建立人际关系；促进团队成功；
(5) 任务管理：高效工作；胜任工作；
(6) 行动力：采取行动；达成结果；
(7) 开发他人：培养人才；成功实施激励；
(8) 个人开发：展示承诺；寻求改进。

该咨询公司的反馈体系包括自我评价、直接上级评价、直接下级评价以及同事评价几个方面的内容。从所有这些信息来源处收集到绩效信息之后，被评价的管理者就会得到图8-2那样的反馈。这张图反映了管理者的自我评价与其他人对其做出的评价之间的差异，同时显示了被评价的管理者在每一种胜任能力上的得分情况。

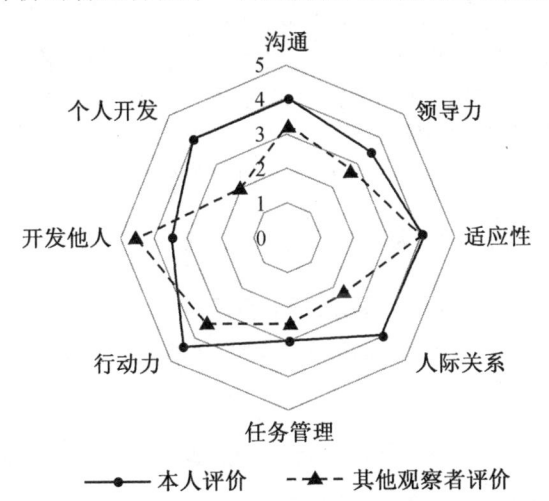

图8-2 360度胜任能力反馈：管理人员评估图

（三）分析结果应用——员工开发

360度反馈的结果不仅能评估出这位管理人员的优势所在，同时还能让管理人员意识到在某种胜任能力上存在问题是，但好的360度反馈体系还应当能够根据反馈结果分析出员工的关键开发领域，并就如何改进提供具体建议。

1. 关键开发领域

开发要点描述了员工具有哪些方面的优势以及还需要在哪些领域进一步改进。通常来说，对于某个胜任能力，当所有评价者（包括本人）都认为得分较低时，便可被认为时被评价者的关键开发领域。从图8-2中可以看出，评价者确实认为这位管理者存在几项优势，但同时也存在一些需要进一步改进的领域。例如，他需要在"人际关系"这一胜任能力上改进。

2. 改进意见

根据这位管理人员的评价结果，针对员工的关键开发领域提供相应的技巧与建议。例如，改进这位管理者"人际关系"这一胜任能力，让这位管理者学习如何在团队决策过程中进行合作，可以为其提供如何选取折中方案、如何进行双赢决策以及如何争取大家支持已经做出的决策等方面的建议。详细改进意见如表8-1所示。

表8-1　360度胜任能力反馈：改进意见

关键开发领域：人际关系
针对360度反馈结果，下面对的建议能够帮助你找到改进与开发的方向。
改进建议：
以一种直接而有效的方式处理冲突：
➢不要对冲突视而不见，以为它会不了了之。事实上，冲突是不会自动消失的。也不要指望可以找到一个不存在冲突的工作场所。存在某种程度的不一致是不可避免的，如果能够以一种建设性的方式处理这种不一致，将会创造一个生产率更高的工作环境；
➢存在意见分歧时，要仔细倾听各方的观点。首先定义问题，然后开始寻找解决问题的办法；
➢探索多种可能的解决分歧的方案，然后采用一种当事各方都能够接受的方案处理分歧。
鼓励大家合作，以获得通过紧密团结的集体努力所产生的收益：
➢在认可优秀的绩效表现时，不要只局限于对个人成就的表彰，同时还应当对团队的有效性及团队中的合作给予同等强调；
➢肯定团队中每一位成员的重要性及每一位成员做出的贡献；
学会在进行团队决策时开展合作：
➢在团队决策的过程中学会妥协，创造一种双赢的格局；
➢为了使自己的决策获得支持，促使团队成员考虑其他解决问题的途径。努力争取使大家达成共识，以提高团队成员对最终决定的支持；
制定团队目标：
➢尽可能使团队制定与组织的总体使命保持一致的，同时能够起到支持作用的团队目标。在制定团队目标实施规划时，吸收团队成员参与进来；
➢确保每一位成员都理解团队的目标以及他们自己在达成目标的过程中所扮演的角色；
➢让每一位成员都知晓团队在实现目标方面取得的最新进展；
➢开发能够使每一个人都发挥最佳水平的群体动力；
➢招募那些在技能上与现有的团队成员能够形成互补的人才；
➢利用每一个团队成员的优势和经验，从而形成强大的团队能力。

四、实施 360 度反馈体系的问题

(一) 实施 360 度反馈体系的风险

尽管 360 度反馈体系已经在很多企业中得到了广泛的应用,但是在实际应用 360 度反馈体系中,组织依然会面临一些风险。

1. 负面反馈对员工的伤害

负面反馈可能会对员工造成伤害,尤其是在不能以一种建设性的方式提供反馈和评论时。

2. 员工接受度的限制

只有当员工接受 360 度反馈体系并且认为它能够给自己提供真实评价和公正对待时,这种体系才有可能产生积极的效果,即使用者的接受度是决定 360 度反馈体系能否取得成功的重要因素。

3. 匿名程度影响结果的真实性

如果只有很少的评价者(比如只有两三个人)提供反馈信息,被评价员工就能很容易知道是谁给自己打的分。而当评价的匿名程度打折扣的时候,评价者就更有可能歪曲他们提供的反馈信息。

4. 员工工作量的增加

实施 360 度反馈体系还有一个额外的风险,即评价者的负担可能会过重,因为他们可能需要为太多的人(同事、上级和下级)提供反馈信息,填写大量的表格。

(二) 组织实施 360 度反馈体系常见的误区

尽管 360 度反馈体系在企业界是非常普遍的,但是真正能够从中获得绩效改善收益的企业却并不是很多,一项针对企业的 360 度反馈体系所进行的调查研究发现,只有三分之一的企业报告说自己通过这一计划的执行获得了绩效改善的效果,另外三分之一说对绩效改善没有什么影响,而最后的三分之一则报告说这种绩效反馈计划反而对企业的绩效改善产生了负面的影响,因此,有效发挥 360 度反馈计划的绩效改善效应确实不像它初看上去时那么易如反掌。事实上,企业在以下几个方面的失误是造成该计划在执行过程中失效的最主要原因:

1. 用于管理目的

许多企业想当然地认为 360 度反馈计划其实就是绩效评价计划,把它当成是企业用来确定员工贡献以及为绩效加薪和晋升等人力资源决策提供信息的一个过程。所以在实践中只是简单地把通过 360 度反馈过程所搜集到的信息与管理者或员工的奖惩或者晋升等联系在一起,而不是将未来的绩效改善作为它的一个主要关注点,结果造成提供绩效反馈的人为了影响绩效评价结果而故意提供虚假信息。一些研究表明,当绩效等级完全被

用于评价目的而不是开发目的的时候,有些评价者会故意改变他们的评价等级。此外,员工们可能会消极对待甚至抵制这一计划。如在自下而上提供绩效反馈信息的情况下,上下级之间可能会在暗地里或者是明面上做交易,上级可能会给下级一个较高的评价,以换取下级对自己的较好评价。

2. 忽视企业战略

许多企业的360度反馈体系是在忽略企业战略背景的前提下付诸实施的,从而没有将注意力集中在如何通过这种新的绩效改善工具帮助企业谋取竞争优势方面。由于360度反馈体系对传统的垂直型绩效评价体系的改变在程度上可以是各种各样的,既可以是稍微有些变化,也可以演变成一种能够搜集、分析和发布关于管理人员、专业技术人员甚至从事团队工作的一般员工的行为信息的非常复杂的信息反馈系统。因此,在忽视企业战略背景之下所做出的绩效反馈计划选择很可能对企业的绩效改善没有太大帮助。这就是为什么有些企业尽管采取了非常复杂因而执行成本很高的360度反馈体系,但是收益却很小的原因。

3. 模糊目的与细节

许多企业在采用360度反馈体系的时候没有清晰地界定该计划的目的及其执行细节。结果造成获得了绩效反馈的员工往往在没有得到正确培训和指导的情况下,不得不自己去处理个人所获得的绩效反馈结果,从而导致在该过程结束之后并没有制订出绩效改善目标和行动方案。这样,360度反馈计划对于企业绩效改善最有价值的部分就在有意无意之间被抛弃了,其实际执行效果也就可想而知了。

4. 缺乏沟通

一些企业在推行360度反馈计划的时候将其当作管理层的一种单方面措施来推行,没有通过沟通或者培训告知组织成员这种绩效反馈过程的宗旨和用意,以及它与组织的发展战略以及员工个人的职业发展之间的联系,结果造成管理人员和普通员工对于这种管理方式的误解。比如管理人员认为它纯粹是在浪费自己的时间和精力,耽误自己的正常工作;普通员工则认为它是管理层玩弄的新花招,是糊弄工人的所谓参与管理的表面文章;很多人担心提供诚实的反馈信息会遭到报复,不如走中庸之道,明哲保身等等。结果导致操作过程中产生信息失真问题或者整个计划流于形式。

关 键 词

反馈　绩效反馈　正面反馈　负面反馈　绩效反馈面谈　360°反馈

复习思考题

1.（填空）按照反馈的内容效价进行分类,可以将反馈分为_____和_____。

2. (判断)360度反馈体系能够使得员工清楚自己的优势和劣势,为员工的开发和发展提供方向。(　　)

3. (多选)绩效反馈的内容包括(　　)。
   A. 工作业绩　　　B. 行为表现　　　C. 改进措施　　　D. 薪酬水平
   E. 新的绩效目标

4. (多选)正面反馈的原则包括(　　)。
   A. 坦诚相见　　　B. 具体明确　　　D. 聆听　　　C. 提出建设性意见
   E. 描述而不判断

5. (多选)绩效反馈面谈过程中应该注意哪些问题?(　　)
   A. 重视面谈的开始
   B. 强调下属的进步与优点
   C. 注意倾听下属的想法
   D. 避免冲突与对抗
   E. 形成书面记录

6. (多选)以下是360度反馈体系具备的特点的是(　　)。
   A. 反馈的信息应当来自上级、同事、员工本人、下级、顾客。
   B. 许多组织利用科技手段减少收集数据方面的成本与实践,因此是360度反馈体系的应用媒介。
   C. 在线的360度反馈体系的使用反馈信息的形式具有多样、形象、可视等特点。
   D. 360度反馈体系能够使得员工清楚自己的优势和劣势,为员工的开发和发展提供方向。

7. (多选)以下选项是360度反馈体系对于员工的积极作用的是(　　)。
   A. 一定程度上减少了对量化数据的依赖,同时避免过度重视上级看法的弊端。
   B. 在信息渠道上的扩展有利于提高个体对反馈信息的认同程度,易于接受管理决策。
   C. 为满足员工的反馈寻求需要提供关键的信息资源。
   D. 强化员工自我认知,帮助员工自我开发。

8. (多选)以下选项是360度反馈体系对于组织的积极作用的是(　　)。
   A. 能够更加全面地掌握个体信息,尤其是有关工作行为的绩效信息,减少评估偏差出现的可能性。
   B. 一定程度上减少了对量化数据的依赖,同时避免过度重视上级看法的弊端。
   C. 在信息渠道上的扩展有利于提高个体对反馈信息的认同程度,易于接受管理决策。
   D. 为满足员工的反馈寻求需要提供关键的信息资源。

9. (多选)组织实施360度绩效反馈体系应当注意的问题包括(　　)。
   A. 评估者实名提供绩效信息
   B. 评估者应当有机会观察员工绩效

  C. 上级或导师应当与被评估者就反馈结果进行讨论,并制定相应的开发计划

  D. 应当对评估者进行培训

10. 请简述正面反馈和负面反馈的技巧。

案例分析

一次失败的绩效反馈面谈

(差五分钟下班,客服经理王明正收拾整理一天的文件,准备下班后去幼儿园接孩子,吴总走了进来。)

  吴总:王明,你现在不忙吧?考核结果你也知道了,我想就这件事与你谈一谈。

  王明:吴总,我下班后还有点事……

  吴总:没关系,我今晚上也有个应酬,咱们抓点儿紧。

  王明(无奈地):那我就来。

(总经理办公室,办公桌上文件堆积如山。王明心神不宁地在吴总对面坐下。)

  吴总:王明,绩效考核结果你也看到了……

(电话铃响,吴总拿起了电话,"喂,谁?啊,李总呀,几点开始?好,一定!……")

  吴总(通话用了五分钟。放下电话,笑容满面的脸重新变得严肃起来):刚才我们谈到哪里了?

  王明:谈到我的绩效考核结果。

  吴总:喔,你上一年的工作嘛,总的来说还过得去,有些成绩还是可以肯定的。不过成绩只能说明过去,我就不多说了。我们今天主要来谈谈不足。王明,这可要引起你的充分重视呀,尽管你也完成了全年指标,但你在与同事共处、沟通和保持客源方面还有些欠缺,以后得改进呀。

  王明:您说的"与同事共处、沟通和保持客源方面还有些欠缺"具体指什么?

(电话铃再次响起,吴总接起电话:"啊,李总呀,改成六点了?好好,没事,就这样。"吴总放下电话。)

  吴总:王明,员工应该为领导分忧,可你非但不如此,还给我添了不少麻烦!

  王明:我今年的工作指标都已经完成了,可考核结果……

  吴总:考核结果怎么了?王明,别看我们公司人多,谁平时工作怎样,为人处事如何,我心里可是明镜似的。

  王明(委屈地):我觉得您可能对我有些误会,是不是因为在上次销售报告会议上我的提议与李部长发生冲突,弄得很不愉快。

  吴总:你不要乱琢磨。你看看陈刚,人家是怎么处理同事关系的。

  王明(心想:怨不得他的各项考核结果都比我好):吴总,陈刚是个老好人,自然人缘好;但我是个业务型的人,比较踏实肯干,喜欢独立承担责任,自然会得罪一些……

吴总:好了,李总又该催我了,今天就这样吧。年轻人,要多学习,多悟!

王明(依然一头雾水)……

吴总自顾陪客人吃饭去了,留下王明一个人愣在那里。

思考:这次绩效反馈面谈存在哪些问题?

绩效反馈面谈应该遵循什么原则?

如何正确地给予员工绩效反馈?

案例来源:HR案例网 http://www.hrsee.com/? id=200

第九章 有效的战略执行工具——平衡计分卡

学习目标

1. 了解平衡计分卡概念、特点和作用;
2. 掌握平衡计分卡的基本内容:财务层面、客户层面、内部业务流程层面、学习与成长层面等;
3. 理解平衡计分卡四个层面衡量指标体系,识别常见的指标。
4. 了解战略地图的框架结构和逻辑关系;
5. 了解平衡计分卡的框架和逻辑关系,包括纵向因果关系和横向导向关系。

导入案例

K公司是一家专注于研发和生产制造灯具的企业。近年来照明行业的竞争日益激烈,为了使管理人员能聚焦企业的战略,准确地测评公司和员工绩效,公司引进平衡计分卡(BSC)作为绩效评价的基石。

K公司通过环境分析对自身发展进行明确定位,设定愿景目标和战略目标,它们是建立BSC的核心与基础,如图9-1所示。

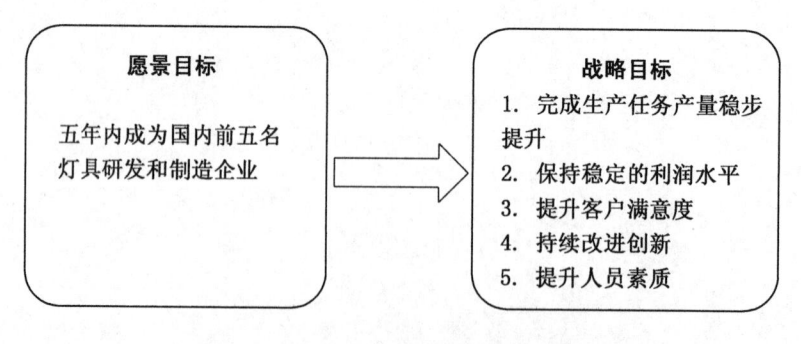

```
┌─────────────────┐         ┌─────────────────────┐
│    愿景目标     │         │     战略目标        │
│                 │         │ 1. 完成生产任务产量稳步│
│ 五年内成为国内前五名│  ───▶  │    提升             │
│ 灯具研发和制造企业│         │ 2. 保持稳定的利润水平│
│                 │         │ 3. 提升客户满意度   │
│                 │         │ 4. 持续改进创新     │
│                 │         │ 5. 提升人员素质     │
└─────────────────┘         └─────────────────────┘
```

图9-1 K公司的愿景目标和战略目标

在明确公司愿景目标和战略目标的前提下,平衡计分卡是实现公司目标的有力执行工具。平衡计分卡使管理者们从以下四个角度进行考察:

1. 财务层面

K公司财务目标表示为:完成生产任务、保持稳定的利润增长。"完成生产任务"用年产值和产品订单生产达成率来衡量;"保持稳定的利润增长"用利润率、管理费用和生产成本来衡量。具体如表9-1所示。

表9-1 K公司平衡计分卡中财务层面评价指标

战略目标	评价指标	行动方案
完成生产任务	年产值	ISO 9000系列标准的应用
保持稳定的利润增长	产品订单达成率 利润率 生产成本 管理费用	资金预算管理 SS管理

2. 客户层面

K公司是按订单生产型企业,生产电器产品。顾客所关心的事情有4类:质量、性能、供货及时性和成本。为了使平衡计分卡能发挥作用,公司明确了用以衡量质量、性能、供货及时性和成本的具体评价指标。具体如表9-2所示。

表9-2 K公司平衡计分卡中客户层面评价指标

战略目标	评价指标	行动方案
建立与客户的伙伴关系	经销商投诉次数 顾客满意度指数	顾客与经销商的伙伴关系 ISO9000系列标准的应用
供货及时性	断货规格指数 按时交货(客户评定)	

3. 内部业务流程层面

平衡计分卡的内部评价指标,应当来自对实现公司整体战略有最大影响的业务程序,包括影响循环周期、质量、雇员技能和生产率的各种因素。K公司认为技术上的持续改进和创新,是公司要培养的核心能力,而良好的过程管理能力和对安全与损失的控制也是公司势在必行的努力方向。公司为这3个内部业务规定了评价指标,表9-3所示。

表9-3 K公司平衡计分卡中内部业务流程层面评价指标

战略目标	评价指标	行动方案
技术创新	技术创新效益额	JIT管理
提升生产管理质量	原材料一次性合格率 产品一次性合格率 质量成本	应用ISO9000质量管理活动 团队责任
安全/损失控制	人身/设备安全事故次数 设备投产率、合格率	

4. 学习与成长层面

K公司平衡计分卡的第四部分就是从学习与成长的层面提出的提升人力资源能力和构建信息沟通平台这两个战略目标,并制定了对应的评价指标,如表9-4所示。

表9-4 K公司平衡计分卡中学习与成长层面评价指标

战略目标	评价指标	行动方案
提升人力资源能力	核心人才保留率 紧缺人才指标完成率 培训完成率	人才梯队建设
构建信息沟通平台	建立管理信息系统 员工建议数	ISO9000系列标准的应用

从上述K公司的例子中,我们可知企业在实施BSC时,首先要明确公司愿景和战略目标,围绕战略从财务、客户、内部运作、学习与成长四个层面全方位应用平衡计分卡进行绩效管理,根据自身实际发展状况进行修改与应用。

案例来源:https://mp.weixin.qq.com/s/CCvSF-KnUA9vdXfl7MUb1w

第一节 平衡计分卡概述

一、平衡计分卡的产生

20世纪末,企业面对的是全球性的竞争,顾客的要求也变得复杂多样,这就要求企业关注需求分析、产品创新设计、生产制造、市场营销、售后服务等方方面面的问题。在这样的形势下,客观环境要求企业去寻找更好的考核方式,即用一种新的并且比单一财务指标更有效的方法去考核企业和个人绩效。

1990年,美国毕马威会计师事务所(KPMG)的研究机构诺兰诺顿(Nolan Norton Institute)资助了一个名为"未来的组织绩效衡量"的研究项目,诺兰诺顿的首席执行官(CEO)担任该项目负责人,罗伯特·卡普兰(Robert S. Kaplan)担任学术顾问。项目开始后,小组成员查阅大量有关绩效衡量系统创新的案例研究,把目光锁定在模拟设备公司的"企业计分卡"上。该计分卡包括传统财务指标、交货时间、制造流程的质量和周转期、新产品开发效率相关的业绩指标。经过小组反复讨论,计分卡的内容逐渐扩大,围绕着财务、客户、内部、创新与学习四个独特的层面,形成了一个新的衡量系统,称之为"平衡计分卡"。项目结束后,卡普兰和诺顿在总结小组研究成果后,于《哈佛商业评论》发表了一篇论文《平衡计分卡——驱动业绩的衡量体系》。这标志着用于衡量组织绩效的平衡计分卡正式问世。1992年,他们初始设计平衡计分卡作为一个较为完善的绩效评价管理工具。最初的平衡计分卡是一种将传统的财务指标与非财务指标相结合来评价组织绩效的方法,可以提供给管理者更广泛、丰富的管理和决策信息,它实际上是一种战略管理工具。

本书综合国内外教材认为平衡计分卡(Balanced Score Card,BSC)不仅是一种基于战略的指标评价体系,而且是一个战略管理系统。平衡计分卡将财务指标与非财务指标相结合,从财务层面、客户层面、内部业务流程以及学习与成长层面构建指标体系,评价组织绩效,是企业进行战略执行与监控的有效工具。

二、平衡计分卡的特点和作用

平衡计分卡强调平衡的重要性,与传统的绩效考核工具相比,平衡计分卡强调实现以下几个方面的平衡:

(1) 财务与非财务的平衡。要求既从财务角度又从非财务角度去思考企业的战略目标及考核指标。

(2) 短期目标与长期目标的平衡。

企业的目标是创造持续增长的股东价值。企业既要关注短期战略目标和绩效指标,也关注长期战略目标与绩效指标。平衡积分卡的内部业务流程层面每一类内部流程为组织带来利益的时间段不同,管理者可根据内部流程形成不同的战略主题,确保企业兼顾长短期利益,实现可持续发展。

(3) 前置指标与滞后指标的平衡。平衡计分卡提供了一个从上而下的时间思考维度,既关注那些反映过去绩效的滞后性指标,也关注能反映和预测未来绩效的前置指标。一般来说对工作过程或阶段性成果进行衡量的指标为前置指标,对工作的最终结果进行衡量的指标为滞后指标。

(4) 内部与外部的平衡。关注企业内外的相关利益方,有效实现外部(如客户和股东)与内部(如流程和员工)之间的平衡。

平衡计分卡在绩效管理中的作用主要有以下几个方面:

(1) 平衡计分卡既是绩效评价系统又是战略管理系统,将企业战略与绩效管理连接起来。平衡计分卡是根据组织的战略而设计一套完整的企业绩效评价系统。平衡计分卡将战略在组织中达成了共识,并将其转化为四个层面的目标、指标和目标值。管理者和员工都清楚地知道自己的工作对实现战略的意义。通过建立组织、部门、个人等各个层次的平衡计分卡,使得管理者和员工在一套评价指标的引导下努力工作,从而实现组织战略目标。因此,平衡计分卡是一种战略管理系统。为了确保实现计划、指标和战略目标。

(2) 平衡计分卡可以评价绩效并沟通考核结果,是管理沟通工具。平衡计分卡是用来阐明组织战略、传播组织战略,帮助企业、部门和个人建立一致的目标系统。整合企业的全部资源,为实现共同的战略目标而努力。平衡计分卡建立了一套良好的沟通机制,涉及领导者的沟通责任、员工的培训和教育、战略反馈和学习流程、结构化会议等,对沟通的渠道、传播媒介、沟通方式和频次以及沟通管理等内容作出了明确界定。

(3) 平衡计分卡提供一个框架以传播使命和战略,它利用衡量指标来告诉员工当前和未来成功的驱动因素。平衡计分卡将促使企业将行动计划与指标联系起来并配置相应资源,是企业管理流程的核心框架,并且只有平衡计分卡被从一个衡量系统变为为管理系统时,它才具有更大的威力。高级管理层借助计分卡阐述企业渴望取得的结果和获得成功的驱动因素,借此凝聚企业员工的精力、能力和知识从而实现长期可持续发展。

三、平衡积计分卡的基本内容

平衡计分卡把企业的使命和战略转变为目标和指标。平衡计分卡的组成包括四个部分：财务层面、客户层面、内部业务流程层面、学习与成长层面，具体如图9-2所示。

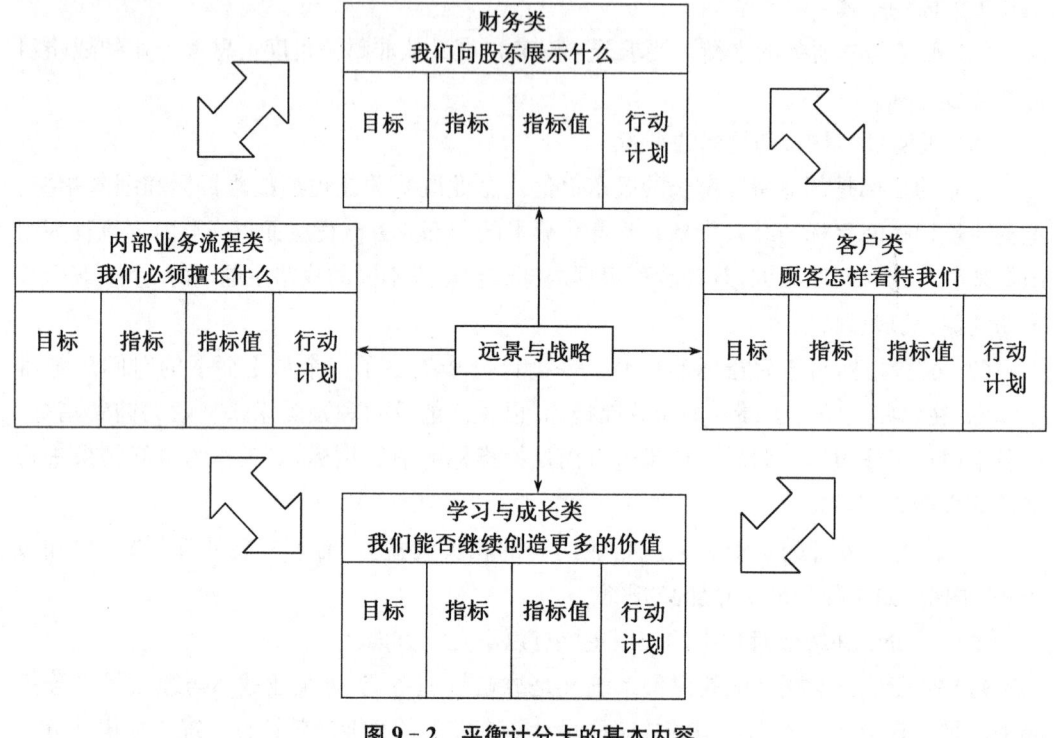

```
                    财务类
              我们向股东展示什么
          | 目标 | 指标 | 指标值 | 行动计划 |

  内部业务流程类                           客户类
  我们必须擅长什么                      顾客怎样看待我们
| 目标 | 指标 | 指标值 | 行动计划 |    | 目标 | 指标 | 指标值 | 行动计划 |
                      远景与战略

                   学习与成长类
              我们能否继续创造更多的价值
          | 目标 | 指标 | 指标值 | 行动计划 |
```

图9-2　平衡计分卡的基本内容

（一）财务层面

企业经营的直接目的和结果是为所有者创造价值。财务目标是平衡计分卡所有其他层面的目标和指标的核心。被选中的每个指标都应当是因果关系链的一环，其最终结果是提高财务业绩。处于生命周期不同阶段的企业，其财务衡量的重点也有所不同。在成长阶段，企业要进行数额巨大的投资，因此其现金流量可以是负数，投资回报率亦很低，财务衡量应侧重于销售额总体增长百分比和特定客户群体、特定地区的销售额增长率等；处于发展阶段的企业应着重衡量获利能力，如营业收入和毛利、投资回报率、经济增加值；处于成熟阶段的企业，其财务衡量指标主要是现金流量，企业必须力争实现现金流量最大化，并减少营运资金占用。

（二）客户层面

在平衡计分卡的客户层面，管理者确立了业务单位将竞争的客户和市场，以及业务单位在这些目标客户和市场中的衡量指标。客户层面通常包括几个核心或概括性的指标。核心结果指标包括客户满意度、客户保持率、客户获得率、客户盈利率，以及在目标市场中所占的份额。但客户层面还应包括特定的指标,以衡量公司提供给目标客户的价值主张、核心客户成果的具体驱动因素。

(三) 内部业务流程层面

企业必须确认擅长的关键内部流程。这些流程能帮助企业提供价值主张,以吸引和留住目标细分市场的客户,满足股东对卓越财务回报的期望。内部业务流程层面揭示了传统绩效衡量和平衡计分卡绩效衡量方法的基本差异。传统方法试图监督和改进现有的业务流程,重视改善现有流程;而平衡计分卡重视确认全新的流程,企业要想实现客户和财务目标,就必须善于采用这些流程。例如,一个公司可能会认识到,必须制定一个流程来预测客户的需求,或开发一个流程来提供目标客户所重视的新服务。平衡计分卡的内部业务流程目标以这些流程为重点,而这些流程中的一些目前可能并未采用,却攸关公司战略的成功。

(四) 学习与成长层面

平衡计分长的第四个层面是学习与成长,它是企业创造长期的发展和改善必须建立的基础框架。企业的学习与成长有三个主要来源:人、系统、组织程序。平衡计分卡的财务、客户、内部业务流程一般会揭示人、系统、程序的实际能力和实现突破性绩效所必需的能力之间的巨大差距。为了弥补差距,企业必须投资于员工技术的再造、信息技术和系统的加强、组织程序和日常工作的理顺。该层面涉及的员工指标也包括概括性的指标,如员工满意度、员工保持率、员工培训和技能等,以及这些指标的特定驱动因素。学习与成长层面强调的是企业的可持续发展能力,避免企业发展的短视行为。

以美孚石油公司为例理解平衡计分卡的基本内容。在美孚石油公司一个炼油营销的事业部中,其职能是在公司产业链中扮演销售者的角色——将炼好的油卖到公司旗下不同的加油站。1990年,美孚财务出现问题,美孚的CEO意识到应该实施开源战略(使自己的产品更多的卖出去),通过实施平衡计分卡来实行新的战略,从四个层面展开分析形成集团层面的平衡计分卡。

1. 财务层面

在财务层面,主要是股东价值最大化,即通过占有资本回报率的多少来反映怎样能够使企业的股东得到更好的回报。一般情况下,企业在使用财务政策时会有两大战略:一个称之为"开源",即所谓的成长战略;另一个叫作"节流",也就是生产力战略。美孚新的战略重点在以下方面:

(1) 提升高质量产品的销量之比:美孚的目标客户已经确定,所以其主要产品也就是比较高端的产品,这实际上就是美孚在竞争市场中对于产品的一种选择。

(2) 主要产品的销量增长,要超出行业的平均水平。

(3) 增加非汽油产品的收入:这是指建立便利店、提供差别服务的内容,这是美孚新战略的重点。

2. 客户层面

美孚通过对客户进行仔细分析,认为他们的客户有两大类型:一类是直接客户——终端客户,另一类是他们的间接客户——经销商。

首先,对于终端客户,美孚确定的一个很重要的目标就是要让客户有愉悦的消费经验,即客户到了美孚旗下的加油站后会觉得非常愉快,在以后的消费中他们将首选美孚的加油站,而不是到其他的加油站去。要做到这一点需要两个方面的努力:

(1) 提高目标客户占有率——愉悦的消费体验是提供给目标客户的,而不是所有的客户。

(2) 增加神秘打分达标率——为保证7 700多个加油站都能持续提供非常好的服务,美孚由一个神秘打分者装扮成客户,每个月到各个加油站做相关服务标准执行情况的检查。

其次,对于经销商这个内部客户,美孚提出的目标是实现合作关系的双赢,这一点又通过两个方面来体现:

(1) 促进经销商的利润实现行业第一名——美孚的服务是通过经销商来提供的,要实现双赢,经销商本身就要能够赚钱。

(2) 增加非汽油产品的利润——这与建立便利店的战略是一致的。

3. 内部业务流程层面

在内部业务流程层面,美孚用的是平衡计分卡战略图经典的四个战略主题——创新、运营、客户关系以及规范和社会,如表9-5所示。

表9-5 美孚公司平衡计分卡战略图经典的四个战略主题

战略主题	内容	目标
创新	美孚的价值定位是客户亲密度,进行服务创新	开发新产品 开发新的服务
运营	运营是用来支撑财务维度的生产力战略,若运营不好,必然会导致成本居高不下。	降低成本 提高质量稳定性 交货及时——支撑客户满意度 资产闲置期下降——支撑现有资产利用率
客户关系	美孚经销商代表美孚品牌,要取得双赢增长利润必须在处理客户关系时着重提升管理水平	培训经销商
规范和社会	企业对于社会的影响	环境安全事故下降

4. 学习与成长层面

美孚的平衡计分卡战略图是从三个方面——人力资本、IT资本以及组织资本来描述战略内容的,如表9-6所示。

表 9-6　美孚公司平衡计分卡战略内容

战略方面	内容
人力资本	传达沟通战略——让企业所有员工知道战略是什么； 让所有员工都全面了解业务,避免内部每个部门各自为政。应该让他们知道其他部门在干什么,自己应该如何予以支持以帮助公司达到目标。
IT 资本	建立战略信息平台(BSC)——通过平衡计分卡软件点出战略目标。
组织资本	激励员工——调动员工积极性,包括物质和精神(公司的愿景、战略)两个方面； 授权管理——运用平衡计分卡的指标体系,使各级员工清楚自己应该做些什么。 连接浮动薪酬——物质激励。

经过以上四个层面的战略分析所得到的这张战略表,它体现了美孚公司的整个新战略。接下来要做的事情就是要把每一个战略都化成具体的、衡量的、可操作的目标,如表 9-7 所示。

表 9-7　美孚公司基于平衡计分卡的战略图

战略主题	战略目标	战略性指标	
财务	财务稳健	占用资本回报率 利用现有资产 获利能力 行业最低成本 利润增长	占用资本回报率 现金流量 净利润排名 每加仑总成本 销量增长率 额外费用比率 非汽油收入和利润
客户	让客户满意 与零售商建立双赢关系	持续让目标客户满意 与零售商建立双赢关系	关键市场占有率 神秘购买者打分 零售商利润增长 零售商调查
内部业务流程	建立专营权 增加客户价值 优异运作 良好公民	产品和服务创新 一流的专营权队伍 炼油性能 存货管理 行业最低成本 按需交货 改进环境、健康及安全	新产品投资回收率 新产品市场接受率 分销商品质分数 产量差距 计划外停产时间 存货水平 用尽率 作业成本 完美订单 环境事故数量 停工天数
学习与成长	受到激励的员工队伍	立即行动的工作氛围 核心能力及技术 获得策略信息	员工调整 个人平衡计分卡 战略能力利用 战略信息能力

四、平衡计分卡四个层面的指标体系

从 BSC 的四个维度出发,常见的绩效评价指标列举如表 9-8 所示:

表 9-8 平衡计分卡四个维度之常见指标举例

财务方面	客户方面
利润率	市场份额
现金流量	用户排名调查
收入增长	新客户的增加
项目效益	客户满意度
毛利率	品牌形象/识别
回款率	服务差错率
税后净利润	
净现值	
内部业务流程方面	学习与成长方面
产品(服务)质量	提供新服务收入的比例
产品开发/创新	员工满意度
安全与环境影响	改善提高效率指数
劳动生产率	关键技能的发展
设计开发周期	继任计划
生产周期	领导能力的发展
生产计划	人均创收
预测准确率	员工建议数
项目完成指标	新产品上市的时间
关键员工流失率	新产品收入所占比例

(一)财务层面衡量指标体系

1. 偿债能力指标

(1)短期偿债能力指标

流动比率＝流动资产/流动负债

速动比率＝速动资产/速动负债

速动资产＝流动资产－存货 或者 速动资产＝流动资产－存货－预付账款－待摊费用

现金流动负债比率＝经营现金净流量/年末流动负债

(2)长期偿债能力指标

资产负债率＝(负债总额/资产总额)×100%

负债与所有者权益比率＝(负债总额/所有者权益总额)×100%

负债与有形净资产比率＝(负债总额/有形净资产)×100%

2. 营运能力指标

应收款项周转率(次数)＝主营业务收入净额/平均应收账款余额

存货周转率(次数)＝主营业务成本/存货平均余额

总资产周转率＝主营业务收入净额/平均资产总额固定资产周转率＝主营业务收入净额/固定资产平均净值

3. 盈利能力指标

主营业务毛利率＝(销售毛利/主营业务收入净额)×100％

主营业务利润率＝(利润/主营业务收入净额)×100％

资产净利率＝(净利润/平均资产总额)×100％

净资产收益率＝(净利润/平均净资产)×100％

4. 发展能力指标

销售增长率＝(本年销售增长额/上年销售收入总额)×100％

资本积累率＝(本年所有者权益增长额/年初所有者权益)×100％

(二)客户层面衡量指标体系

客户维度衡量指标主要包括市场占有率、品牌知名度、客户保有率、客户满意度、客户投诉率、新客户开发率和员工满意度等。

(三)内部业务流程层面衡量指标体系

内部业务流程维度衡量指标主要包括产品退换货率、新产品研发周期、工作计划完成率、订单需求满足率、报表数据出错率、合格率与废品率和客户投诉一次处理成功率等。

(四)学习与成长层面衡量指标体系

学习与成长维度衡量指标主要包括劳动生产率、培训计划完成率、技术创新能力、员工满意度、员工流失率、关键人才储备率和任职资格达标率等。

第二节　平衡计分卡的框架和逻辑结构

对平衡计分卡的理解有广义和狭义之分。广义的平衡计分卡本质是以战略为管理核心实现组织整体协同、提升战略执行力的管理体系,包括战略地图和狭义的平衡计分卡;狭义的平衡计分卡就是管理工具而言的,它是与战略并列的一种管理表格。本书通过对战略地图和平衡计分卡的框架和逻辑结构进行全面理解,系统阐述平衡计分卡化战略为行动的全过程。

一、战略地图的框架

战略地图是对组织战略要素之间因果关系的可视化表示方法,是个用以描述和沟通战略的管理工具。

(一) 战略地图的框架及逻辑结构

1. 战略地图的框架

我们把通用的战略地图形象地比喻为一座四层楼房。房顶部分由使命、核心价值观、愿景和战略构成,房子的主体部分为四个楼层,从上往下依次是:财务层面、客户层面、内部业务流程层面、学习与成长层面,这四个层面是一个"2-4-4-3"框架,如图12-3所示。其中,"2"指的是两大财务战略,即财务层面的生产率提升战略和收入增长战略;"4"指的是四种通用的客户价值主张,即总成本最低战略、产品领先战略、全面客户解决方案、系统锁定战略;"4"指的是四类创造价值的内部业务流程,即运营管理流程、客户管理流程、创新流程、法规与社会流程;"3"指的是三种无形资产,即人力资本、信息资本、组织资本。

2. 战略地图的逻辑结构

战略地图的框架不仅包括以方框标示的各构成要素,还包括以箭头标示的用以将各构成要素串联起来的逻辑关系。就房顶部分而言,使命和核心价值观描述了组织长期奉行的核心理念,愿景和战略描述了组织特定期限内的发展蓝图和战略选择。这四者之间的关系是,使命指引核心价值观的形成,使命和核心价值观指引愿景和战略的形成,愿景指引战略的形成。对于四个层面的逻辑关系,须从两个层次来分析:一是层面之间的关系;二是各层面目标之间的关系,具体框架如图9-3所示。

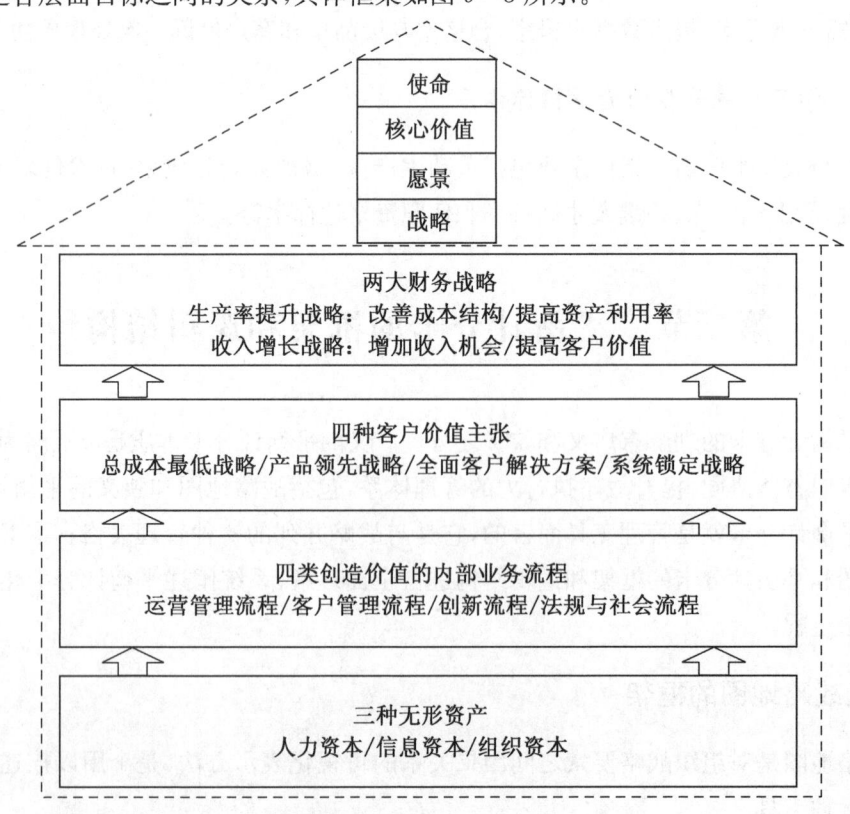

图9-3 战略地图的框架

从四个层面来看,财务层面和客户层面分别描述了组织期望达成的财务绩效和客户(市场)绩效,界定的是战略的绩效结果;内部业务流程层面和学习与成长层面分别描述组织创造价值的关键流程和无形资产,界定的是组织达成预期绩效结果的战略性驱动因素,如9-4图所示。

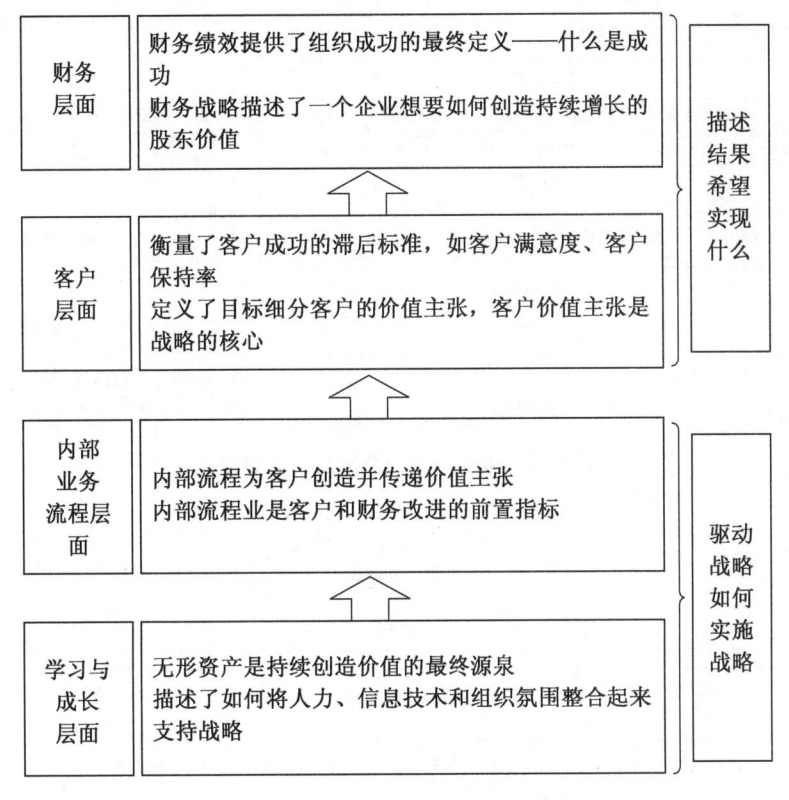

层面	内容	
财务层面	财务绩效提供了组织成功的最终定义——什么是成功 财务战略描述了一个企业想要如何创造持续增长的股东价值	描述结果希望实现什么
客户层面	衡量了客户成功的滞后标准,如客户满意度、客户保持率 定义了目标细分客户的价值主张,客户价值主张是战略的核心	
内部业务流程层面	内部流程为客户创造并传递价值主张 内部流程业是客户和财务改进的前置指标	驱动战略如何实施战略
学习与成长层面	无形资产是持续创造价值的最终源泉 描述了如何将人力、信息技术和组织氛围整合起来支持战略	

图9-4 战略地图四个层面之间的关系

在明晰组织使命、核心价值观、愿景和战略的基础上,形成了以战略为核心、因果关系明确的框架体系,这四个层面的目标从上往下层层牵引,从下往上层层支撑。财务层面回答的是我们如何满足股东的期望的问题;客户层面回答的是我们如何满足目标客户需求的问题;内部业务流程层面回答的是我们必须要做好哪些重点工作的问题;学习与成长层面回答我们必须在哪些无形资产上做好准备的问题。具体如图9-5所示:

(二)战略地图的通用模板

在理解战略地图的框架和四个层面的逻辑结构之后,将使命、核心价值观、愿景、战略四个层面及其构成要素通过因果关系整合起来形成战略地图的通用模板,如图9-6所示。

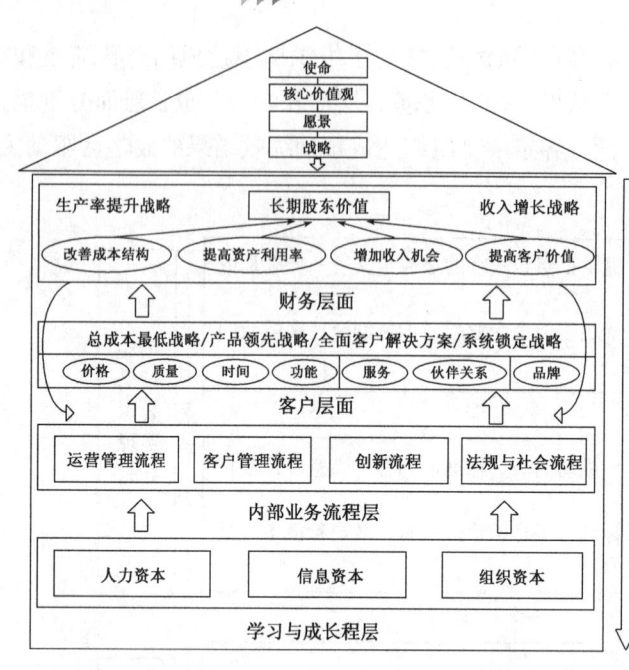

图 9-5 战略地图四个层面回答的问题

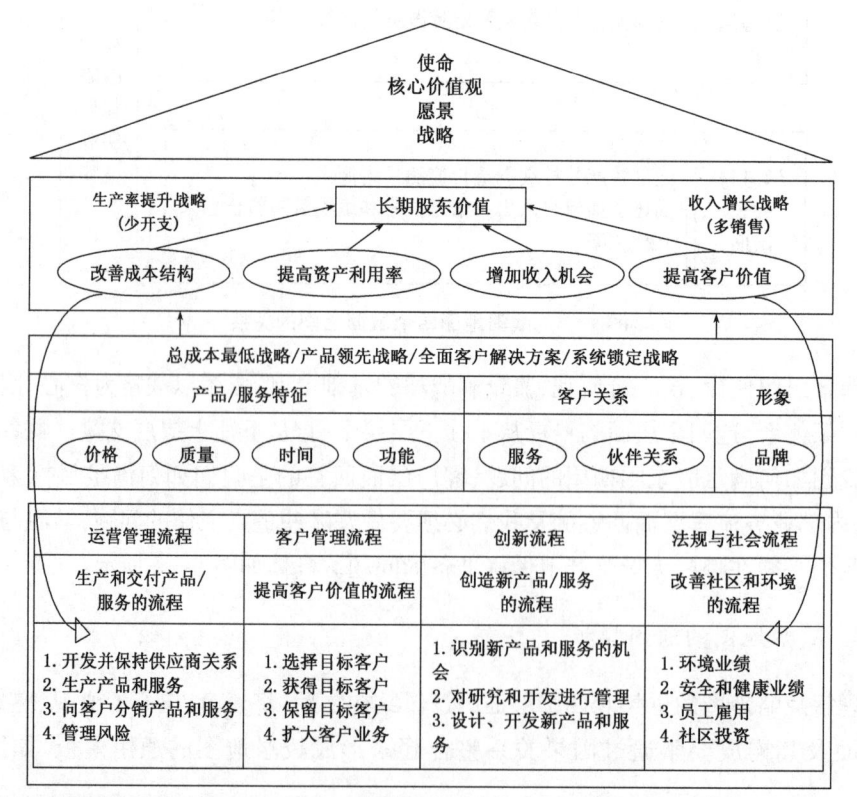

财务层面
- 生产率提升战略 / 长期股东价值 / 收入增长战略
- 改善成本结构 / 提高资产利用率 / 增加收入机会 / 提高客户价值

如何满足股东的期望?
财务战略的选择:
收入增长战略/生产率提升战略

客户层面
- 总成本最低战略/产品领先战略/全面客户解决方案/系统锁定战略
- 价格 / 质量 / 时间 / 功能 / 服务 / 伙伴关系 / 品牌

谁是我们的目标客户?
我们赚谁的钱?用什么方式赚钱?
四种客户价值主张

内部业务流程层
- 运营管理流程 / 客户管理流程 / 创新流程 / 法规与社会流程

我们必须做什么?
必须关注哪些少数关键的业务流程?
组织内部需要抓的重点工作有哪些?

学习与成长程层
- 人力资本 / 信息资本 / 组织资本

为了实现战略目标,我们需要关注哪些无形资产?
人力资本/信息资本/组织资本
无形资产必须与战略主题协调一致

图 9-6 战略地图通用模板

使命
核心价值观
愿景
战略

财务层面
- 生产率提升战略（少开支） / 长期股东价值 / 收入增长战略（多销售）
- 改善成本结构 / 提高资产利用率 / 增加收入机会 / 提高客户价值

客户层面
- 总成本最低战略/产品领先战略/全面客户解决方案/系统锁定战略

产品/服务特征	客户关系	形象
价格 质量 时间 功能	服务 伙伴关系	品牌

内部业务流程层

运营管理流程	客户管理流程	创新流程	法规与社会流程
生产和交付产品/服务的流程	提高客户价值的流程	创造新产品/服务的流程	改善社区和环境的流程
1.开发并保持供应商关系 2.生产产品和服务 3.向客户分销产品和服务 4.管理风险	1.选择目标客户 2.获得目标客户 3.保留目标客户 4.扩大客户业务	1.识别新产品和服务的机会 2.对研究和开发进行管理 3.设计、开发新产品和服务	1.环境业绩 2.安全和健康业绩 3.员工雇用 4.社区投资

人力资本	信息资本	组织资本
1.知识 2.技能 3.价值观	1.信息系统 2.数据库 3.网络和技术基础设施	1.文化 2.领导力 3.协调一致 4.团队工作

二、平衡计分卡的框架

平衡计分卡的表现形式是一张二维表格,如表9-9所示。纵向是财务、客户、内部业务流程、学习与成长四个层面,横向是目标、指标、目标值、行动方案和预算。制作平衡计分卡的过程实际上是针对每个目标确定其指标、目标值、行动方案和预算的过程。

表9-9 平衡计分卡(样表)

层面	目标	指标	目标值	行动方案	预算
财务					
客户					
内部业务流程					
学习与成长					

三、平衡计分卡的逻辑关系

平衡计分卡的逻辑关系包括两个方面:一是四个层面及目标之间的纵向上的因果关系;二是目标、指标、目标值、行动方案和预算之间的横向推导关系。

(一)平衡计分卡四个层面的因果关系

平衡计分卡始终把战略和愿景放在管理过程中的核心地位,构建"以战略为核心的开放型闭环组织结构",使财务、客户、内部业务流程、学习与成长四个层面互动互联,浑然一体。通过绩效考核四个方面指标之间的因果驱动关系共同描绘组织战略的实际轨迹,并且通过绩效考核的计划——实施——管理过程契合组织战略的制定——实施——修正过程,使绩效考核与战略管理实现统一与一致。例如,资本报酬率是财务指标,这一指标的驱动因素是客户的重复采购和销售量,而这二者是客户高度忠诚带来的结果。因此,客户忠诚度被纳入平衡计分卡的客户层面。对客户偏好的分析显示,提高按时交货率会带来更高的客户忠诚度,进而提高财务业绩。于是,客户忠诚度和按时交货率都被纳入平衡计分卡的客户层面指标。为了提高按时交货率率,企业需要缩短经营周期并提高内部业务流程的质量,这两个因素是平衡计分卡内部业务流程指标。为改善内部业务流程的质量并缩短周期,企业需要培训员工提高技术水平,因此员工技术成为学习与成长层面的目标。由此,建立一个完整的因果关系链如图9-7所示:

(二)平衡计分卡的横向导向关系

具体来说,目标是战略与绩效指标之间的桥梁,阐述了要想实现战略,在各层面中要做

```
财务 ────────────────→ 资本报酬率
                              ↑
客户 ────────────────→ 客户忠诚
                              ↑
内部业务流程 ──────→ 按时交货
                              ↑
                    ┌─────────┴─────────┐
学习与成长 ──→ 流程质量          流程周期
                    ↑                 ↑
                    └────── 员工技术 ──┘
```

图 9-7　平衡计分卡四个层面及相应指标之间的因果关系

好哪些事情；指标紧随目标，用以衡量该目标的实现程度；目标值是针对指标而言的，说明该目标在特定指标上的期望绩效水平；行动方案说明了怎样做才能实现预定的战略目标；预算则说明实施行动方案所需的人、财、物等资源。从整体上看，平衡积分卡的逻辑关系呈现为一个纵向因果关系、横向推导关系以及指标关联关系形成的网状结构，如图 9-8 所示。

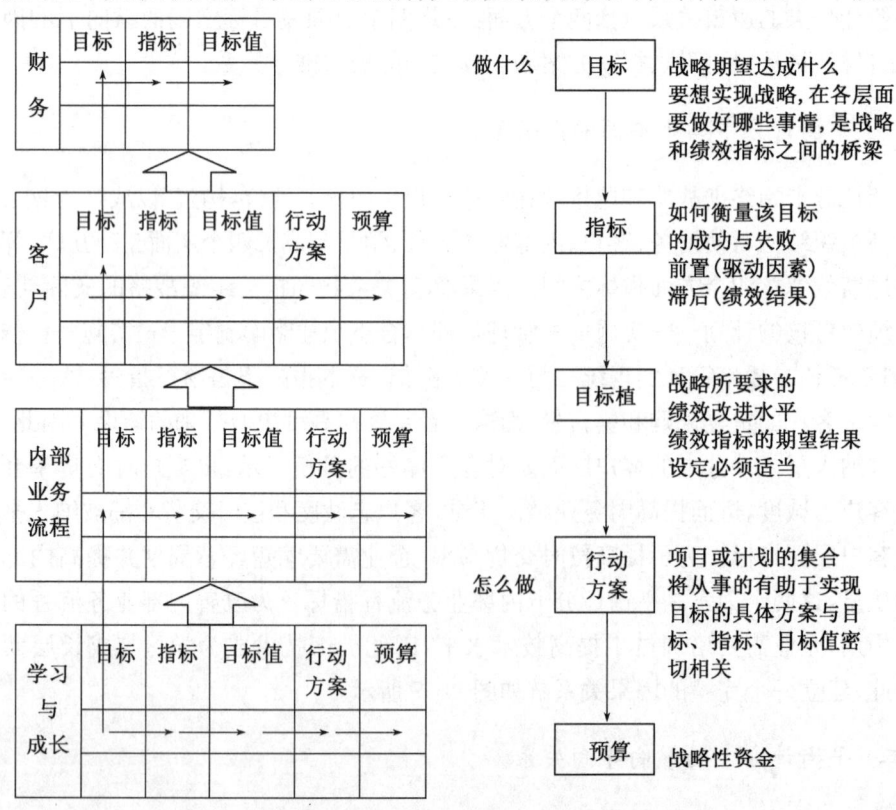

		做什么	目标	战略期望达成什么 要想实现战略，在各层面 要做好哪些事情，是战略 和绩效指标之间的桥梁
财务	目标 | 指标 | 目标值		指标	如何衡量该目标 的成功与失败 前置（驱动因素） 滞后（绩效结果）
客户	目标 | 指标 | 目标值 | 行动方案 | 预算		目标植	战略所要求的 绩效改进水平 绩效指标的期望结果 设定必须适当
内部业务流程	目标 | 指标 | 目标值 | 行动方案 | 预算	怎么做	行动方案	项目或计划的集合 将从事的有助于实现 目标的具体方案与目 标、指标、目标值密 切相关
学习与成长	目标 | 指标 | 目标值 | 行动方案 | 预算		预算	战略性资金

图 9-8　平衡计分卡的逻辑关系

第三节 平衡计分卡的实施应用

一、基于平衡计分卡的管理流程

平衡计分卡不仅仅是一个战术性的或经营性的绩效衡量系统。企业把计分卡视为一个战略管理系统,从长期规划企业战略,它们利用计分卡的衡量重点来完成重要的管理流程,如图9-9所示。

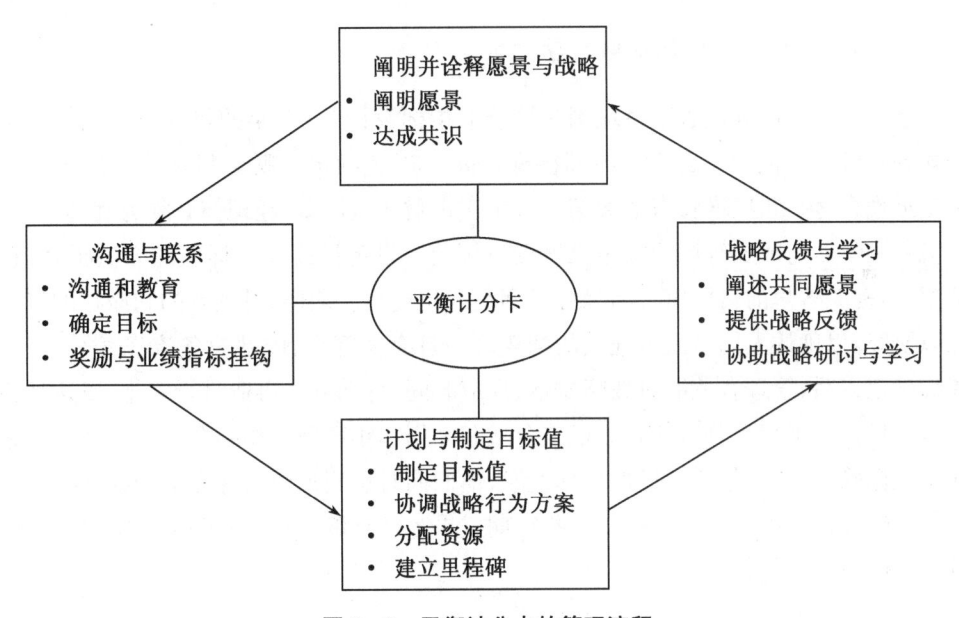

图9-9 平衡计分卡的管理流程

(一)阐明并诠释愿景与战略

平衡计分卡管理流程始于高级管理层把经营战略转换为特定的战略目标。在确定财务目标时,管理层必须考虑是注重收入和市场成长、盈利能力,还是创造现金流量。在客户方面,管理层必须明确指出他们应该在哪些客户群体和市场中竞争。企业接着就应确认其内部业务流程的目标和指标。学习与成长目标揭示了企业为什么必须大量投资于员工以更新信息技术和系统,以及强化企业管理程序等。要实施平衡计分卡,公司的高层管理层必须要确定公司的愿景、使命和战略目标,并在企业各阶层达成共识,建立企业战略的实施与评价系统,找到推动公司成功的长期因素。公司的愿景和战略要清晰明了,并对每一部门均具有意义,使每一部门可以采用一定的绩效衡量指标去实现公司的愿景与战略目标。

(二)沟通并连接战略目标和指标

利用各种信息传输的渠道和手段,如刊物、宣传栏、电视、广播、标语、会议等,对企业的愿景规划与战略构想在全员中进行深入的传达和解释,这种推广的目的是让全体员工明白他们必须完成哪些重大目标,企业的战略才能获得成功。当所有员工都了解了高层目标和指标,就能确定局部目标来支持经营单位的整体战略。沟通和联结过程结束时,企业中的每个人都应当了解经营单位的长期目标和达到这些目标的战略,每个人所制定的局部行动方案将为实现经营单位的目标做出贡献。企业的一切努力和行动方案都将同必要的改革过程相一致。

(三)制定目标值并协调战略行动方案

驱动组织变革的高层管理者应当为计分卡指标设计3～5年的目标值。例如一家电器公司的财务目标值为今后5年内销售额提高150%,确定的财务目标值是使自身的成长率接近现存客户预期增长率的2倍。为了实现财务目标值,经理们必须为其客户、内部业务流程和学习与成长等层面确定挑战性目标值。设定挑战性目标值的方法很多,在理想情况下,有关客户的目标值应当来源于满足或超过客户期望,对现有的和潜在的客户偏好加以研究,以确认人们对出色绩效的期望。一旦有关客户、内部业务流程、学习与成长的指标确定以后,管理者就能对战略质量、反应时间、行动方案再造进行安排,以达到突破性的具体目标。平衡计分卡使企业把整合战略计划和年度预算相结合。当管理者为企业的战略指标确定3～5年的挑战性目标值时,他们同时预测每个指标在下个会计年度的目标——战略计划在第一年的进度。这些短期成果为经营单位长期战略进程中的近期评价提供了具体的目标值。

(四)加强战略反馈与学习

最后一个管理流程是把平衡计分卡融入战略学习的框架之中。通过制定财务及其他计分卡指标的近期目标,每月和每季的管理研讨都能检验财务结果。更重要的是,管理层能仔细研究经营单位在客户、内部经营与更新、员工、系统和程序等方面是否达到了其所规定的目标值,管理研讨和更新从回顾过去转向了解未来。管理层不仅可以讨论如何取得过去的业绩,而且研究他们对未来的预期是否保持在轨道上。平衡计分卡实施的过程中,需要进行实时监控,不断反馈其实施状况,及时分析其对于组织战略实现的促进力度,进而评价平衡计分卡的实施效果。根据反馈信息、发现的问题和员工的意见对平衡计分卡中所涉及的指标体系进行修正和完善,并改进组织战略。

二、平衡计分卡在实践中的常见问题

近30年来,在谈到绩效衡量时,企业界和学术界都会围绕着平衡计分卡讨论,平衡计分卡似乎已作为一个完美而成熟的绩效测量工具而被普遍使用。但是,几乎所有应用平衡计分卡进行绩效衡量的企业都在实施中遇到了阻碍。主要有以下几方面的问题。

（1）平衡计分卡对使用者的要求较高，因而其适用范围有局限性。平衡计分卡的实施对企业管理的各个层面都有较高的要求。例如，要求企业具有明确的组织战略、企业的高层管理人员要具备分解和沟通战略的意愿和能力、中高层管理者应具备指标创新的意愿和能力等。平衡计分卡在实际应用中样式繁多，没有统一的标准化模式。如何在不同的国家、不同的行业以及不同规模的企业中成功引入和实施平衡计分卡仍然具有很大的挑战性。

（2）组织与管理系统方面的问题。在平衡计分卡应用的实际的操作过程中，大多数情况是企业高层领导对企业的经营战略很清楚，但是员工却了解甚微，没有将企业的战略成功地转化成确保实现目标的行动方案，甚至没有发展成衡量员工执行各种方案的绩效指标，从而导致平衡计分卡无法发挥应有的作用。

（3）如何将战略目标转换成可以计量的绩效指标，对于管理者来说是十分具有挑战性的工作。这些绩效指标对组织来说必须是可控的和完整的，即应当抓住绩效的关键部分，而要成功做到这一点是十分不易。完整性和可控性常常是矛盾的，需要管理者进行均衡。

（4）技术层面的问题主要是绩效考核指标的创建和量化。如何确定指标值及其权重是一项具有挑战性的工作。例如，销售部门的客户拜访数量这一指标，尽管指标是量化的，可是指标的真实性却很难得到保证，这就直接关系到其权重设置的比例大小，从而进一步地影响考核的效果。

关　键　词

平衡计分卡　财务层面　客户层面　内部业务流程层面　学习与成长层面　战略地图

复习思考题

1. 平衡计分卡从_____、_____、_____、_____四个层面来构建指标体系。

2. 下面那些指标属于财务类指标（　　）。
    A. 市场占有率　　　　　　B. 品牌知名度
    C. 客户满意度　　　　　　D. 资产净利率　　　　　　E. 员工流失率

3. 基于平衡计分卡的管理流程是（　　）。
    A. 阐明并诠释愿景与战略
    B. 沟通并连接战略目标和指标
    C. 制定目标值并协调战略行动方案
    D. 加强战略反馈与学习

4. 判断以下说法是否正确。
(1) 平衡计分卡是绩效管理工具，只适用于盈利性单位。　　　　　　（　　）
(2) 平衡计分卡的指标越详细、越多越好。　　　　　　　　　　　　（　　）
(3) 企业构建战略绩效管理体系和战略执行之间存在着互动的逻辑关系。（　　）
(4) 平衡计分卡的战略目标分解是一个从上到下的过程。　　　　　　（　　）

案例分析

M公司是国内一家合资企业，最近空降来了一位新的总经理H。目前，该公司绩效考核指标混乱不堪，让他十分发愁。H作为公司最主要的领导之一，他觉得有必要进行绩效管理体系的建设，推行平衡计分卡。

在行政力量的推动下，人力资源部制作了相应的表格，然后也通过会议和电子邮件的形式向各部门说明了BSC的实施，并把相应的表格发给各部门，告诉各部门"M公司要制定新的指标了"。各部门经过仔细的商量和与人力资源部"争吵"后将财务指标、客户指标、内部业务流程指标和学习与成长指标反馈到人力资源部，然后由H审核并予以实施。

随后，相应的问题逐渐暴露。在指标反馈的时候，就有部门经理反映，他们部门由于长时间没有考虑过所对应的软指标，比如"学习与成长指标"，他们不知道如何制定这项指标。人力资源部也发现，他们收回的新的指标只是以前一些评价指标的"替代品"。而且，当初他们没有想到监控系统的问题，他们似乎也没有足够的人力和精力来考虑监控系统的事宜。所以实施的BSC评价指标难以监控，在没有建立与之相应的监控体系的情况下，新制定的评价指标并没有起到考核的作用。在这样一种情况下，各部门经理和员工们依旧以财务指标为核心来开展日常业务。

很多员工觉得新的评价指标与以前的评价指标相比没什么不同。一位员工抱怨说："要我每天填写拜访客户的情况，比如次数，可是这和我的薪酬没有联系"。而经理同样抱怨，他们收集好了这些考核情况，但怎样知道他的员工拜访客户的效果如何？人力资源部同样也困惑，这些情况汇总起来，将来怎样利用？"我们关心的是收入"。于是部门的员工陷入一种困惑，或者竟有"嘲笑"新考核体系的现象。

一年后，该公司的业绩不但没有上升，反而下降。平衡计分卡的实施最终以该总经理的辞职而告终。

案例来源：HR案例 https://mp.weixin.qq.com/s/6pjljr8gXtc6gYzB76v92g

思考：M公司平衡计分卡考核失败的原因是什么？

企业要实施平衡计分卡要具备什么条件？

第十章　OKR

学习目标

1. 理解 OKR 的概念及 OKR 应具备的特征；
2. 理解 OKR 与 KPI 的区别；
3. 了解 OKR 的制定步骤；
4. 了解如何设计 OKR；
5. 了解 OKR 的实施流程，在实施过程中的注意事项。

导入案例

Facebook（脸书）创立于 2004 年，是世界排名领先的照片分享站点，与谷歌、优步等大型互联网企业一样，Facebook 也采用 OKR 对员工进行绩效管理。

在 Facebook，OKR 制定员工个人的目标、团队的目标以及公司的目标时，要关注对团队和个人有重大影响的事项，在目标制定的时候是以结果为导向或者以影响力为导向。Facebook 的 OKR 会在每个季度开始之前让员工进行思考，有哪些事情从影响力的角度来说是值得做的，有哪些事情是你想做的，然后取两者之间的交集，再列举若干有一定概率（通常建议是 2/3）能达成目标的手段。

Facebook 没有强制要求全公司上下执行 OKR，但是会给员工提供制定 OKR 的工具，员工可以自由选择是否使用 OKR。在实际执行时其思想也是目标驱动的，只是大多数团队都不使用专门的 OKR 工具来管理目标，而是随便找个 Wiki 之类的列举目标和以不是那么严谨的方式来跟踪目标。实际上，Facebook 执行的是非常宽松的 OKR 制度。

资料来源：人力资源案例网 http://www.hrsee.com/? id=556

第一节　OKR 的起源与发展

OKR 的起源最早可以追溯到德鲁克的目标管理理论，其核心思想是倡导由命令驱动式管理向目标驱动式管理的转变。基于目标管理理论，英特尔公司的时任总裁安迪·格鲁夫在 1999 年提出了高产出管理的概念，它也成为 OKR 最初的模型。随后，谷歌投资人约翰·杜尔将这种管理理念带入谷歌，经过多年实践与打磨，OKR 逐渐成形，并且随着谷歌影响力的扩大，这一方法迅速在硅谷乃至全世界传播开来。OKR 先后在英特尔和 Google 的成功，使得很多企业纷纷效仿，先后包括 Facebook、Twitter 等企业广泛使用。2014 年，OKR 传入中国。2015 年后，百度、华为、字节跳动、阿里等企业开始使用和推广。

一、英特尔的高产出管理理念

德鲁克的目标管理理论在学术与实践领域都引起了巨大的反响，许多企业纷纷借鉴这种管理方法。这其中，英特尔公司提供了一个非常经典的范例，同时也为 OKR 在日后的发展奠定了重要的基础。时任英特尔总裁的安迪·格鲁夫意识到目标管理能够为企业带来诸多益处，在目标管理理论的基础上提出了高产出管理理念，并且广泛运用与英特尔公司的企业管理中。该理念有 4 项要点：

（1）聚焦于少数几个最重要的目标。格鲁夫提出了管理杠杆率的概念，也就是各单项管理活动所带来的产出，在投入相同的情况下，有较高产出的管理活动就拥有较高的杠杆率。人的精力是有限的，因此管理者必须了解哪些活动具有最高的杠杆率，把精力放在最能促进组织产出的活动上。

（2）目标的设定应该是自上而下和自下而上的双向互动过程。与德鲁克的主张相同，格鲁夫认为鼓励员工积极参与比强制委派任务更能激发工作动机，因此他十分注重培养员工的自我管理能力。

（3）提高目标设定的频率。大多数企业习惯以年度为单位设计目标，这样的频率有时并不能有效反应外部市场和消费者需求的变化，因此企业需要更加灵活的目标设计方法。以季度甚至月度为周期. 在一年内多次设定目标有利于企业更加快速地响应外部的变化。

（4）目标应该具有挑战性。虽然设置一个具有挑战性的目标意味着有失败的可能，但当所有人都朝着更高层次的目标努力时，往往会取得令人惊喜的结果。同时，为了让员工愿意设置更高的目标，不应该用正式的绩效评估去衡量员工在这些目标上取得的成果，而应该将这种方法视为提高工作效率的手段。

二、谷歌的 OKR 模型

原英特尔公司的管理者约翰·杜尔加入谷歌之后，将这一先进的理念带入了谷歌。谷歌公司的创始人大力推行这一理念，经过不断发展形成了 OKR 模型。在这个模型中，谷歌将 OKR 划分为 4 个层级，由上至下依次是：

- 公司层级 OKR，阐述的是企业的核心和预期；
- 部门层级 OKR，描述的是各个业务单元的预期；
- 团队层级 OKR. 描述的是团队的目标和预期；
- 个人层级 OKR，是员工的工作目标和预期达到的关键结果。

每一层级的 OKR 都是在上一个层级的基础上形成的，最终所有的 OKR 都与企业战略和总体目标对齐，有效保证了组织内部所有成员都聚焦在一致的方向上。

虽然，OKR 模型是谷歌最重要的绩效管理工具之一，但是这种管理方法并不为其他企业所熟知,2013年谷歌的合作伙伴瑞克·克劳公开了一个关于OKR的培训视频,才让大家开始关注和了解OKR。此后,推特、脸书等众多互联网公司纷纷效仿谷歌推行OKR,并在近几年的时间迅速推广至世界各地。

第二节　OKR概述

一、OKR的概念

OKR(Objectives and Key Results),中文翻译为"目标与关键结果"。OKR的创造者约翰·杜尔在他的《这就是OKR》一书中将OKR定义为:"OKR是确保将整个组织的力量都聚焦于完成对所有人都同样重要的事项的一套管理方法。"OKR由目标(O)和关键结果(KR)两个部分组成。

目标,是对企业将在预期的方向取得的成果的描述,它主要回答的是"我们希望做什么"的问题。好的目标应该能够引起所有团队成员的共鸣,并且是对现有能力的最大限度地挑战。简单来说,目标就是你想要实现的东西,不要将其夸大或缩小。根据定义,目标应该是重要的、具体的、具有行动导向并且能鼓舞人心的。如果设计合理并且实施得当,目标能够有效地防止思维和执行过程中出现模糊不清的情况。

关键结果,是衡量既定目标成果的定量描述,它主要回答的是"我们如何知晓实现了目标"的问题。关键结果是检查和监控员工如何达到目标的标准。有效的关键结果应该是具体的、有时限的且具有挑战性的,但又必须是能够实现的。最重要的是,它们必须是可衡量、可验证的。

例如,某互联网公司的项目研发经理的某一项OKR为:

O:A产品成功上线,获得广泛的用户认可。

KR:12月初上架应用中心,实现无障碍下载和注册;

注册用户达到30 000,付费率达到15%;

应用中心评分超过4星,重点客户调研满意度达到85%。

在既定的考核周期结束时,我们将考核关键结果是否已经实现。如果目标是长期的,比如一年或更长时间,那么就要随着工作的进展而对关键结果进行相应调整。一旦关键结果全部完成,目标的实现就是水到渠成的了。如果目标没有实现,那说明最初OKR的设计可能存在问题。

二、OKR具备的特征

(一)目标需要具备的特征

描述性。目标是对期望达到的成果的文字描述,可以不使用数字来量化。

挑战性。好的目标绝不仅仅是对企业所希望达到的业务目标的简单描述。它应该能够鼓舞员工向着更高层次的业绩迈进,因此目标必须极具挑战性。

现实性。在挑战性的基础上也应当考虑到现实的局限性,目标应该是基于现有能力的挑战,如果脱离实际,就会失去目标的激励性。因此,在理想与现实之间找到一个平衡点至关重要。

结果的可控性。虽然许多工作需要多个部门合作才能完成,但针对某一个团队或个人的OKR,则必须由这个团队或个人来完成。如果没有完成目标的原因是"由于其他团队或个人的过失导致的",这就说明这个目标并不能被执行者完全掌控。在设计目标时,应该尽量避免这种情况。

具有商业价值。所有的目标最终都是为实现企业的绩效目标而服务的,因此目标必须能够转化成对企业有益的可见的价值。

(二)关键结果需要具备的特征

可量化。与目标不同,关键结果是衡量是否实现目标的标准,因此必须以可被测量的方式进行描述,最常见的做法就是使用数字来定义结果。

具有挑战性。在高水平的目标牵引下,关键结果也应该是极具挑战性的。

具体化。关键结果是对抽象目标的具体化,因此在设计时,应该将目标细分成可操作、易测量的具体行为。

易于跟踪进展。好的关键结果必须能够定期跟踪工作开展的程度,并且能够用客观的方式评估工作进展。如果直到季度的最后一天才能知晓是否达成目标,这就不是一个好的关键结果。

设计者拥有自主权。关键结果不是公司和上级布置的,而是由个体或团队自发设定的,设计者应该具有自主权,并且对关键结果负责。

三、OKR与KPI的区别

(一)设计的立足点不同

KPI具有非常明确的指标,它所追求的就是高效地完成这些指标。KPI是一个评价工作效果的工具,它用定量的指标来衡量战略执行的情况。评价对象对既定目标的完成程度至关重要,因为它决定了企业战略能够起到多大的效果。正是因为KPI追求的是百分之百的完成率。在选择指标时,它关注的是有能力做到同时又必须做到的目标,通过它们引导员工做出企业期望的正确行为,实现企业的战略决策,持续获得高效益回报。

OKR的目标是相对模糊的,它更关注提出极具挑战性和追踪意义的方向。OKR强调通过企业对自身业务、资源和外部市场、竞争对手的分析,找到能够让企业在竞争中制胜的方向,并持续聚焦在这个方向上,寻求突破。因此OKR倾向于在正确的方向上努力,通过激发员工的热情,得到超出预期的结果。相比KPI关注有能力完成的指标,衡量OKR设计得是否理想的一条重要标准就是目标是否具有挑战性和超越性。OKR认为极具挑战性的目标意味着必须付出极大的努力,摆脱惯性思维,尝试多种实现目标的解决方法,这不仅有利于对目标的持续关注,而且能够引导高绩效行为。如果组织中的每个成员都为"看似不可能完成"的目标而努力,即使最终目标未能实现,得到的结果也远远好于实现一个常规的目标。

由此可知,KPI与OKR在设计的立足点上存在本质的差别。KPI侧重于完成明确的目标,而不是超越目标。虽然在某些情况下,企业会出现超额实现目标的突出表现,但这不是必需的,超越的程度也相对有限。而OKR致力于指引前进的方向,并且取得突破性的进展。由于目标本身设置得极难实现,因此是否完成它并不是那么重要,通常情况下,完成目标的百分之六七十就足以引导出一个超出预期的结果。

(二) 设计过程存在差异

KPI与OKR在设计过程中的沟通模式也是不尽相同的。KPI的设计通常是自上而下委派的,而OKR则更加注重上下左右的多维互动。

常用的KPI开发方法主要有平衡计分卡和关键成功因素法两种。

平衡计分卡是通过寻找能够驱动战略成功的关键策略要素,设定与关键成功因素具有密切联系的关键绩效指标体系,从财务、客户、内部流程以及学习和成长四个方面来衡量战略实施效果的一种方法。

关键成功因素法是通过对企业关键成功领域的分析,找到企业获得成功的关键因素,据此提炼出导致成功的关键业绩模块,再将关键模块分解为关键要素,并最终将各要素细分为可以量化的关键绩效指标。无论采用哪种方法,它们开发KPI的过程都是对企业战略进行层层分解,对要获得优秀的业绩所必需的条件和要实现的目标进行自上而下的定义。这一过程使KPI更多反映的是组织希望个体做出的绩效行为,对于个体能够为企业战略的实现主动做出什么贡献,在具体的指标中体现得并不明显,这导致KPI的互动性往往是比较差的。

与此相比,OKR的设计则是一个多向互动的过程。从德鲁克的目标管理到格鲁夫的高产出管理,再到谷歌的OKR模型,始终强调方向的一致性、员工的主动性和跨部门协作,而这三个特征也分别代表了OKR在设计过程中的三种沟通模式。

方向的一致性。方向的一致性指的是企业及其内部的团队乃至每个个体都应该朝着相同的方向努力,避免内耗。这就要求企业首先明确对自身发展最重要的事务,将之转化为战略目标,团队或业务单元基于企业的战略目标设定各自的团队或业务目标,员工的个人目标则是在所在团队或业务单元的目标基础上制定的。从这个角度讲,方向的一致性要求OKR必须自上而下制定,先有企业战略,后有团队和个人目标。

员工的主动性。员工的主动性指的是员工应该积极参与目标的设定并且对执行过程进行自我管理。OKR不应该由上级以委派任务的形式分配,而是由评价对象根据自身价值和能够为企业做出的贡献主动制定,它反映了组织内每个个体对企业的责任感和对自身工作的期望值。因此,员工的主动性使OKR充分体现了评价对象的个人意愿,将单独个体的工作与企业战略相联结,实现了由下至上的互动。

跨部门协作。随着分工精细化程度不断加剧,单纯依靠某个个体或团队完成工作变得越来越困难,不同职能的部门之间相互配合成为一种工作常态,而决定能否有效协作的前提是合作各方是否能够在目标、职责和工作方法等方面达成共识。OKR 的设计过程要求各团队的目标与关键成果必须获得其他协助团队的认可,因此团队间的沟通交流是必不可少的。它能够帮助各团队明确工作方向,确保所有团队都指向相同的目标;同时划分各团队在工作流程中的职责,形成一种相互协助的合作关系。

(三) 驱动机制的差异

从驱动机制的角度来讲,KPI 主要通过外在物质因素的激励引导员工的绩效行为,而 OKR 更强调利用员工的自我价值驱动实现绩效目标。因此,两者在行为的动机上是存在差别的。

KPI 的执行一般需要依靠外在激励因素的牵引,这是由它开发过程的特点决定的。KPI 的设计以自上而下的形式为主,这导致它很大程度上反映了企业要求员工实现的工作结果,员工常常处于被动接受的状态,个人意志无法得到体现。在这种情况下,借助外部因素建立一种"契约式"的关系来调动员工的主观能动性是比较常见的做法。通常情况下企业利用薪酬涨幅和奖金分配等物质因素来引导员工的高绩效行为,而员工通过 KPI 指标的达成获得更高的物质回报。这也就解释了为什么很多情况下 KPI 的考核结果是与薪酬激励体系相挂钩的。但是这种做法的局限性也比较明显。首先,物质激励会增加企业的运营成本,因此组织不会无限度地提高物质激励的水平;其次,激励水平也并不总是与激励效果成正比,有些时候甚至会带来反作用,所以寻找两者之间的平衡点是十分关键的。也正是因为这些局限性的突显,使得许多企业开始寻求更加多元化的激励方式,力图挖掘更深层次的员工内在动机来实现个人绩效表现的持续性改善。

而 OKR 在这一方面显得更具主动性。它主要依靠激发员工自觉自愿的积极行为来达到提升绩效表现的目的。产生这一现象的原因主要有两点。首先,员工的参与程度会影响他们的工作行为。心理学认为,人们更愿意主动与自己参与其中的活动建立联系,投入更多的关注。正如上文所述,OKR 注重员工的参与感。组织成员需要为 OKR 的设计工作进行深入的思考和全方位的沟通,这使得每一个目标与关键成果都承载着个人的努力与心血,因此这更容易激发他们执行 OKR 的热情。其次,OKR 不仅是企业的愿景,也是员工个人价值的充分体现,实现 OKR 的过程也是实现自我价值的过程。因此,对于有更高追求的员工来讲,OKR 能更加有效地激发他们自我实现的内在动力。

第三节 OKR 的制定

一、OKR 的制定步骤

OKR 的设计过程主要由以下五步构成。

第一步,起草。根据 OKR 的层级召集相应的团队进行头脑风暴。公司层级 OKR 应当召集高管团队,团队或业务单元层级 OKR 应当召集团队负责人或业务单元经理。进行头脑风暴时,可以采用分组讨论的形式,将成员分成 2~3 人一组,每小组起草 2~3 个目标,每个目标起草 1~3 个关键结果。

第二步,提炼。汇总起草的所有 OKR,在头脑风暴小组范围内进行集体讨论。每位成员对各自起草的 OKR 进行阐述,并解答其他成员提出的问题,合并重复的 OKR,对存在疑问的进行修改,初步确定最终将使用的季度 OKR。

第三步,校准。这是为了确保设计的 OKR 与企业战略和整体绩效目标相一致。对团队层级 OKR 来讲,这一步尤为重要,因为许多任务必须依靠跨部门、跨团队的合作才能完成。这时,需要各团队负责人将本团队的 OKR 与其他相关团队共同讨论,听取意见,明确哪些 OKR 需要其他团队配合完成、哪些 OKR 可以帮助其他团队实现他们的目标。讨论的最终目的是与其他团队达成共识,并且根据建议修改 OKR。对于个人层级 OKR,校准工作可以在每个组织成员和其上级之间展开,由上级根据团队和公司目标对个人 OKR 提出修改建议。

第四步,定稿。根据讨论结果修改 OKR,并向上级汇报 OKR 的设计理念、设计过程,以及与其他团队产生的承诺,获得批准后,形成最终定稿。

第五步,发表。OKR 具有透明管理的特点,因此每个个体、团队和公司的 OKR 都要向所有人公开。具体做法因企业而异,有的企业要求使用者在软件系统中输入 OKR,有的企业分享文件,但最终目的都是保证每位组织成员都能够看到并且查询任何人的 OKR。

二、OKR 的评分规则

为了能够跟踪 OKR 的执行过程,每一位使用者在季度末需要对关键结果进行打分。在这方面,谷歌建立了一套简单的打分规则,使用者根据自身工作的开展情况对 OKR 进行自评打分。这套规则也被多数使用 OKR 的企业所接受和采纳。谷歌将评分范围控制在 0 至 1 分,评分共 4 个档级。

1.0 分:百分之百完成目标,取得了极其卓越、几乎不可能实现的成果。

0.7 分:虽然没有完成目标,但是付出了极大的努力,取得了关键成果。

0.3 分:没有完成目标,取得了通过常规努力就能够实现的成果。

0 分:没有完成目标,也没有取得任何成果。

谷歌认为,如果多数 OKR 得分在 0.9 以上,很可能说明目标设置得过于简单;如果多数得分在 0.4 以下,则说明目标设置得过高,或者目标定位错误,将本不属于重要和核心的领域当作工作重点;得分在 0.6 至 0.7 是比较理想的,这说明在正确的方向上取得了不错的结果。

谷歌的这套打分方案主要用于季度末的总结,但有多年 OKR 培训经验的尼文和拉莫尔特(Niven&Lamorte)建议企业在完成 OKR 的设计工作后,立即为关键结果进行预打分。这样做的好处是,让执行者提前预演关键结果的打分过程,同时建立更加具体的打分规则。

三、设计 OKR 的注意事项

1. 应当坚持"少而精"的原则

OKR 的核心是"在关键的领域保持专注",因此在设计时要首先明确哪些工作才是最重要的,针对它们设计 OKR,避免面面俱到。过多的 OKR 不仅分散在重点工作上的注意力,而且减少了花费在每个 OKR 上的时间,容易导致工作上的手忙脚乱。通常情况下,合理的 OKR 数量应该控制在每个季度 2～5 个目标,每个目标对应 2～4 个关键结果。

2. 应当保证 OKR 的一致性

无论是哪个层级的 OKR,都应当为企业的整体目标服务,因此确保所有 OKR 在方向上的一致性是十分关键的。这就要求每个团队或个人必须理解公司层级 OKR 的意义,并且明确各自的使命和存在的价值,这是保持一致性的前提。在设计 OKR 的过程中,应当不断思考"我或我的团队能够对公司的哪些 OKR 产生影响?如何影响?"需要注意的是,某一个团队或个人也许并不能影响公司所有的 OKR,因此要针对业务覆盖范围之内的目标进行影响。同时也不能简单地将公司 OKR 复制成团队或个人 OKR,团队和个人 OKR 必须是自下而上产生的,描述的是团队和个人独特的目标。

3. 应当保证一定数量的 OKR 是自下而上制定的

OKR 能够激发员工的工作热情是因为员工能够自主选择最适合自己的工作,因此应当保证自下而上设计的 OKR 的比例占总数的一半以上。当需要员工接受来自上级的 OKR 时,应该进行充分的沟通,使双方都达成一致。最后,目标与关键结果应当用简明易懂的语言描述。由于 OKR 向所有组织成员公开,而每一位成员都来自特定的领域,不可能了解企业所有模块的工作内容,因此设计时应当充分考虑到这一因素,尽量让所有人能够轻松了解 OKR 传达的信息,避免过多地使用专业术语。

第四节 OKR 的实施

一、执行前的准备工作

如果企业是首次使用 OKR,那么应该在正式进行 OKR 的设计与执行前做一些必要的准备,帮助后续工作的顺利开展。尼文和拉莫尔特建议企业从以下三点进行 OKR 的准备工作:

1. 思考"企业为什么要使用 OKR"

对这一问题的思考将决定 OKR 能否取得期望的成效。简单效仿其他企业推行 OKR,可能导致组织和员工聚焦在错误的方向和工作中。因此,必须发掘企业的深层动机和经营中期望实现的核心目标,列出正在面临的挑战和应对策略,慎重思考 OKR 是否真的必要。

2. 获得高管的支持

无论在英特尔还是谷歌,它们的首席执行官都是 OKR 最积极的支持者和参与者。虽然对许多企业来说,高管可能不是推行 OKR 的发起人,但他们对待 OKR 的态度和支持程度将会直接影响整个组织对 OKR 的接受程度。如果高管表现出极大的支持,并身体力行地参与其中,那么员工也将更容易接受和参与。如果事实正好相反,那么 OKR 的推行工作也将变得困难重重。

3. 决定在哪个层级实施 OKR

通常情况下,OKR 分成三个层级:公司层级、团队层级和个人层级。公司层级主要面向公司的高管团队;团队层级主要面向各个团队的负责人或者各业务板块的经理;个人层级面向每位员工,这也是对象范围最广的一层,面向组织里的每一个个体。对象范围越广,操作的难度就越大,因此企业必须根据需求事先决定在哪一个层级面对哪一类人实施 OKR。有的企业选择从公司或团队层面开始,有的小型企业从一开始就在全公司范围内推广。还有的企业选择将一个项目作为试点,验证 OKR 的有效性。通常情况下,首次引入 OKR 的企业会选择在范围较小的公司层级进行试验。这不仅可以让管理团队理清企业发展的核心要务,还为未来的全员推广提供了例子和榜样,更利于员工接纳和使用 OKR。

二、OKR 的实施流程

第一步,针对实施对象进行 OKR 培训。培训的主要目的除了介绍 OKR 的相关基本概念,更重要的是阐明企业为什么要使用 OKR。虽然这个问题在准备阶段已经被深入思考过,但只局限于高管和少数人之中。如果希望组织能顺利地接纳 OKR,就必须让执行的主体了解高管对这一问题的看法,从正确的角度期待 OKR 可能带来的改进。培训作为实施流程的第一步,不仅适用于初次接触 OKR 的组织,即使在 OKR 体系相对成熟的企业中,只要实施对象中有新成员加入,就应该对新成员进行这样的培训。

第二步,明确企业的使命、愿景和战略设计并展示公司层级 OKR。这一步非常关键,因为所有层级的 OKR 都必须与企业的总体战略相一致,因此高管团队必须首先将企业的战略及核心梳理清楚,并在此基础上制定企业在未来一个季度内将要实现的目标和关键结果。设计好的 OKR 应该向全体员工展示,确保组织里的每一个员工都清楚公司的季度目标和关键结果。这为接下来的团队层级和个人层级 OKR 的设计提供了依据和基础。

第三步,设计并展示团队层级 OKR。团队负责人或业务单元经理需要根据企业战略和季度目标,评估各自团队或业务单元能够为实现企业目标做出哪些贡献,并据此设计团队层级 OKR,设计好的目标与关键成果应该在公司范围内进行展示。

第四步,设计并修订个人层级 OKR 作为 OKR 模型的最底层,每个员工在确定最终的季度 OKR 之前,都应该与上级进行详细的沟通,确保个人目标与企业目标和团队目标始终保持一致。

第五步，监督检查OKR的执行过程。当OKR进入正式的实施阶段后，应当定期召开检查会议，对OKR的实施过程进行审视和调整。这样做的目的是为了跟踪当前工作的进度，对潜在或已经出现的问题进行总结，寻找解决的途径。如果问题无法得到有效解决，则需要对目标和关键结果进行重新评估，思考调整OKR的必要性。尤其对于刚刚引入OKR的企业，管理者与员工在目标的预测和关键结果设定的准确性上可能存在一定的偏差，因此过程中的监督能够有效地帮助管理者和员工反思预先的判断，对行为进行纠偏。监督检查的频率视企业的需求而定，有的企业在季度过半时进行中期检查，而有些组织庞大、结构复杂的企业则要求实施者每月甚至每周都汇报OKR的执行情况。

第六步，总结汇报季度OKR成果。季度末是OKR的总结回顾阶段。这一阶段分为两个环节，第一个环节是自评。OKR的实施者根据评分规则对每一条关键结果的完成情况进行自评打分。每位组织成员分别为各自的个人OKR打分，团队负责人或业务板块经理为团队OKR打分，高管为公司OKR打分。第二个环节，也是这一阶段最重要的环节，是季度回顾会议。在会上，每个团队和个人都需要对OKR成果、自评得分、评分标准、打分理由进行阐释，这样做的好处是，组织的每位成员都可以了解其他成员和团队做过什么工作、取得了哪些成果，以及在此基础上整个企业取得了什么样的进步。季度总结大会的意义不仅仅是对OKR成果的总结，更重要的是它提供了一个交流与学习的平台，团队与个人既可以分享成功的经验，又能够讨论遇到的困难，在实践与总结的过程中获得能力的提升。

这是一个标准的OKR流程，当所有的总结工作结束以后，流程会回到第二步，进入下一个季度的循环。在实际操作中，企业的情况与需求不同，因此不一定经历每个层级OKR的设计过程，有些过程在执行中也会产生相应的调整和变化。但是"监督检查"（第五步）与"季度回顾"（第六步）作为保证OKR有效运行的关键环节，在任何情况下都应该引起足够的重视，不能省略。

三、实施OKR的注意事项

在执行OKR的过程中，有的企业发现，上一个季度没有完成的OKR不知道应不应该在下一个季度继续沿用。这主要取决于企业在新季度所处的环境和需要聚焦的重点。对于处在外部环境变化快的行业中的企业，如互联网企业，组织的关注焦点经常随着外部市场和消费者的需求而变化，有时企业在几个月内就需要重新调整目标，因此当整体绩效目标发生改变时，团队与个人的OKR也应该做相应的调整。但是对于大部分企业来说，整体目标通常相对稳定，这时如果出现无法在一个季度内完成的OKR，就需要考察它对实现整体目标的重要性，一个对当前战略至关重要的目标是可以被沿用到下个季度中的。同时值得注意的是，虽然季度间沿用了相同的目标，但是为实现目标所产生的行为很可能发生变化，因此需要对关键结果重新定义。无论是否沿用相同的OKR，其最终目的都是帮助企业实现整体绩效目标。

还存在一种与上述相反的情况，即在一个季度周期结束前对OKR进行调整，这时需要对调整的原因和必要性进行深入分析。除非遇到极端情况,公司层级的 OKR 一般不建议在季度过程中进行修改,因为它是团队和个人 OKR 的基础,一旦调整就会涉及整个组织内 OKR 体系的变动,容易造成管理上的混乱。这也就意味着这一层级 OKR 的设计必须经过慎重的思考和深入地沟通,确保企业聚焦在最重要、最关键的地方。对于团队和个人层级的 OKR,首先应该定位哪些 OKR 可能会进行调整,最直观的方法就是找出那些工作进度明显落后的目标与关键成果,然后需要对执行过程中的困境进行分析。有时并不是 OKR 的设置出了问题,而是遇到了阻碍成功的因素,那么实施者就需要有针对性地制定解决方案;如果遇到现阶段无法解决的问题,则需要考虑是否应该继续将其作为核心工作,或是否应该调整相关 OKR。从总体上讲,需要调整的 OKR 应该是少数,如果企业内出现大量或频繁修改 OKR 的情况,则需要考虑是否 OKR 的设计环节出现了问题。

四、OKR 实施工具

在计算机与网络飞速发展的时代,企业已经逐渐习惯利用信息化工具完成生产与管理工作,因此启用一种新的管理工具时,如何快速地将其纳入已存在的信息系统中,也在一定程度上影响着这个工具在企业内部的应用程度。在 OKR 的实践中,常用的工具主要有以下几类:

1. 传统的 Office 软件(如 Word,Excel 等)

将 OKR 输入文本或表格,再通过邮件等形式发送给组织成员。这是成本最低的一类工具,但在 OKR 的收集和传播等方面需要做大量人力工作。

2. 谷歌的分享功能

只要注册谷歌账户,在 g-mail 里就可以使用这一功能。它不仅能够在线创建、编辑和分享文本,还有记录功能,能够查询到修改者、修改时间和修改内容,但是它无法满足企业的个性化需求。

3. OKR 软件工具

随着 OKR 的影响力不断扩大,相关产品的种类和数量也在增加,有的产品可以针对企业的需求进行个性化的功能设计。但是上述三类工具共同的问题是,无法实现与企业现有管理系统的对接。

4. 企业自主研发的 OKR 系统

这类工具往往需要企业投入一定的人力财力,但是设计的 OKR 系统能够完全满足企业的需求,同时能够实现与已有管理系统的快速对接,因此比较适合于信息管理系统相对完善的企业。

企业在选择信息化工具时应当充分考虑自身的需求和使用情景,例如,使用 OKR 的人数、使用 OKR 的重点人群、检查与总结的频率、与其他系统的对接等。有些时候,细节上的不合理设置会影响整体的使用感受,进而影响使用者对工具和 OKR 的接纳程度。

关键词

OKR　目标　关键结果　KPI

复习思考题

1. OKR 是一种绩效考核工具。
2. OKR 最早可以追溯到（　　）。
   A. Intel 的高产出管理理念　　　B. 德鲁克的目标管理理论
   C. 目标设定理论　　　　　　　D. 谷歌的 OKR 模型
3. 为了能够跟踪 OKR 的执行过程，每一位使用者在季度末需要对关键结果进行打分。在谷歌公司执行的 OKR 中，得分在（　　）左右是较为理想的结果。
   A. 0.9 以上　　B. 0.8~0.9　　C. 0.6~0.7　　D. 0.4~0.5
4. OKR 的实施工具包括（　　）。
   A. 传统的 Office 软件　　　　　B. 谷歌的分享功能
   C. OKR 软件工具　　　　　　　D. 企业自主研发的 OKR 系统
5. 请简述 OKR 具备的特征。
6. 简要概述 OKR 与 KPI 的区别。

案例分析

字节跳动的 OKR

北京字节跳动科技有限公司，成立于 2012 年 3 月，是一家信息科技公司，字节跳动是最早将人工智能应用于移动互联网场景的科技企业之一。公司以建设"全球创作与交流平台"为愿景。字节跳动的全球化布局始于 2015 年，"技术出海"是字节跳动全球化发展的核心战略，其旗下产品有今日头条，西瓜视频，抖音，火山小视频，飞书，快闪等。

2017 年—2019 年，字节跳动的员工数量翻了 10 倍不止，这是被外界误认为字节跳动善于管理的重要原因之一——瞧，他们不仅没失控，还做成了抖音。但事实可能恰恰相反，正是因为没怎么在管理上花功夫，尤其是避免那些让员工循规蹈矩的管理，才让字节跳动取得了重要的商业进展。

纵观字节跳动的发展历程，简直就是一部战争史。过去几年里，字节跳动是最善于发动闪电战的标志性公司，一个在各领域神出鬼没的"刺客"。他们那句"始终创业"口号背后所反映的经营理念，与"打江山易，守江山难"的朝代更迭规律不谋而合。对字节跳动来说，倒在路上的概率要远小于什么都不做，也正因为抱着这样的理念，字节跳动在绝大多数项目未达到预期后还能继续生龙活虎,并且不断开发新的项目。他们没有时间管理,所有人要么正在战斗,要么正准备战斗。

如果说字节跳动成立至今真有什么管理秘诀,那只能是一张张令员工为之奋进、名为高速增长的"空头支票",幸运的是,最关键的几张支票都被兑现了。事实上字节跳动唯一需要管理的,是如何让员工更快速高效地达成目标。曾任今日头条副总裁(现为飞书负责人)的谢欣在几年前的公开活动中提及管理根本,他的观点是,管理的最终目的是为了达成公司的高绩效目标,只有人可以做到这点,而不是规章制度。

正因如此,字节跳动在创办伊始就采用了最大限度解放员工创造力的OKR管理工具,与其说OKR是管理手段,不如说OKR是达成目标前的工作方式。这些工作方式旨在减少沟通成本、强化协同能力、调动个人积极性,从而向集体目标快速突进。

在字节跳动内部,遵循"自上而下""自下而上"这两种方式制定OKR。"自上而下"适用于宏观类型的目标(Objective,即"O")——比如字节跳动2017年决定布局短视频领域(此为公司战略类目标),今日头条孵化抖音火山版,或者抖音孵化剪映(此为团队业务发展类目标)。"自上而下"途径下,公司和业务团队成员可以就总目标进行逐级理解和承接,形成各自小目标。"自下而上"适用于微观类型的目标,例如抖音决定提高日活和用户时长(此为具体业务策略目标)。那么"自下而上"途径下,业务团队一般成员可发起向上发起目标的制定,之后由部门负责人统一对下属的目标进行选择、认定和总结,形成自身的目标。

当一项公司战略被公布后,字节跳动对总目标的承接方式分为三种,顺序如下:

第一种是分解式承接,此时上级的目标往往涉及多个维度的描述,例如上级目标为"提高××产品的市场竞争力和份额",需要产品、市场、销售、人力同时提供支撑。此时对应的业务/职能部门负责人即可将上级的目标按照自己对应的职责范围进行分解,形成自己部门的目标;

第二种是转换式承接,若上级的关键结果(Key Results,即"KR")与下级的职责范围直接对应,则下级的目标可从上级的关键结果出发进行转换,再根据自己的目标定义相应关键结果;

第三种是直接承接,该方式适用于上级的目标与下级职责范围重合,下级填写目标。

值得注意的是,字节跳动遵循了OKR基本规则,即"在自下而上途径里,上级OKR不能单纯为下属OKR的汇总,且上级应确保团队重要且最关注的事项出现在自己的OKR中。"这说明字节跳动比较看重腰部管理层的能力培养。通常而言,腰部管理层的质量决定了一家公司的长远发展。

如今字节跳动已经拥有了自己的OKR管理工具"飞书",并且向所有企业免费开放。我们有理由相信,OKR在字节跳动这样迅速增长的公司中发挥了巨大的作用,让字节跳动充满了生机和活力。

案例来源:https://www.jianshu.com/p/3395815ad66b

思考:运用本章知识,简述字节跳动是如何运用OKR进行绩效管理实践的?对其他企业有何借鉴意义?

参考文献

1. Bernardin, H. J., & Beatty, R. W. Performance appraisal: assessing human behavior at work. Kent Human Resource Management, 1984.

2. Campbell, J. P. Modeling the performance prediction problem in industrial and organizational psychology [M]. Handbook of Industrial and Organizational Psychology, 1990.

3. Otley, D. Performance management: a framework for management control systems research. Management Accounting Research, 1999, 10(4).

4. Mwita, J. I. Performance management model: a systems based approach to public service quality. International Journal of Public Sector Management, 2000, 13(1).

5. Motowidlo, S. J. &Scotter, J. V. Evidence that task performance should be distinguished from contextual performance. Journal of Applied Psychology, 1994, 79(4).

6. Jon, M. & Werner. Implications of ocb and contextual performance for human resource management-sciencedirect. Human Resource Management Review, 2000, 10(1).

7. Locke E. A., Latham G P. A Theory of Goal Setting & Task Performance[J]. The Academy of Management Review, 1991, 16(2).

8. Locke, E. A., Frederick, E, Lee, C, & Bobko, P. Effect of self-efficacy, goals, and task strategies on task performance. Journal of Applied Psychology, 1984, 69(2).

9. Mento, A. J., Steel, R. P, & Karren, R. J. A meta-analytic study of the effects of goal setting on task performance: 1966—1984. Organizational Behavior and Human Decision Processes, 1987, 39(1).

10. Jing, Z. Feedback valence, feedback style, task autonomy, and achievement orientation: interactive effects on creative performance. Journal of Applied Psychology, 1998, 83(2), 261-276.

11. Kotkov, & Benjamin. Motivation: theory and research. Psychosomatics, 1965, 6(3), 185-186.

12. Adams, J. S., & Freedman, S. Equity theory revisited: Comments and annotated bibliography. In L. Berkowitz & E. Walster (Eds.), Advances in

experimental social psychology (Vol. 9, pp. 43 - 90). New York: Academic Press.

13. Greenberg, J. (1986). Organizational performance appraisal procedures: What makes them fair? In R. J. Lewicki, B. H. Sheppard, & M. Bazerman (Eds.), Research on negotiation in organizations (Vol. 1, pp. 25 - 41). Greenwich, CT: JAI Press.

14. Ilgen D. R., Fisher C D, Taylor M S. Consequences of individual feedback on behavior in organizations. Journal of Applied Psychology,1979,64(4).

15. Greller M, Herold M. Sources of feedback: A preliminary investigation. Organizational Behavior & Human Performance,1975,13(2).

16. Borman W. C., Motowidlo S. J. (1993). Expanding the criterion domain to include elements of contextual performance. In Schmitt N, Borman WC (Eds.), Personnel selection in organizations (pp. 71 - 98). San Francisco: Jossey-Bass.

17. Borman, W. C. & Motowidlo, S. J. Task performance and contextual performance: the meaning for personnel selection research. Human Performance, 1997, 10(2).

18. 沈峥嵘,王二平. 关系绩效研究. 心理科学进展,2004,12(06).

19. 阿吉斯. 绩效管理. 3版. 中国人民大学出版社,2013.

20. 赵曙明,赵宜萱. 绩效考核与管理——理论、方法、实务. 人民邮电出版社,2019.

21. 董克用,李超平. 人力资源管理概论. 中国人民大学出版社,2015.

22. 方振邦,杨畅. 绩效管理. 中国人民大学出版社,2019.

23. 卡普兰·诺顿. 平衡积分卡战略实践. 中国人民大学出版社,2009.

24. 卡普兰·诺顿等. 平衡积分卡. 广东经济出版社,2020.

25. 卡普兰·诺顿等. 战略地图. 广东经济出版社,2020.

26. 杨长清. 华为高绩效管理PBC. 电子工业出版社,2021.

27. 王金刚,谢雄. 华为的战略. 华文出版社,2020.

28. 本·拉莫尔特等. OKR源于英特尔和谷歌的目标管理利器. 机械工业出版社,2019.

29. 戴维·帕蒙特. 关键绩效指标. 机械工业出版社,2017.

30. 兰兰,李彩云. 绩效管理理论与实务. 清华大学出版社,2017.

31. 付亚和,许玉玲. 绩效考核与绩效管理. 电子工业出版社,2017.

32. 吕小柏,吴友军. 绩效评价与管理. 北京大学出版社,2012.

33. 徐延利. 绩效管理. 经济科学出版社,2011.

34. 詹姆斯·沃克. 人力资源战略. 中国人民大学出版社,2011.

35. 韦恩·卡肖. 人力资源管理. 机械工业出版社,2013.

36. 加里·德斯勒. 人力资源管理. 中国人民大学出版社,2012.

37. 斯蒂芬·罗宾斯. 管理学. 中国人民大学出版社,2014.

38. 斯科特·凯勒等. 超越绩效. 机械工业出版社,2018.

39. 罗杰·爱迪生等.绩效构建.电子工业出版社,2018.

40. 达纳·罗宾逊.绩效咨询.电子工业出版社,2016.

41. 马文·韦斯伯德.组织诊断.电子工业出版社,2020.

42. 孙波.绩效管理:本源与趋势.复旦大学出版社,2018.

43. 彼得·德鲁克.管理的实践.机械工业出版社,2006.

44. 彼得·德鲁克.有效的管理者.机械工业出版社,2020.

45. 彼得·德鲁克.21世纪的挑战.机械工业出版社,2020.

46. 饶征,孙波.以KPI为核心的绩效管理.中国人民大学出版社,2003.

47. 小阿瑟·A·汤普森等.战略管理.机械工业出版社,2020.

48. 哈罗德·孔茨.管理学.中国社会科学出版社,1991.

49. 杜鹏程,赵曙明.德鲁克经典管理思想解读——纪念德鲁克100周年诞辰暨德鲁克管理思想研讨会观点综述.外国经济与管理,2009(11),10.

50. 罗珉.现代管理学(第二版).西南财经大学出版社,2004.

51. 张美兰,车宏生.目标设置理论及其新进展.心理科学进展,1999(2).

52. 杨秀君.目标设置理论研究综述.心理科学,2004(01).

53. 李燕平,郭德俊.目标理论述评.应用心理学,1999(02).

54. 章凯.目标动力学.社会科学文献出版社,2014.

55. 埃里克·施密特等.重新定义公司.中信出版社,2015.

56. 黛尔·施瓦茨.引导型教练.电子工业出版社,2017.

57. 汪新艳,廖建桥.组织公平感对员工工作绩效的影响机制研究.江西社会科学,2007(09).

58. 孙伟,黄培伦.公平理论研究评述.科技管理研究,2004(04).

59. 邵敏,张旭昆.企业激励机制中的绩效评价与反馈.商业经济与管理,2003(12).

60. 冯明.组织中个体寻求反馈行为的研究.心理学动态,1999(04).

61. 厉杰,鲁宁宁,韩雪.新员工反馈寻求会促进角色外行为的产生吗?自我效能与正向框架的作用.中国人力资源开发,2019,36(02).

62. 张建平,秦传燕,刘善仕.寻求反馈能改善绩效吗?——反馈寻求行为与个体绩效关系的元分析.心理科学进展,2020,28(04).